Edmund Wetter

Schlag auf, schau nach!

Wörterbuch für die Grundschule

in 5 Teilen

Mildenberger

Inhaltsverzeichnis

Hinweise zum ersten Teil des Wörterbuches

ABC

Für jeden Buchstaben aus dem ABC findest du eine ganze Seite. Alle Wörter auf einer Seite beginnen mit dem gleichen Buchstaben.

Schau dir ein Bild an. Sprich das Wort und höre auf den Anfangslaut.
Das Wort steht in Druckschrift unter dem Bild.

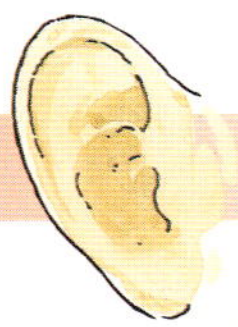

Sprich alle Wörter, die auf einer Seite stehen. Du kannst den Anfangslaut hören und dir merken.

Du kannst die Wörter in der Druckschrift schreiben.

Auf welchen Seiten findest du Namen für Sachen, die man anziehen kann?

Auf welchen Seiten findest du Namen für Tiere?

Auf welchen Seiten findest du Namen für Sachen, die man essen oder trinken kann?

Auf welchen Seiten findest du Namen für Obst?

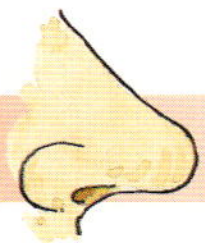

Auf welchen Seiten findest du Namen für Körperteile?

A a

acht
am
auf
aus

der Apfel

das Auge

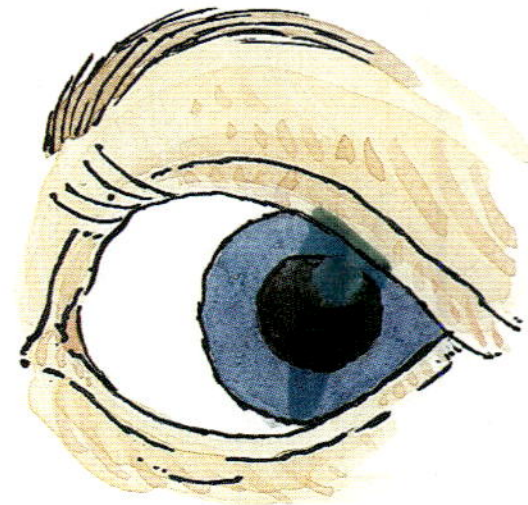

der Ast

das Auto

der Affe

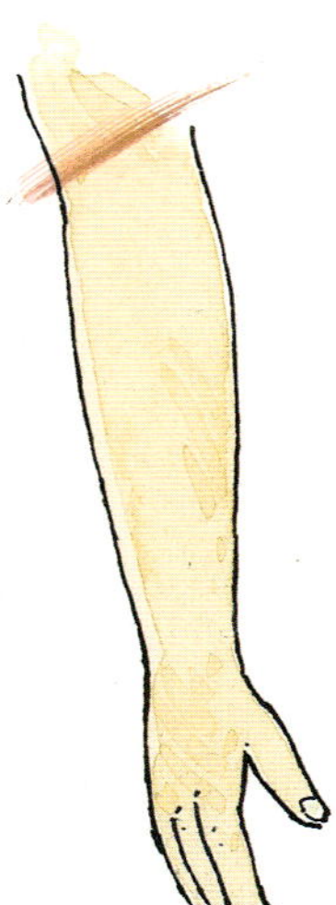

der Arm

die Ampel

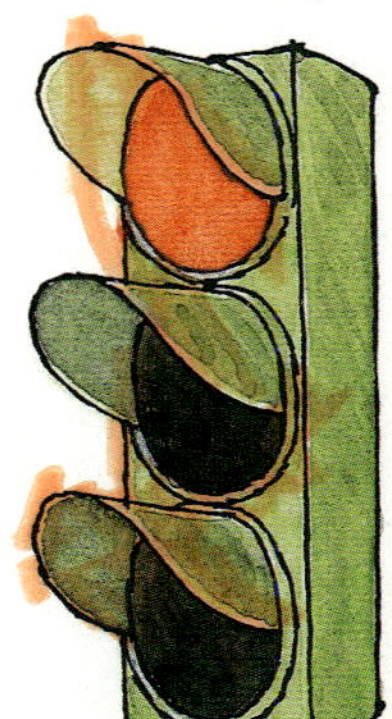

das Buch

der Bach

der Ball

bin
blau
böse
braun

das Brot

die Birne

das Bein

das Blatt

der Baum

das Bild

die Blume

C c

der Cowboy

der Christbaum

der Clown

das Dach

der Drachen

da
das
dem
den
der
die
drei

der Deckel

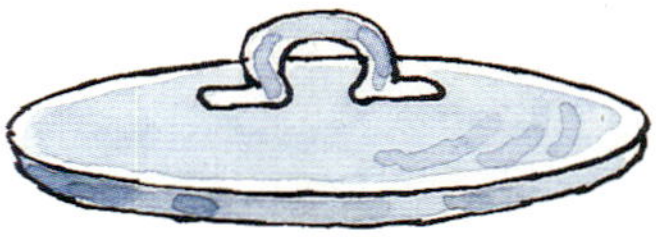

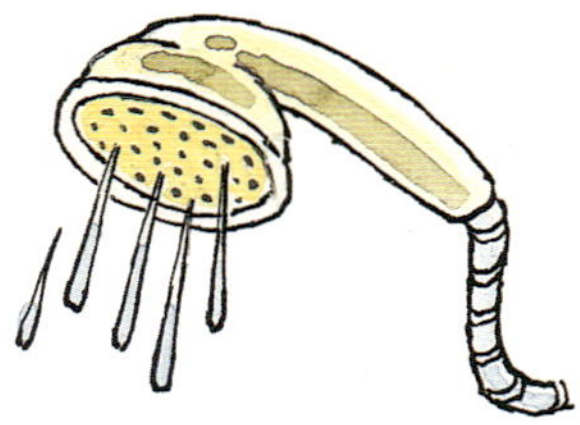

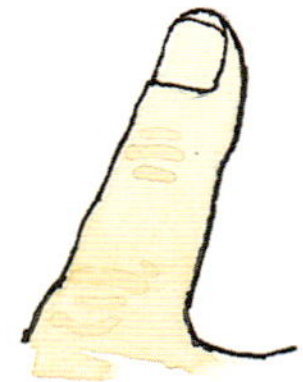

die Dusche

der Daumen

die Dose

das Dorf

der Dieb

E e

ein
eine
eins
er
es

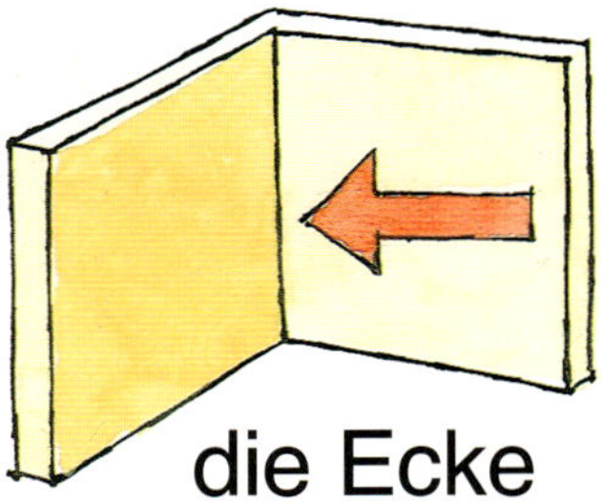

die Ecke

die Erde

die Ente

der Elefant

der Esel

die Erbse

die Eltern

der Engel

F f

der Fisch

der Fuchs

fein

finden

fünf

für

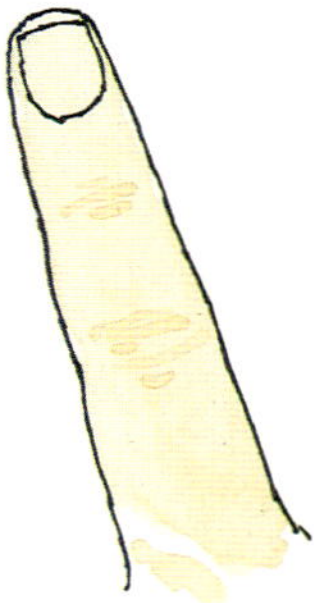

der Finger

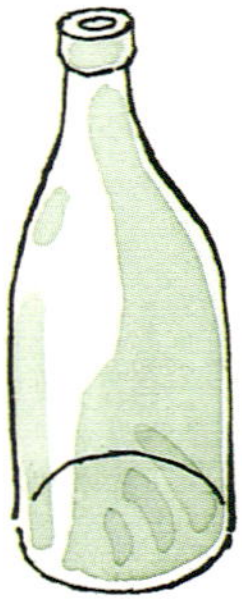

die Flasche

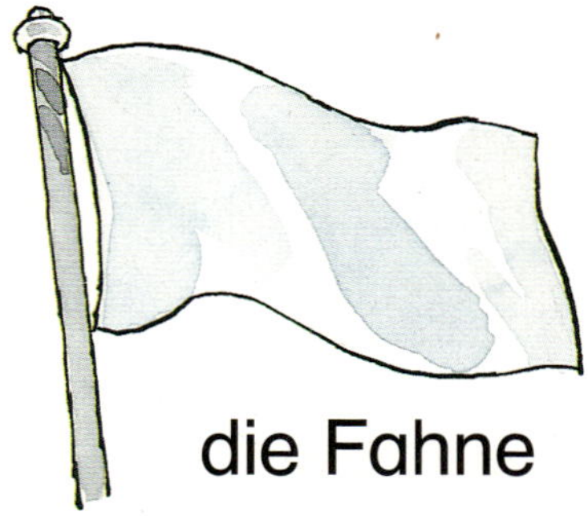

die Fahne

die Flöte

das Fenster

der Frosch

G g

gelb
groß
grün

die Gans

das Gras

die Glocke

die Gabel

das Glas

das Geld

der Garten

H h

das Haus

das Herz

haben
halten
hart
hat
heiß
hören

der Hut

der Hund

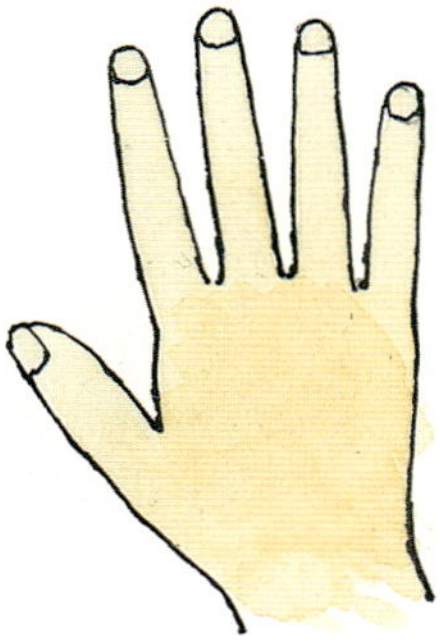

die Hand

der Hahn

die Hose

der Hase

I i

ich
im
in
ist

die Insel

der Igel

der Indianer

der Junge

der Jäger

die Jacke

K k

klein
kurz

der Kamm

die Katze

die Kuh

das Kind

der Käfig

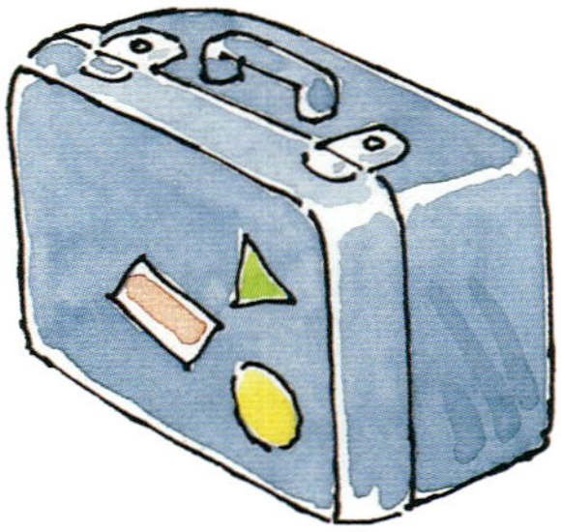

der Koffer

die Kirche

die Kerze

der Kuchen

die Laterne

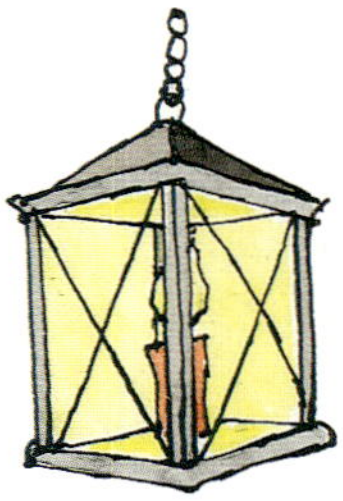

der Löwe

lang
laufen

der Löffel

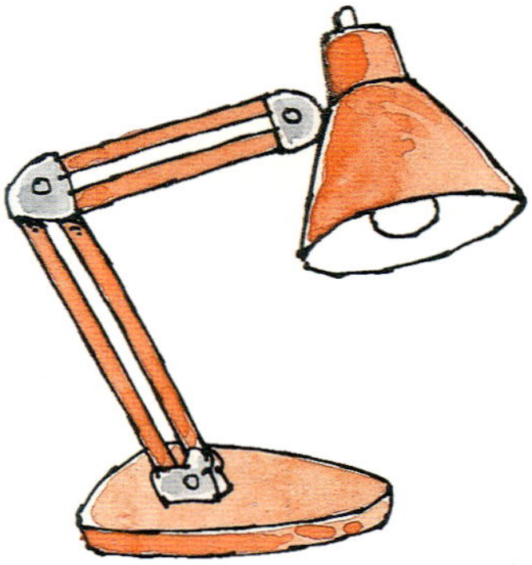

die Lampe

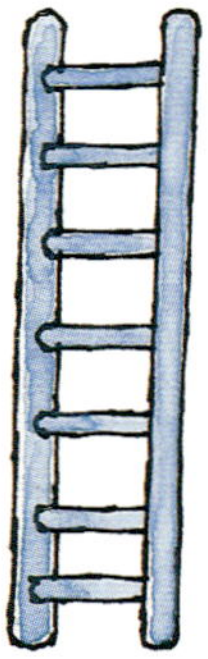

die Leiter

das Laub

die Lokomotive

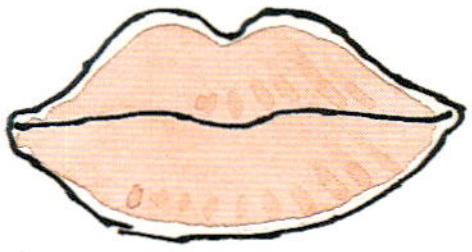

die Lippe

M m

machen
mein
mit

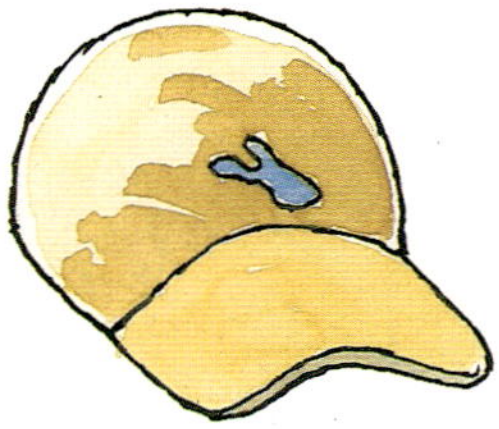

die Mütze

die Maus

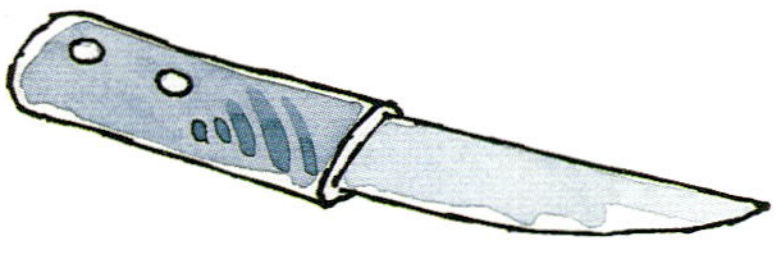

das Messer

der Mann

die Mutter

die Mauer

der Mond

das Nest

die Nacht

neu

neun

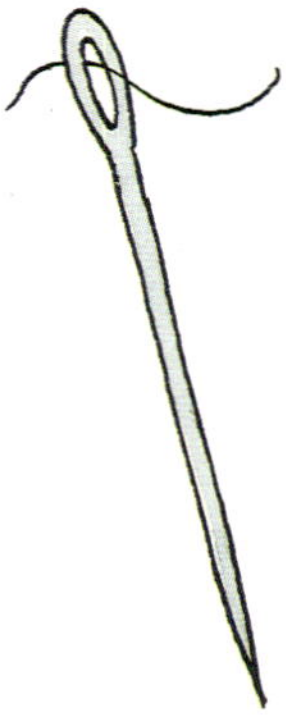

die Nadel

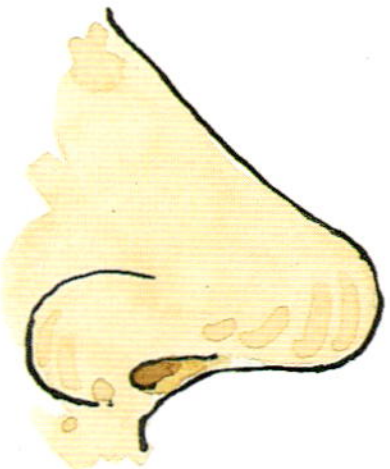

die Nase

der Nagel

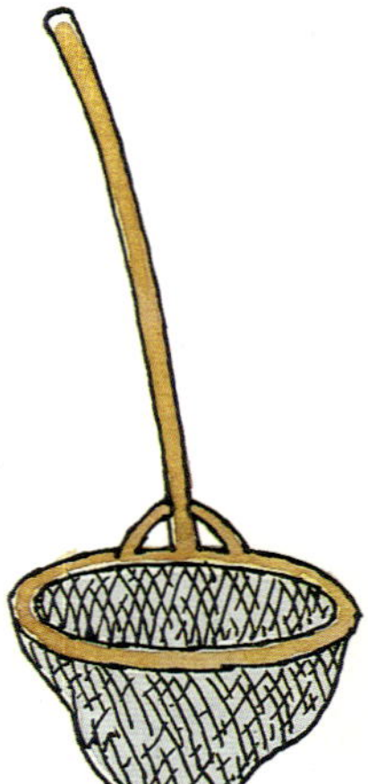

das Netz

der Nikolaus

die Nuss

die Nudel

O o

der Opa

die Orgel

die Oma

das Obst

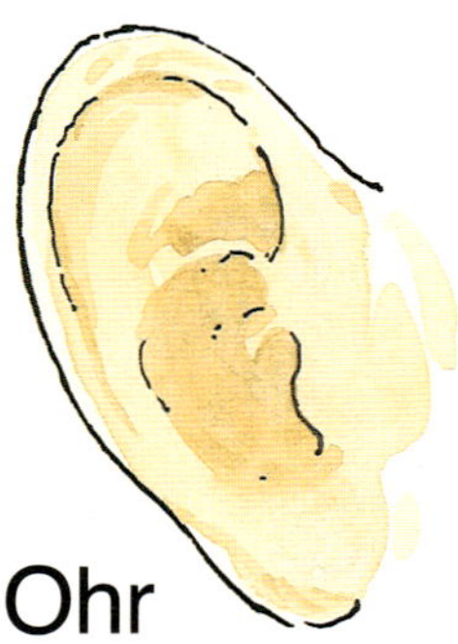

das Ohr

der Ofen

die Puppe

die Palme

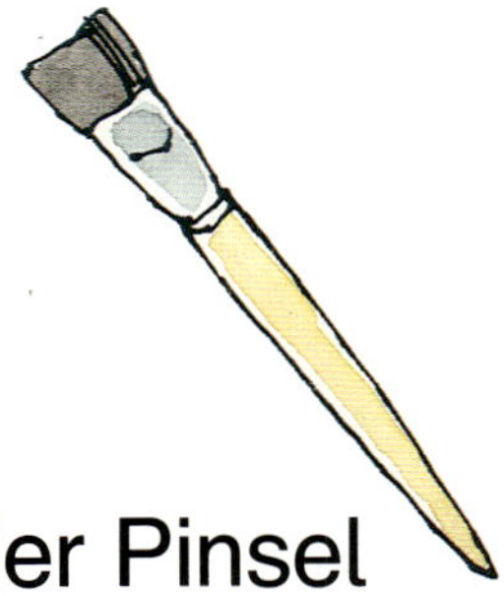

der Pinsel

der Pilz

das Paket

der Papagei

das Pony

Q q

der Quirl

der Quark

der Qualm

die Qualle

die Quelle

R r

der Regen

reden

rot

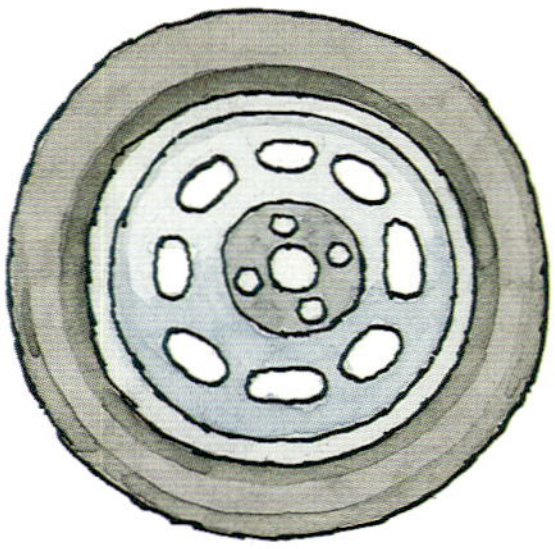

das Rad

die Rakete

der Rock

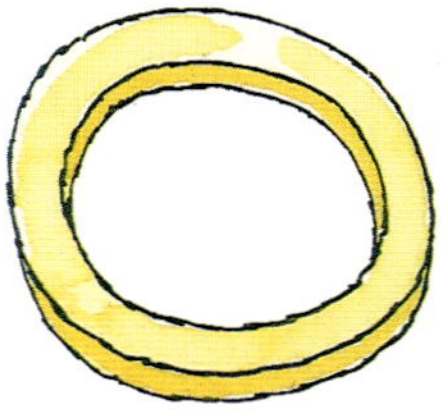

der Ring

der Roller

die Rose

das Reh

S s

sagen
schwarz
sechs
sie
sieben
sind
so
sollen

die Sonne

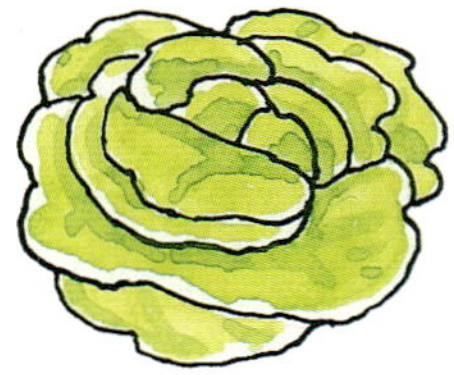

der Salat

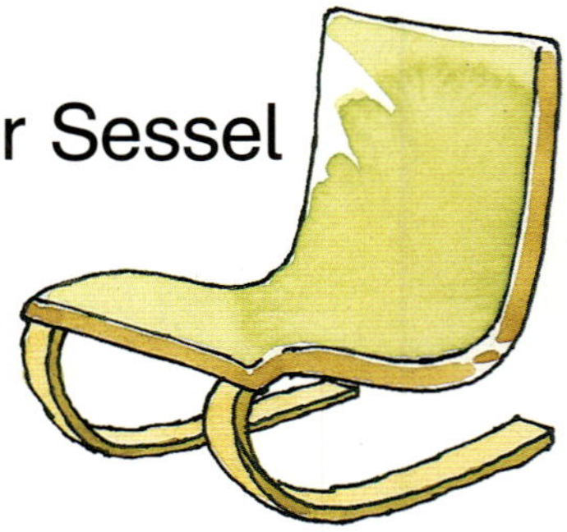

der Sessel

die Seife

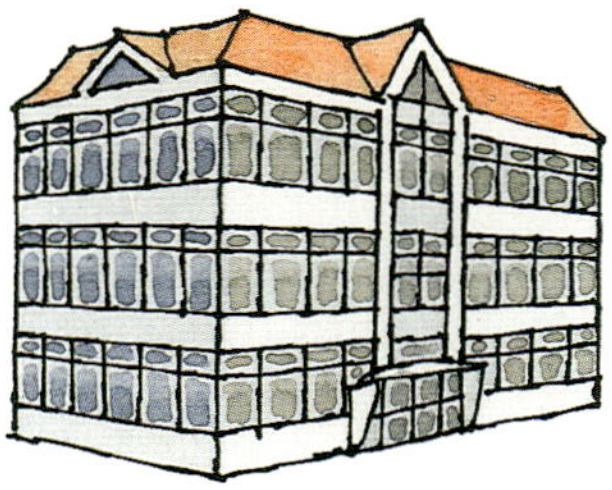

die Schule

der Sand

der Sack

das Schwein

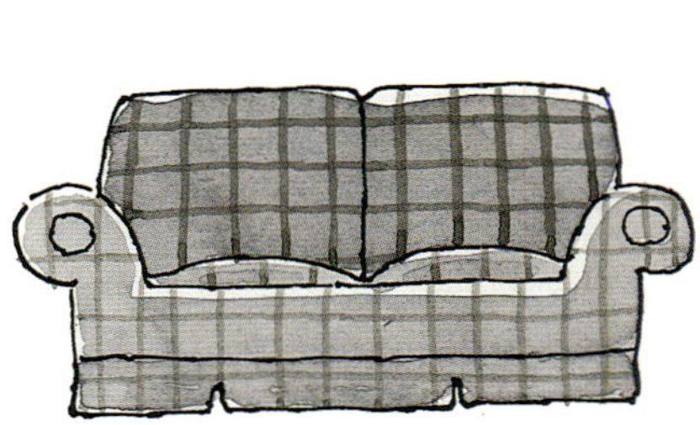

das Sofa

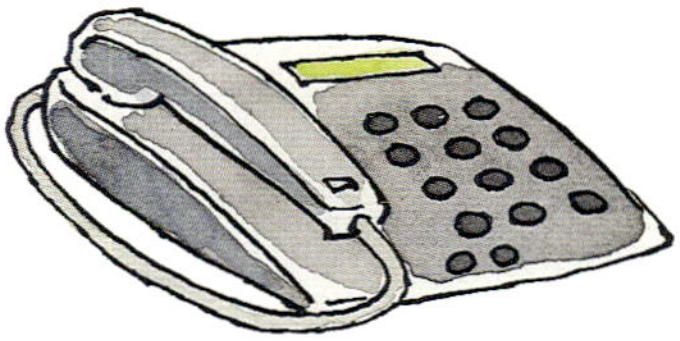

das Telefon

die Tomate

die Tasse

die Tanne

die Tafel

der Topf

die Tür

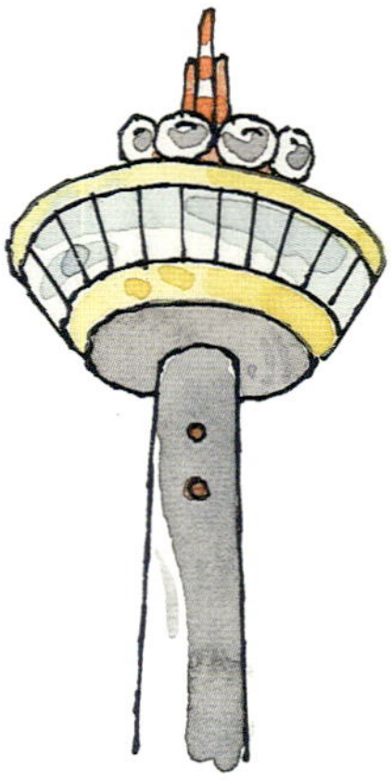

der Turm

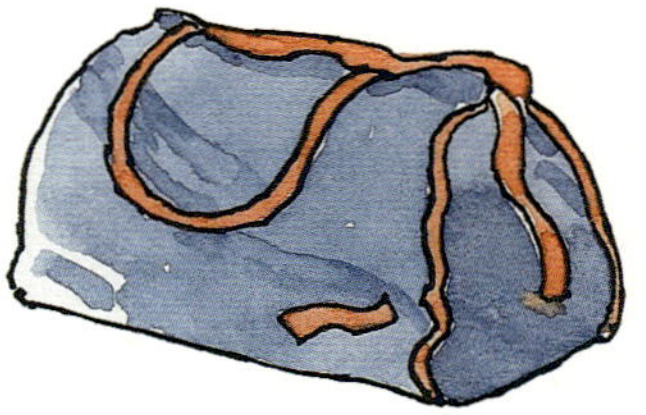

die Tasche

U u

und
uns
unser

der Uhu

der Unfall

der Urwald

die Uhr

der Vater

vier

der Vogel

das Veilchen

die Vase

der Vulkan

W w

war
was
weinen
weiß
wie
wir
wo

die Wurst

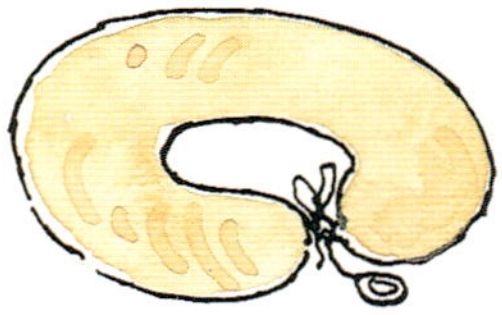

die Wolke

der Wagen

der Weg

der Würfel

die Wolle

die Wiese

der Wald

der Wolf

das Xylophon

Y y

die Yacht

das Zelt

die Zitrone

zehn

zu

zwei

der Zaun

das Zebra

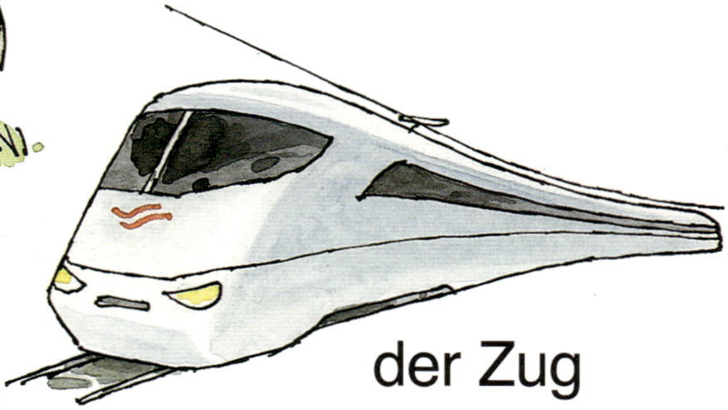

der Zug

der Zoo

der Zahn

Hinweise zum zweiten Teil des Wörterbuches

Wir lernen das Nachschlagen

ABC-Gedicht

Lerne das ABC-Gedicht auswendig. Dann fällt dir das Suchen nach einem Buchstaben leichter.

A B C	Die Katze lief im Schnee.
D E F	Dort ist auch Mäusetreff.
G H I	Das glaub' ich nie.
J K L	Die Mäuse laufen schnell.
M N O	Da bin ich froh.
P Q R	Die Katze rennt umher.
S T U	Die Katz' gibt keine Ruh'.
V W X	Die Mäuslein laufen fix.
Y Z	Das finde ich nett.

Die Buchstaben auf dem blauen Randstreifen führen dich zum Wort.

Auf welchen Seiten findest du die Wörter mit:

Schreibe so: F = Seite ☐ bis ☐

Hinweise zum zweiten Teil des Wörterbuches

Der erste und der zweite Buchstabe stehen immer vor der Wortgruppe.

Auf welchen Seiten stehen die Wörter, die so anfangen: Bu, Er, Fu, Ho, Mu, St, Zi?
Schreibe so: Bu = Seite ☐

Manchmal stehen auch die ersten drei oder vier Buchstaben vor einer Wortgruppe.

Wie heißen die Wörter, die so anfangen: Schu, Gew, Qua, Scha?
Schreibe die Wortgruppen ab.

Die Monatsnamen beginnen so: Ja, Fe, Mä, Ap, Ma, Ju, Ju, Au, Se, Ok, No, De.

Auf welchen Seiten findest du die Namen der 12 Monate?
Schreibe so: Januar = Seite ☐

Die Einzahl und die Mehrzahl der Namenwörter stehen untereinander.

Auf welchen Seiten stehen diese Wörter: Füße, Gänse, Höfe, Lichter, Münder, Quellen, Röcke, Seen, Wälder?
Schreibe auch die Einzahl und den Begleiter:
Beispiel: die Füße, der Fuß = Seite ☐

Wird das Wort groß- oder kleingeschrieben?

Suche diese Wörter und schreibe sie ab. Achte auf den ersten Buchstaben. Wird er groß- oder kleingeschrieben?
TANTE, KOMMEN, TANZEN, WATTE, WEINEN, ZWEIG, FEIN, KALT, GLAS

Tunwörter (Tuwörter) verändern ihre Form. Die verschiedenen Formen sind nach dem ABC geordnet.

Auf welchen Seiten findest du folgende Wörter:

fressen, fraß, frisst – beißen, biss, beißt
essen, aß, isst – graben, grub, gräbt
lesen, las, liest – halten, hielt, hält

Schreibe das Wort und die Seitenzahl auf.

Tunwörter (Tuwörter) suchen und finden.

Auf welchen Seiten findest du diese Tunwörter (Tuwörter): sie fliegt, sie brachte, sie erschrak, du hörst, er lässt, wir fliegen, du läufst, wir arbeiten?
Schreibe: sie fliegt = Seite ☐

A a

Ab
der A|bend
die A|ben|de
a|bends
a|ber

Ac
acht
acht|zehn
acht|zig
der A|cker
die Ä|cker

Ad
der Ad|vent
der Ad|vents|kranz
der Ad|vents|sonn|tag

Af
der Af|fe
die Af|fen

Al
al|le
al|lein
al|les
als
al|so
alt

Am
die A|mei|se
die A|mei|sen
die Am|pel
die Am|peln

An
an
an|de|re
än|dern
der An|fang
an|fan|gen
die Angst
die Ängs|te
an|ru|fen
die Ant|wort
die Ant|wor|ten
wir ant|wor|ten
an|zie|hen

Ap
der Ap|fel
die Äp|fel
die Ap|fel|si|ne
die Ap|fel|si|nen
der A|pril

Ar
die Ar|beit
die Ar|bei|ten
wir ar|bei|ten
der Ar|bei|ter
die Ar|bei|ter
sie ar|bei|tet
der Arm
die Ar|me
der Arzt
die Ärz|te
die Ärz|tin

As
sie aß
der Ast
die Äs|te

At
wir at|men
er at|met

Au
auch
auf
die Auf|ga|be
die Auf|ga|ben
auf|merk|sam
das Au|ge
die Au|gen
der Au|gust
aus
au|ßen
das Au|to
die Au|tos

Ax
die Axt
die Äx|te

B

Ba

das Ba|by
die Ba|bys
der Bach
die Bä|che
wir ba|cken
der Bä|cker
die Bä|cker
sie bäckt
das Bad
die Bä|der
wir ba|den
sie ba|det
der Bag|ger
die Bag|ger
die Bahn
die Bah|nen
bald
der Ball
die Bäl|le
die Ba|na|ne
die Ba|na|nen
ich band (es fest)
die Bank
die Bän|ke
der Bär
die Bä|ren

sie bat (mich)
der Bauch
die Bäu|che
bau|en
der Bau|er
die Bäu|e|rin
die Bau|ern
der Baum
die Bäu|me
er baut (ein Haus)

Be

die Bee|re
die Bee|ren

es be|gann
be|gin|nen
er be|ginnt
bei
bei|de
beim (Essen)
das Bein
die Bei|ne
das Bei|spiel
die Bei|spie|le
bei|ßen
er beißt
sie be|kam
be|kom|men
sie be|kommt
der Berg
die Ber|ge
be|son|ders
bes|ser
be|stimmt
be|ten
das Bett
die Bet|ten
be|we|gen
be|zah|len
er be|zahlt

Bi

die Bi|bel
die Bi|beln
die Bie|ne
die Bie|nen
das Bike (Fahrrad)
das Bild
die Bil|der
bil|lig

A B C D E F G H I J K L M N O P Q R S T U V W X Y Z

B b

B

ich bin
bin|den
sie bin|det
die Bir|ne
die Bir|nen
bis (morgen)
er biss (mich)
ein biss|chen
du bist (da)
bit|te (komm)
bit|ten
er bit|tet

Bl
das Blatt
die Blät|ter
blau
blei|ben
sie bleibt (dort)
der Blei|stift
die Blei|stif|te
sie blieb
blind
der Blitz
die Blit|ze
es blitzt
blü|hen
es blüht
die Blu|me
die Blu|men
blu|ten
es blu|tet
die Blü|te
die Blü|ten

Bo
der Bock
die Bö|cke
der Bo|den
die Bö|den
der Bo|gen
die Bö|gen
die Boh|ne
die Boh|nen
boh|ren
sie bohrt
das Bon|bon (der)
die Bon|bons
das Boot
die Boo|te
bö|se
bo|xen
er boxt

Br
er brach (ab)
sie brach|te
der Brand
die Brän|de
es brann|te
der Bra|ten
die Bra|ten
brau|chen
er braucht
braun
die Braut
die Bräu|te
der Bräu|ti|gam
brav
bre|chen
bren|nen
es brennt
das Brett
die Bret|ter
es bricht (ab)
der Brief
die Brie|fe

B

die	Bril|le
die	Bril|len
	brin|gen
sie	bringt
das	Brot
die	Bro|te
die	Brü|cke
die	Brü|cken
der	Bru|der
die	Brü|der
	brum|men
er	brummt

Bu

das	Buch
die	Bü|cher
	bü|cken
	bunt
die	Bürs|te
die	Bürs|ten
der	Busch
die	Bü|sche
der	Bus
die	Bus|se
die	But|ter

C c

C

Ch	der	Chor
	die	Chö|re
	der	Christ
	die	Chris|tin
	die	Chris|ten
	der	Christ|baum
	das	Christ|kind
Cl	der	Clown
	die	Clowns
Co	der	Cow|boy
	die	Cow|boys

D

Da		da
		da|bei
	das	Dach
	die	Dä|cher
	ich	dach|te
		da|für
		da|mals
		da|mit
	der	Dampf
	die	Dämp|fe
		dan|ke
		dan|ken
	sie	dankt
		dann
		da|ran
		da|rauf
		da|raus
	ich	darf (das)
		da|rin
		da|rü|ber
		da|rum
		das
		dass
	der	Dau|men
	die	Dau|men
		da|von
		da|zu
		da|zwi|schen
De	die	De|cke
	die	De|cken
	der	De|ckel
	die	De|ckel
		dein
		dem
	gib	den (Apfel)
	gib	de|nen (nichts)
		den|ken
	wo	denn
		der
		deutsch
		Deutsch|land
	der	De|zem|ber
Di		dich
		dicht
		dick
		di|cker
		die
	der	Dieb
	die	Die|be
		die|nen
	der	Diens|tag
	die	Diens|ta|ge
		die|se
		die|ser
		die|ses
	das	Ding
	die	Din|ge
		dir

D d

D

Do

doch
don|nern
es don|nert
der Don|ners|tag
die Don|ners|ta|ge
doof
das Dorf
die Dör|fer
dort
die Do|se
die Do|sen

Dr

der Dra|che
der Dra|chen
die Dra|chen
drau|ßen
dre|hen
sie dreht (sich)
drei
das Drei|eck
die Drei|e|cke
drei|ßig
drei|zehn
er droht (mir)
drü|cken
sie drückt (sich)

Du

du
der Duft
die Düf|te
dumm
dun|kel
dünn
durch
dür|fen
ich durf|te
der Durst
durs|tig
die Du|sche
die Du|schen

E

Eb
e|ben
e|ben|so

Ec
echt
die E|cke
die E|cken

Eh
die E|he
die E|hen
e|her
ehr|lich

Ei
das Ei
die Ei|er
ei|ge|ne
ei|gent|lich
ei|len
ei|lig
sie eilt (davon)
der Ei|mer
die Ei|mer
ein
ei|ne
in ei|nem (Haus)
für ei|nen (Strauß)
in ei|ner (Dose)
ei|nes (Tages)
ein|fach
ei|ni|ge
ein|kau|fen
ein|mal|eins
das Eis
die Ei|sen|bahn
die Ei|sen|bah|nen
eis|kalt

El
der E|le|fant
die E|le|fan|ten
elf
die El|tern

Em
emp|find|lich

En
das En|de
die En|den
end|lich
eng
der En|gel
die En|gel
die En|te
die En|ten
ent|schul|di|gen
ent|zwei

Er
er
die Er|de
die Er|den
er|frie|ren
sie er|friert
er|in|nern
sie er|in|nert (sich)
er|klä|ren
er|lau|ben
der Ernst
sie er|schrak
wir er|schre|cken
sie er|schrickt
er|schro|cken
erst
ers|te
er|zäh|len
er er|zählt

E e

E

A B C D E F G H I J K L M N O P Q R S T U V W X Y Z

Es		es
	der	E|sel
	die	E|sel
	das	Es|sen (ist fertig)
	wir	es|sen
Et		et|wa
		et|was
Eu		euch
		eu|er
	die	Eu|le
	die	Eu|len
		eu|re
Ew		e|wig

F

Fa

der Fa|den
die Fä|den
die Fah|ne
die Fah|nen
fah|ren
das Fahr|rad
die Fahr|rä|der
fahrt (los!)
sie fährt
die Fahrt
die Fahr|ten
fal|len
er fällt
falsch
die Fa|mi|lie
die Fa|mi|li|en
ich fand (etwas)
fan|gen
es fängt (an)
die Far|be
die Far|ben
fas|sen
er fasst (an)
er fass|te (an)
fast (acht Uhr)

Fe

der Fe|bru|ar
die Fe|der
die Fe|dern
feh|len
fei|ern
sie fei|ert
fein
der Feind
die Fein|de
das Feld
die Fel|der
das Fens|ter
die Fens|ter
die Fe|ri|en
fern|se|hen
der Fern|se|her
die Fern|se|her
fer|tig
fest (zugebunden)
das Fest
die Fes|te
das Feu|er
die Feu|er
die Feu|er|wehr

Fi

die Fi|bel
die Fi|beln
das Fie|ber
er fiel
fin|den
sie fin|det
er fing
es fing (an)
der Fin|ger
die Fin|ger
der Fisch
die Fi|sche

F f

F

Fl	die	Fla|sche
	die	Fla|schen
	die	Flie|ge
	die	Flie|gen
	wir	flie|gen
	sie	fliegt
		flie|hen
		flie|ßen
	er	flog
	er	floh
	der	Floh
	die	Flö|he
	das	Floß
	die	Flö|ße
	es	floss
	die	Flö|te
	die	Flö|ten
	der	Flü|gel
	die	Flü|gel
	das	Flug|zeug
	die	Flug|zeu|ge
	der	Fluss
	die	Flüs|se
Fo	wir	fol|gen
	er	folgt
		fort
	das	Fo|to
	die	Fo|tos
Fr	die	Fra|ge
	die	Fra|gen
		fra|gen
	sie	fragt
	er	fraß
	die	Frau
	die	Frau|en
		frech
		frei
	der	Frei|tag
	die	Frei|ta|ge
		fremd
		fres|sen
		freu|en
	der	Freund
	die	Freun|de
	die	Freun|din
	die	Freun|din|nen
		freund|lich
		frisch
	er	frisst
		froh
	der	Frosch
	die	Frö|sche
	die	Frucht
	die	Früch|te
		früh
	der	Früh|ling
Fu	der	Fuchs
	die	Füch|se
	sie	fuhr
		füh|ren
		fül|len
	er	füllt (das Fass)
		fünf
		fünf|zehn
		fünf|zig
		für
	der	Fuß
	die	Fü|ße
	das	Fut|ter
	wir	füt|tern
	sie	füt|tert (den Hamster)

G

Ga
sie gab (mir)
die Ga|bel
die Ga|beln
die Gans
die Gän|se
ganz
gar
der Gar|ten
die Gär|ten

Geb
ge|ben
ge|be|ten
ge|bis|sen
ge|brau|chen
er ge|braucht
ge|bro|chen
ge|bun|den
die Ge|burt
die Ge|bur|ten
der Ge|burts|tag
die Ge|burts|ta|ge

Gef
die Ge|fahr
die Ge|fah|ren
ge|fähr|lich
ge|fal|len
es ge|fiel (mir)
ge|fun|den

Geg
ge|gan|gen
ge|gen
ge|ges|sen
ge|gos|sen

Geh
ge|habt
ge|hen
ge|hol|fen
er geht
der Geh|weg
die Geh|we|ge

Gel
ge|las|sen
gelb
das Geld
die Gel|der
ge|le|gen

Gem
ge|mein
das Ge|mü|se

Gen
ge|nau
ge|nom|men
ge|nug

Ger
ge|rade
das Ge|räusch
die Ge|räu|sche
ge|ris|sen
gern

Ges
das Ge|schäft
die Ge|schäf|te
das Ge|schenk
die Ge|schen|ke
die Ge|schich|te
die Ge|schich|ten
das Ge|sicht
die Ge|sich|ter
ge|spro|chen
ge|sprun|gen
ges|tern
ge|sund
ge|sun|ken

G g

Get		ge|tan
		ge|trof|fen
		ge|trun|ken
Gew	er	ge|wann
		ge|we|sen
		ge|win|nen
	sie	ge|winnt
	das	Ge|wit|ter
		ge|won|nen
		ge|wor|den
		ge|wor|fen
Gi	er	gibt
	wir	gie|ßen
	sie	ging
Gl	das	Glas
	die	Glä|ser
		glatt
		glau|ben
	er	glaubt
		gleich
	die	Glo|cke
	die	Glo|cken
	das	Glück
Go	es	goss
	der	Gott
	die	Göt|ter
Gr		gra|ben
	sie	gräbt
	das	Gras
	die	Grä|ser
		grau
		grei|fen
	die	Gren|ze
	die	Gren|zen
	sie	griff
		groß
		grö|ßer
	er	grub
		grün
	der	Grund
	die	Grün|de
	der	Gruß
	die	Grü|ße
	die	Gur|ke
	die	Gur|ken
Gu	der	Gür|tel
	die	Gür|tel
		gut

H

Ha
das Haar
die Haa|re
ha|ben
ihr habt (Glück)
der Hahn
die Häh|ne
halb
die Hälf|te
die Hälf|ten
der Hals
die Häl|se
er hält
hal|ten
die Hand
die Hän|de
sie han|delt
hän|gen
hart
der Ha|se
die Ha|sen
du hast
er hat
er hat|te
er hät|te (gern)
das Haus
die Häu|ser
die Haut
die Häu|te

He
he|ben
das Heft
die Hef|te
heil
heiß
hei|ßen
sie heißt
hel|fen
hell
das Hemd
die Hem|den
her
he|rab
he|raus
der Herbst
he|rein
der Herr
die Her|ren
he|run|ter
das Herz
die Her|zen
heu|te
die He|xe
die He|xen

Hi
sie hielt
hier
er hieß
er hilft
der Him|mel
die Him|mel
hin
hin|ten
hin|ter

Ho
sie hob (auf)
hoch
der Hof
die Hö|fe
hof|fen
hof|fent|lich
ho|len
du holst
er holt
das Holz

H h

die	Höl|zer
	hö|ren
du	hörst
die	Ho|se
die	Ho|sen

H

Hu

das	Huhn
die	Hüh|ner
der	Hund
die	Hun|de
	hun|dert
der	Hun|ger
	hung|rig
	hus|ten
der	Hut
die	Hü|te

Ic ich

Ig der I|gel
die I|gel

Ih gib ihm (etwas)
sieh ihn (an)
mit ih|nen (gemeinsam)
in ihr (Zimmer)

Im im (Zimmer)
im|mer (wieder)
imp|fen

In in (der Tasche)
der In|di|a|ner
die In|di|a|ner
die In|di|a|ne|rin
die In|di|a|ne|rin|nen
ins (Haus)
die In|sel
die In|seln

Ir ir|gend
sie ir|ren (sich)

Is es ist (Zeit)
er isst (den Apfel)

J j

Ja

ja
die Ja|cke
die Ja|cken
ja|gen
der Jä|ger
die Jä|ger
das Jahr
die Jah|re
jam|mern
er jam|mert
der Ja|nu|ar

Je

je|de
je|der
je|des
je|mand
Je|sus
jetzt

Ju

der Ju|li
jung
der Jun|ge
die Jun|gen
der Ju|ni

K

Ka

der Kä|fer
die Kä|fer
der Kä|fig
die Kä|fi|ge
kalt
er kam
der Kamm
die Käm|me
sie kann
du kannst
sie kann|te
die Kan|ne
die Kan|nen
ka|putt
die Kar|tof|fel
die Kar|tof|feln
der Kä|se
die Kas|se
die Kas|sen
die Kat|ze
die Kat|zen
kau|fen
du kaufst
sie kauft

Ke

kein
ken|nen
er kennt
die Ker|ze
die Ker|zen
die Ket|te
die Ket|ten

Ki

das Kind
die Kin|der
das Ki|no
die Ki|nos
die Kir|che
die Kir|chen
die Kir|sche
die Kir|schen

Kl

kla|gen
klar
die Klas|se
die Klas|sen
kle|ben
das Kleid
die Klei|der
klein
klin|gen
es klingt
klop|fen
es klopft
klug

Kn

knal|len
es knallt
das Knie
die Knie
der Knopf
die Knöp|fe
knur|ren
er knurrt

K k

Ko

ko|chen
der Kof|fer
die Kof|fer
kom|men
sie kommt
der Kö|nig
die Kö|ni|ge
die Kö|ni|gin
die Kö|ni|gin|nen
kön|nen
er konn|te
der Kopf
die Köp|fe
der Korb
die Kör|be
sie kos|ten
es kos|tet

Kr

der Krach
die Krä|che
krank
der Kranz
die Krän|ze
das Kraut
die Kräu|ter
die Krei|de
die Krei|den
krie|gen
er kriegt

Ku

die Kü|che
die Kü|chen
der Ku|chen
die Ku|chen
die Ku|gel
die Ku|geln
die Kuh
die Kü|he
die Kur|ve
die Kur|ven
kurz
der Kuss
die Küs|se
küs|sen
sie küsst

La
lachen
sie lacht
der Laden
die Läden
er lag
die Lampe
die Lampen
das Land
die Länder
lang
lange
langsam
sie las
lass (das)
sie lassen
er lässt
die Laterne
die Laternen

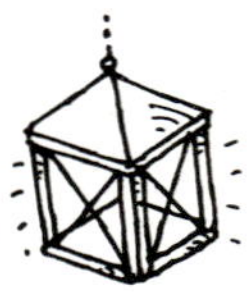

das Laub
laufen
du läufst
sie läuft
laut

Le
das Leben
wir leben
leer
legen
du legst
er legt
der Lehrer
die Lehrer
die Lehrerin
die Lehrerinnen
leicht
Leid (tun)
sie leiden
leise
die Leiter
die Leitern
lernen
lesen
leuchten
die Leute

Li
das Licht
die Lichter
lieb
lieben
das Lied
die Lieder
er lief
sie liefen
liegen
du liegst
er liegt
er ließ (los)
sie liest (einen Brief)
links
die Lippe
die Lippen
er litt

Lo
das Loch
die Löcher
der Löffel
die Löffel
die Lokomotive
die Lokomotiven
das Los
die Lose
der Löwe
die Löwen

Lu
die Luft
die Lüfte
lügen
lustig

M m

Ma		ma|chen
	sie	macht
	das	Mäd|chen
	die	Mäd|chen
		mag
	der	Mai
	der	Mai|kä|fer
	die	Mai|kä|fer
	wir	ma|len (Bilder)
	sie	malt (ein Bild)
	die	Ma|ma
		man
		man|che
		manch|mal
	der	Mann
	die	Män|ner
	der	Man|tel
	die	Män|tel
	das	Mär|chen
	die	Mär|chen
	die	Mark
	die	Mar|ke
	die	Mar|ken
	die	Mar|ki|se
	die	Mar|ki|sen
	der	März
	das	Maß
	die	Ma|ße
	die	Mau|er
	die	Mau|ern
	die	Maus
	die	Mäu|se

Me	das	Meer
	die	Mee|re
		mehr
		mein
		mei|ne
		mei|nen
		meist
	am	meis|ten
		mel|den
	die	Men|ge
	die	Men|gen
	der	Mensch
	die	Men|schen
		mer|ken
		mes|sen
	das	Mes|ser
	die	Mes|ser
	das	oder der Me|ter
	die	Me|ter
Mi		mich
	die	Milch
		mild
	die	Mi|nu|te
	die	Mi|nu|ten
		mir
	er	misst
		mit
	der	Mit|tag
	die	Mit|ta|ge
	die	Mit|te
	der	Mitt|woch
	die	Mitt|wo|che

M

Mo

ich möch|te
mö|gen
die Möh|re
die Möh|ren
der Mo|nat
die Mo|na|te
der Mond
die Mon|de
der Mon|tag
die Mon|ta|ge
das Moor
die Moo|re
der Mor|gen
mor|gen A|bend
heu|te Mor|gen
bis mor|gen
mor|gens

Mu

die Mü|cke
die Mü|cken
die Mü|he
die Mü|hen
der Müll
der Mund
die Mün|der
die Mu|sik
sie muss
müs|sen
er muss|te
der Mut
mu|tig
die Mut|ter
die Müt|ter
die Müt|ze
die Müt|zen

N n

Na
nach
der Nach|bar
die Nach|barn
die Nach|ba|rin
die Nach|ba|rin|nen
der Nach|mit|tag
heu|te Nach|mit|tag
die Nach|mit|ta|ge
nächs|te
die Nacht
mor|gen Nacht
die Näch|te
die Na|del
die Na|deln

der Na|gel
die Nä|gel
nah
er nahm
der Na|me
die Na|men
näm|lich
sie nann|te
die Na|se
die Na|sen
nass
na|tür|lich

Ne
der Ne|bel
die Ne|bel
ne|ben
neh|men
nein
nen|nen
das Nest
die Nes|ter
das Netz
die Net|ze
neu
neun
neun|zehn
neun|zig

Ni
nicht
nichts
nie
nie|mand
der Ni|ko|laus
die Ni|ko|lau|se, auch:
die Ni|ko|läu|se
das Nil|pferd
die Nil|pfer|de
sie nimmt

No
noch
die Not
die Nö|te
nö|tig
der No|vem|ber

Nu
die Nu|del
die Nu|deln
null
nun
nur
die Nuss
die Nüs|se

Ob		ob
		o|ben
	das	Obst
		ob|wohl
Od		o|der
Of	der	O|fen
	die	Ö|fen
		of|fen
		öff|nen
		oft
		öf|ter
Oh		oh|ne
	das	Ohr
	die	Oh|ren
Ok	der	Ok|to|ber
Ol	das	Öl
		ö|lig
Om	die	O|ma
	die	O|mas
	der	Om|ni|bus
	die	Om|ni|bus|se
On	der	On|kel
	die	On|kel
Op	der	O|pa
	die	O|pas
Or		or|dent|lich
		ord|nen
	er	ord|net
	die	Ord|nung
	die	Ord|nun|gen
	der	Ort
	die	Or|te
Os	der	Os|ten
		Os|tern
	das	Os|ter|fest
	der	Os|ter|ha|se
	die	Os|ter|ha|sen

P p

Pa ein paar (Sachen)
das Paar
die Paa|re
pa|cken
das Pa|ket
die Pa|ke|te
die Pal|me
die Pal|men
der Pa|pa
die Pa|pas
der Pa|pa|gei
die Pa|pa|gei|en
das Pa|pier
die Pa|pie|re
die Pap|pe
die Pap|pen
par|ken
pas|sen
es passt
die Pau|se
die Pau|sen

Pe der Pelz
die Pel|ze

Pf die Pfei|fe
die Pfei|fen
der Pfen|nig
die Pfen|ni|ge
das Pferd
die Pfer|de
pflan|zen
die Pfo|te
die Pfo|ten

Pi der Pilz
die Pil|ze
der Pin|sel
die Pin|sel
die Piz|za

Pl der Plan
die Plä|ne
der Platz
die Plät|ze
plötz|lich

Po die Po|li|zei
der Po|li|zist
die Po|li|zis|ten
die Po|li|zis|tin
die Po|li|zis|tin|nen
die Pom|mes
das Po|ny
die Po|nys
die Post

Pr der Preis
die Prei|se
die Pro|be
die Pro|ben

Pu der Pu|del
die Pu|del
der Pul|lo|ver
die Pul|lo|ver
der Punkt
die Punk|te
die Pup|pe
die Pup|pen
put|zen

Qua

qua|ken
die Qual
die Qua|len
quä|len
die Qual|le
die Qual|len
der Qualm
qual|men
der Quark
der Quatsch

Que

die Quel|le
die Quel|len
quer
quet|schen

Qui

quiet|schen
der Quirl
die Quir|le

R r

R

Ra

das Rad
die Rä|der
Rad fah|ren
der Ra|dier|gum|mi
die Ra|dier|gum|mis
das Ra|dio
die Ra|di|os
die Ra|ke|te
die Ra|ke|ten
der Rand
die Rän|der
er rann|te
rasch
sie ra|sen
sie ra|ten
rau (nicht glatt)
der Rauch
der Raum
die Räu|me

Re

rech|nen
rechts
re|den
sie re|det
der Re|gen
reg|nen
das Reh
die Re|he
reich
reif
die Rei|he
die Rei|hen
der Reim
die Rei|me
wir rei|sen (mit der Bahn)
sie rei|ßen (entzwei)
ren|nen
der Rest
die Res|te
ret|ten

Ri

rich|tig
rie|chen
er rief
sie riet (mir)
der Ring
die Rin|ge
es riss
der Riss
die Ris|se

Ro

es roch (gut)
der Rock
die Rö|cke
roh
rol|len
der Rol|ler
die Rol|ler
es rollt
die Ro|se
die Ro|sen
rot

Ru

der Rü|cken
die Rü|cken
ru|fen
er ruft
ru|hen
rüh|ren
rund
die Ru|te
die Ru|ten
die Rut|sche
die Rut|schen
wir rut|schen

S

Sa	der	Saal
	die	Sä|le
	die	Saat
	die	Saa|ten
	die	Sa|che
	die	Sa|chen
	der	Sack
	die	Sä|cke
		sä|en
		sa|gen
		sah
	der	Sa|lat
	die	Sa|la|te
	der	Sams|tag
	die	Sams|ta|ge
	der	Sand
		san|dig
	sie	sang (ein Lied)
	es	sank (unter)
	er	saß
	der	Satz
	die	Sät|ze
		sau|ber
		sau|er
		sau|sen
	er	saust
Scha	das	Schaf
	die	Scha|fe
	die	Scha|le
	die	Scha|len
		scharf
		schau|en
	sie	schaut
	die	Schau|kel
	die	Schau|keln
Sche	die	Schei|be
	die	Schei|ben
		schei|nen
		schen|ken
	sie	schenkt
	die	Sche|re
	die	Sche|ren
	die	Scheu|ne
	die	Scheu|nen
Schi		schie|ben
		schief
	sie	schien
	das	Schiff
	die	Schif|fe
	das	Schild
	die	Schil|der
	der	Schirm
	die	Schir|me
Schl		schla|fen
	er	schläft
		schla|gen
	sie	schlägt
		schlau
	der	Schlauch
	die	Schläu|che
		schlecht
	die	Schlei|fe
	die	Schlei|fen
	er	schlief
		schlie|ßen
	der	Schlit|ten
	die	Schlit|ten
	das	Schloss
	die	Schlös|ser
	sie	schloss (auf)

S s

er schlug (zu)
der Schluss
die Schlüs|se
der Schlüs|sel
die Schlüs|sel

Schm
schme|cken
es schmeckt
schmut|zig

Schn
schnap|pen
er schnappt
die Schnau|ze
die Schnau|zen
die Schne|cke
die Schne|cken
der Schnee
schnei|den
er schnei|det
er schnitt
schnei|en
es schneit
schnell

Scho
die Scho|ko|la|de
schon
schö|ner
schoss

Schr
der Schrank
die Schrän|ke
schrei|ben
sie schreibt
schrei|en
er schrie
sie schrieb
die Schrift
die Schrif|ten
der Schritt
die Schrit|te

Schu
der Schuh
die Schu|he
die Schu|le
die Schu|len
der Schü|ler
die Schü|ler
die Schü|le|rin
die Schü|le|rin|nen
die Schüs|sel
die Schüs|seln
schüt|zen
sie schützt

Schw
schwach
der Schwamm
die Schwäm|me
der Schwanz
die Schwän|ze
schwarz
das Schwein
die Schwei|ne
schwer
die Schwes|ter
die Schwes|tern
schwim|men
es schwimmt

Se
sechs
sech|zehn
sech|zig
der (die) See
die Se|en
se|hen

S

ihr seht
sehr
ihr seid
die Seife
die Seifen
sein
die Seite
die Seiten
die Sekunde
die Sekunden
selber
selbst
selten
senden
der September
setzen
sie setzt (sich)

Si

sich
sicher
sie
sieben
siebzehn
siebzig
siegen
er siegt
du siehst
sie sieht
singen
sie singt (ein Lied)
sinken
es sinkt (unter)
sitzen
er sitzt

So

das Sofa
die Sofas
sofort
sogar
der Sohn
die Söhne
der Soldat
die Soldaten
er soll
sollen
der Sommer
sondern
der Sonnabend
die Sonnabende
die Sonne
die Sonnen
der Sonntag
die Sonntage
sonst

Sp

sparen
sie spart
der Spaß
die Späße
spät
der Spiegel
die Spiegel
das Spiel
die Spiele
spielen
er spielt
spitz
der Sport
sie sprach
die Sprache
die Sprachen
er sprang
sprechen
sie spricht

S s

S

		sprin|gen
	er	springt
St	der	Staat
	die	Staa|ten
	die	Stadt
	die	Städ|te
	der	Stall
	die	Stäl|le
	sie	stand
	der	Stän|gel
	die	Stän|gel
		stark
		ste|hen
	er	steht
		stei|gen
	sie	steigt (hinauf)
	der	Stein
	die	Stei|ne
	die	Stel|le
	die	Stel|len
	sie	stel|len (sich an)
	der	Stern
	die	Ster|ne
	ich	stieg
	er	stieß (an)
	sei	still!
	die	Stim|me
	die	Stim|men
	der	Stock
	die	Stö|cke
	der	Stoff
	die	Stof|fe
		stolz
		sto|ßen
	er	stößt (an)
	die	Stra|ße
	die	Stra|ßen
	das	Stück
	die	Stü|cke
	der	Stuhl
	die	Stüh|le
	die	Stun|de
	die	Stun|den
	der	Sturm
	die	Stür|me
Su		su|chen
	sie	sucht
	die	Sup|pe
	die	Sup|pen
		süß

Ta

die Ta|fel
die Ta|feln
der Tag
die Ta|ge
das Tal
die Tä|ler
die Tan|ne
die Tan|nen
die Tan|te
die Tan|ten
tan|zen
sie tanzt
die Ta|sche
die Ta|schen
die Tas|se
die Tas|sen
es tat (weh)
sie ta|ten (das)
tau|chen
er taucht
tau|send

Te

der Tee
die Tees
das (der) Teil
die Tei|le
tei|len
sie teilt
das Te|le|fon
die Te|le|fo|ne
der Tel|ler
die Tel|ler
teu|er
der Teu|fel
die Teu|fel
der Text
die Tex|te

Ti

tief
das Tier
die Tie|re
die Tin|te
die Tin|ten
der Tisch
die Ti|sche

To

die Toch|ter
die Töch|ter
toll
die To|ma|te
die To|ma|ten
der Topf
die Töp|fe
das Tor
die To|re
die Tor|te
die Tor|ten
tot (umfallen)

T t

Tr

sie	traf
	tra|gen
er	trägt
die	Trä|ne
die	Trä|nen
sie	trank
er	trat (mich)
die	Trau|be
die	Trau|ben
der	Traum
die	Träu|me
	trau|rig
	tref|fen
	trei|ben
sie	treibt
	tren|nen
er	trennt
die	Trep|pe
die	Trep|pen
	tre|ten
	treu
sie	trieb
er	trifft
	trin|ken
sie	trinkt
er	tritt
	tro|cken
	trotz|dem
sie	trug

Tu

das	Tuch
die	Tü|cher
	tun
die	Tür
die	Tü|ren
der	Turm
die	Tür|me
	tur|nen
er	turnt
sie	tut (es)
die	Tü|te
die	Tü|ten

Üb

üben
über
überall
übereinander
überhaupt
überholen
er überholt
überlegen
sie überlegt
überraschen
sie überrascht
die Überschrift
die Überschriften
übrig
die Übung
die Übungen

Uh

die Uhr
die Uhren
der Uhu
die Uhus

Um

um
umgraben
umsonst
der Umweg
die Umwege
der Umzug
die Umzüge

Un

und
der Unfall
die Unfälle
ungefähr
das Unglück
die Unglücke
unruhig
uns
unser
unsere
unten
unter
der Unterricht
unterwegs
das Unwetter
die Unwetter

Ur

der Urlaub
der Urwald
die Urwälder

V v

Va

die Va|se
die Va|sen
der Va|ter
die Vä|ter

Ve

das Veil|chen
die Veil|chen
der Ver|band
die Ver|bän|de
ver|bie|ten
er ver|bie|tet
ver|bren|nen
sie ver|brennt (Papier)
ver|fol|gen
er ver|folgt
sie ver|gaß
ver|ges|sen
ver|gisst
ver|hun|gern
er ver|hun|gert
ver|kau|fen
sie ver|kauft
ver|let|zen
er ver|letzt
ver|lie|ren
sie ver|liert
sie ver|lor
ver|ra|ten
er ver|rät
er ver|riet
ver|schen|ken
sie ver|schenkt
sie ver|stand (es)
ver|ste|hen
ver|tei|len
er ver|teilt
ver|zei|hen
sie ver|zeiht

Vi

viel (Zeit)
vie|le
viel|leicht
vier
das Vier|eck
die Vier|e|cke
vier|zehn
vier|zig

Vo

der Vo|gel
die Vö|gel
das Volk
die Völ|ker
voll
vom
von
vor
vor|bei
vor|her
vor|le|sen
der Vor|mit|tag
die Vor|mit|tage
heu|te Vor|mit|tag
vorn
der Vor|na|me
die Vor|na|men
die Vor|sicht
vor|sich|tig

Vu

der Vul|kan
die Vul|kane

W

Wa	die	Waa|ge
	die	Waa|gen
		wach
		wa|chen
		wach|sen
	er	wächst
	der	Wa|gen
	die	Wa|gen
		wahr
		wäh|rend
	die	Wahr|heit
	der	Wald
	die	Wäl|der
	die	Wand
	die	Wän|de
		wann (und wo)
		war
	es	wä|re (schön)
	es	wa|ren (einmal)
	sie	warf
		warm
		wär|men
	er	wärmt (sich)
		war|nen
		war|ten
	sie	war|tet
		wa|rum
		was
	die	Wä|sche
		wa|schen
	sie	wäscht (sich)
	das	Was|ser
	die	Was|ser
	die	Wat|te

We	der	We|cker
	die	We|cker
	geh	weg!
	der	Weg
	die	We|ge
		we|gen
		weh (tun)
		weich
	die	Wei|de
	die	Wei|den
	die	Weih|nacht
	das	Weih|nachts|fest
		weil
		wei|nen
	er	weint
	ich	weiß (es genau)
		weiß (und schwarz)
		weit (und breit)
		wel|che
	die	Wel|le
	die	Wel|len
	der	Wel|len|sit|tich
	die	Wel|len|sit|ti|che
	die	Welt
		wem (gehört das)
		wen (sehe ich)
		we|nig
		wenn (das geschieht)
		wer (folgt ihm)
	wir	wer|den (sehen)
		wer|fen
		wet|ten
	sie	wet|tet
	das	Wet|ter

W w

Wi		wich|tig
		wie
	nie	wie|der
	die	Wie|ge
	die	Wie|gen
	die	Wie|se
	die	Wie|sen
		wie viel
		wild
	sie	will
	du	willst
	der	Wind
	die	Win|de
		win|ken
	er	winkt
	der	Win|ter
	die	Win|ter
		win|zig
		wir
	es	wird
	sie	wirft
		wirk|lich
	du	wirst (gesund)
		wis|sen

Wo		wo
	die	Wo|che
	die	Wo|chen
		wo|her
		wo|hin
		wohl
		woh|nen
	sie	wohnt
	die	Woh|nung
	die	Woh|nun|gen
	der	Wolf
	die	Wöl|fe
	die	Wol|ke
	die	Wol|ken
	die	Wol|le
	wir	wol|len
	er	woll|te
		wo|mit
		wo|ran
	das	Wort
	die	Wör|ter
		wo|von
		wo|vor
		wo|zu

Wu	sie	wuchs (schnell)
		wund
	die	Wun|de
	die	Wun|den
	der	Wunsch
	die	Wün|sche
		wün|schen
	er	wünscht (sich)
	es	wur|de (hell)
	der	Wür|fel
	die	Wür|fel
	der	Wurm
	die	Wür|mer
	die	Wurst
	die	Würs|te
	die	Wur|zel
	die	Wur|zeln
	sie	wusch
	sie	wuss|te
		wü|tend

Xx die X-Bei|ne

das Xy|lo|phon, auch: Xy|lo|fon

die Xy|lo|pho|ne, auch: Xy|lo|fo|ne

Y y

Yy die Yacht, auch: Jacht
die Yach|ten, auch: Jach|ten
das Yp|si|lon

Z

Za

die Zahl
die Zah|len
sie zah|len
zäh|len
er zählt
der Zahn
die Zäh|ne
der Zahn|arzt
die Zan|ge
die Zan|gen
der Zaun
die Zäu|ne

Ze

das Ze|bra
die Ze|bras
zehn
zeich|nen
sie zeich|net
zei|gen
er zeigt
die Zeit
die Zei|ten
die Zei|tung
die Zei|tun|gen
das Zelt
die Zel|te
der Zet|tel
die Zet|tel
das Zeug|nis
die Zeug|nis|se

Zi

die Zie|ge
die Zie|gen
zie|hen
er zieht
ziem|lich
das Zim|mer
die Zim|mer
der Zir|kus
die Zi|tro|ne
die Zi|tro|nen

Zo

er zog
der Zoo
die Zoos
der Zopf
die Zöp|fe
zor|nig

Zu

zu
der Zu|cker
zu|erst
zu|frie|den
der Zug
die Zü|ge
zu|letzt
zum
die Zun|ge
die Zun|gen
zu|rück
zu|sam|men
der Zu|schau|er
die Zu|schau|er

Zw

zwan|zig
zwar
zwei
der Zweig
die Zwei|ge
der Zwerg
die Zwer|ge
die Zwie|bel
die Zwie|beln
zwi|schen
zwölf

Hinweise zum dritten Teil des Wörterbuches

Viel Spaß beim Nachschlagen im Wörterbuch

Ordne diese Wörter nach dem ABC:
der Mantel, das Gras, der Affe, das Dorf, der Ball, der Hut, die Wiege, das Poster, der Urwald, der Rock, der Zoo, die Sonne.
Schreibe mit der Seitenzahl:
der Affe = Seite ☐

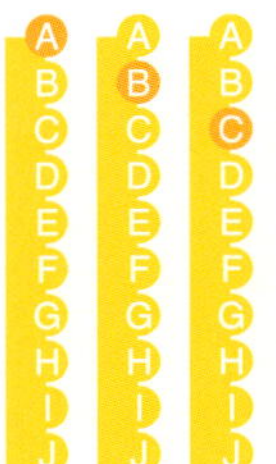

Die Buchstaben auf dem gelben Randstreifen führen dich zum Wort.

Blättere dein Wörterbuch schnell durch. Achte dabei auf den gelben Randstreifen.
Wie heißt das erste Wort mit:
A, M, B, E, J, O, U, P?
Schreibe auch die Seitenzahl:
der Aal = Seite ☐

Die ersten beiden Buchstaben aller Wörter sind am oberen Rand hervorgehoben.

- Auf welcher Seite findest du das Wort **Heft**? Du musst die Seite mit den Buchstaben **He** aufschlagen. Dort kannst du das Wort leicht finden.
  Schreibe: Heft = Seite ☐

  Suche bei **Ke** das Wort Kerze.
  Suche bei **Kl** die Wörter: Klammer, Klette, klug.
  Suche bei **St** die Wörter: Staub, Stock, Sturm.

- Ordne diese Wörter nach dem ABC: Korn, Korb, Kopie, Korken, Kopf, Kordel, Koralle. Du findest die Lösung auf der Seite mit **Ko**.

Hinweise zum dritten Teil des Wörterbuches

Die Einzahl des Wortes wird zuerst genannt.

- Wenn du das Wort **Häuser** finden willst, musst du das Wort **Haus** suchen.
  Suche folgende Wörter: Häuser, Fäuste, Äpfel, Blätter, Burgen, Sträucher, Mäuse, Gärten, Dächer, Boote.
  Schreibe so:
  das Haus, die Häuser = Seite ☐
- Suche zu folgenden Wörtern die Mehrzahl: der Floh, das Floß, die Flut, die Gestalt, das Glas, das Gebäude, der Stock.
  Schreibe so:
  der Floh, die Flöhe = Seite ☐

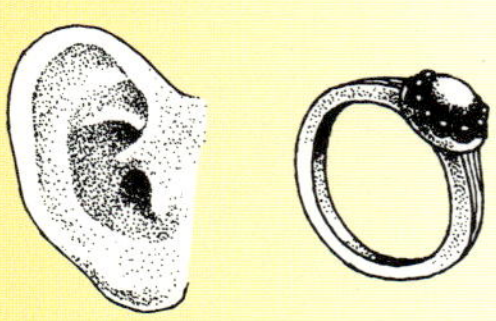

Ohr Ring

Ohrring

Viele Wörter sind aus zwei Wörtern zusammengesetzt. Nicht alle stehen im Wörterbuch. Du musst sie wieder zerlegen und jeden Teil getrennt nachschlagen.

Das Wort ist aus zwei Namenwörtern zusammengesetzt.
Beispiel: der Ohrring = das Ohr + der Ring.

Suche folgende Wörter und schreibe beide Seitenzahlen: der Ohrring, die Abendsonne, der Sonnenstrahl, die Waldwiese, die Wiesenblume, die Straßenlaterne, der Straßenräuber, das Reklameschild, der Vogelkäfig.

Hinweise zum dritten Teil des Wörterbuches

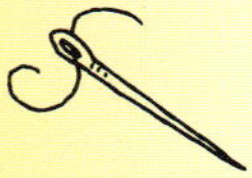

nähen | Nadel

die Nähnadel

Das Wort ist aus einem Tunwort (Tuwort) und einem Namenwort zusammengesetzt.
Beispiel: die Nähnadel = nähen und die Nadel.
Suche folgende Wörter und schreibe beide Seitenzahlen auf: die Drehtür, der Schmierfleck, die Nähmaschine, der Klappstuhl, der Kippschalter, das Fließband, der Fressnapf, der Esslöffel, der Kochtopf.

an | fassen

anfassen

Viele Wörter haben eine Vorsilbe. Manche findest du im Wörterbuch. Viele andere aber stehen nur ohne Vorsilbe im Wörterbuch.
Beispiel: „wegwerfen“ steht nicht im Wörterbuch aber „werfen“. Du musst also das Wort „werfen“ suchen.
Suche folgende Wörter mit der Seitenzahl: anhalten, abholen, niedersetzen, herunterfallen, hervorkommen, zusammenhalten, abziehen, vorbeigehen, fortlaufen.
Schreibe so: weg – werfen = Seite ☐

Jedes Tunwort (Tuwort) hat eine Grundform.

Du kannst das Tunwort (Tuwort) finden, wenn du seine Grundform nachschlägst.

- Suche folgende Tunwörter (Tuwörter) und schreibe sie mit der Grundform und der Seitenzahl auf: fand, fährt, frisst, gibst, gefällt, gewann, hielt, kroch, litt, schrie, schritt, schwamm.
  Schreibe so: fand, finden = Seite ☐

3. Person Einzahl
er, sie, es

- Wie heißt die Vergangenheitsform in der 3. Person Einzahl: streiten, pfeifen, greifen, befehlen, beginnen, begraben, bitten, betrügen, danken, entlassen, fahren?
  Schreibe so:
  schleichen, sie schlich = Seite □

Wortfamilien

Die Hauptstichwörter sind dick gedruckt. Hinter ihnen stehen dünner gedruckt verwandte Wörter.

- Beim Nachschlagen musst du also auch auf verwandte Wörter achten. Unter welchen Hauptstichwörtern findest du folgende Wörter: das Waisenhaus, vorbildlich, die Weintraube, versuchen, unschuldig, das Fensterbrett, die Urgroßmutter, der Südwind, die Strömung?
  Schreibe so: die Waise = Seite □

- Schreibe zu folgenden Wörtern eine Wortfamilie: der Abend, das Auge, das Bad, der Berg, die Braut, bügeln, die Butter, finden, fließen, glauben, hören. Vergiss die Seitenzahl nicht.
  Schreibe so: der Brief, die Briefe, die Briefmarke, der Briefkasten, der Briefträger = Seite □

Hinweise zum dritten Teil des Wörterbuches

auch	Nach dem Wörtchen **auch** findest du eine andere Schreibweise des Wortes. Beispiel: das Xylophon, auch: Xylofon Suche folgende Wörter und schreibe sie in beiden Schreibweisen: Xylophon, hügelig, der Klub, Kusine, Photo, Phantasie, die Puddinge, er webte, die Yacht. Schreibe so: Xylophon, auch: Xylofon = Seite ☐
Schwierige Wörter werden erklärt.	Hinter besonders schwierigen Wörtern steht in Klammern eine Erklärung. Beispiel: **aktiv** (tätig sein) Suche folgende Wörter: abschüssig, der Abwasch, ansässig, das Dessert, die Diskette, die Gruft, das Pech, parieren, der Schrubber, spärlich, der Virus, die Waise. Schreibe so: aktiv (tätig sein) = Seite ☐
Worttrennung	Unterschiedliche Worttrennungen stehen in Klammern unmittelbar hinter dem Stichwort.
das Wetter [55]	Hinter manchen Wörtern steht eine Zahl in einem Kästchen. Beispiel: fahren [5], das Wetter [55] Du kannst diese Nummer im vierten Teil des Wörterbuches nachschlagen. Dort erfährst du noch mehr über das Wort.

der **Aal**, die Aale
das **Aas**
ab, ab und zu, ab morgen
ab|blen|den,
ich habe abgeblendet,
das Abblendlicht
das **Abc**
der **A|bend** [2], die Abende, am
Abend, eines Abends, morgen
Abend, abends, das
Abendessen, das Abendmahl
das **A|ben|teu|er**, die Abenteuer,
abenteuerlich, der Abenteurer
a|ber
der **A|ber|glau|be**, abergläubisch
a|ber|mals
ab|fah|ren, die Abfahrt
der **Ab|fall**, die Abfälle
das **Ab|gas**, die Abgase
der / die **Ab|ge|ord|ne|te**
die Abgeordneten
ab|ge|spannt (müde)
der **Ab|grund**, die Abgründe,
abgrundtief (sehr tief)
der **Ab|hang**, die Abhänge
ab|hau|en, er haute ab
ab|ho|len, sie holte ab
das **A|bi|tur**
ab|kür|zen, sie kürzte ab,
die Abkürzung
ab|leh|nen [38], die Ablehnung
ab|len|ken, die Ablenkung
ab|ma|chen, die Abmachung
ab|mel|den, die Abmeldung
ab|nüt|zen, die Abnützung
a|bon|nie|ren, er abonnierte,
das Abonnement
ab|rech|nen, die Abrechnung
ab|rei|sen, die Abreise
der **Ab|satz**, die Absätze [58]
der **Ab|schied**, Abschied nehmen,
verabschieden
ab|schlie|ßen, der Abschluss,
die Abschlüsse
ab|schnei|den, der Abschnitt
ab|schrei|ben, die Abschrift
ab|schüs|sig (steil abfallend)
ab|seits, der Spieler stand
abseits, er stand **im** Abseits
ab|sen|den, der Absender
die **Ab|sicht**, die Absichten,
absichtlich
ab|stam|men, er stammte ab,
die Abstammung
der **Ab|stand**, die Abstände
ab|stim|men, die Abstimmung
ab|stür|zen, der Absturz
das **Ab|teil**, die Abteile,
die **Ab|tei|lung**, die Abteilungen
ab|trock|nen, sie trocknete ab
ab|wärts, abwärts gehen
der **Ab|wasch** (Geschirr spülen),
abwaschen, abwaschbar
ab|wech|seln, abwechselnd,
die Abwechslung
ab|weh|ren, die Abwehr
ab|we|send, die Abwesenheit
das / die **Ab|zei|chen**
der **Ab|zug**, die Abzüge
ab|zwei|gen, die Abzweigung
die **Ach|se**, die Achsen
die **Ach|sel**, die Achseln
acht, achtzehn, achtzig,
achtmal, ein Achtel
ach|ten, er achtete auf den
Verkehr, außer Acht lassen,
sich in Acht nehmen,
gib Acht!, achtlos
äch|zen, er ächzte
der **A|cker**, die Äcker,
Ackerbau treiben
a|ckern [11]
ad|die|ren, sie addierte,
die Addition
A|de sagen, auch: ade sagen
die **A|der**, die Adern

das **Ad|jek|tiv** (Eigenschaftswort), die Adjektive
der / die **Ad|ler**
a|dop|tie|ren, sie adoptierte, die Adoption
die **Ad|res|se**, die Adressen, das Adressbuch, adressieren
der **Ad|vent**, der Adventskalender, der Adventskranz
das **Ad|verb**, die Adverbien (Umstandswort des Ortes, der Zeit usw.)
der **Af|fe**, die Affen
Af|ri|ka, der Afrikaner,die Afrikanerin, afrikanisch
die **AG** (Arbeitsgemeinschaft)
ah|nen, er ahnte, die Ahnung, ahnungslos
ähn|lich, die Ähnlichkeit, Ähnliches (u. Ä.)
der **A|horn**, die Ahorne
die **Äh|re**, die Ähren
das **Aids** (Krankheit)
ak|ku|rat (genau)
der **Ak|ku|sa|tiv** (4. Fall, Wenfall)
der **Ak|ro|bat**, die Akrobaten
die **Ak|te**, die Akten
ak|tiv (tätig sein), die Aktivität
a|kut (dringend, unvermittelt)
der **A|larm**, alarmieren
al|bern, die Albernheit
der **Alb|traum**, die Albträume, auch: der Alptraum, die Alpträume
das **Al|bum**, die Alben
der **Al|ko|hol**, alkoholfrei, alkoholische Getränke
Al|lah (Name Gottes im Islam)
al|le, alles, vor allem
al|lein, allein stehend
am **al|ler|bes|ten**, das Allerbeste
al|ler|dings
die **Al|ler|gie** (Überempfindlichkeit)
al|ler|hand
Al|ler|hei|li|gen
al|ler|lei
all|ge|mein verständlich, im Allgemeinen
all|mäh|lich (nach und nach)
der **All|tag**, alltäglich
all|zu, allzu gern
die **Al|pen**
das **Al|pha|bet**, alphabetisch
der **Alp|traum**, die Alpträume, auch: der Albtraum
als
al|so
alt, der Alte, die Alten
der **Al|tar**, die Altäre
das **Al|ter**, das Altersheim
am, an dem Baum
der **A|ma|teur**, die Amateure, die Amateurin
der **Am|boss**, die Ambosse
die **A|mei|se**, die Ameisen
A|me|ri|ka, der Amerikaner, die Amerikanerin, amerikanisch
die **Am|pel**, die Ampeln
die **Am|sel**, die Amseln
das **Amt**, die Ämter, amtlich
an, ans, an das Haus
die **A|na|nas**
an|bie|ten, das Angebot
die **An|dacht**, die Andachten, andächtig
das / die **An|den|ken**
an|de|re, der andere
än|dern, er änderte, die Änderung
an|ders, anders als im Vorjahr
der **An|drang**
an|ei|nan|der (an|ein|an|der) legen, grenzen
an|er|ken|nen, die Anerkennung
der **An|fall**, die Anfälle, anfällig
der **An|fang**, die Anfänge, anfangen, der Anfänger, anfangs

an|for|dern, die Anforderung
an|fra|gen, die Anfrage
der / die **An|füh|rer**, die Anführerin, anführen
an|ge|ben, der Angeber, die Angeberin, angeberisch
an|geb|lich
das **An|ge|bot**, die Angebote
der / die **An|ge|hö|ri|ge**, die Angehörigen
der / die **An|ge|klag|te**, die Angeklagten, anklagen
die **An|gel**, die Angeln, angeln, der Angler
die **An|ge|le|gen|heit**, die Angelegenheiten
an|ge|nehm
der / die **An|ge|stell|te**, die Angestellten
sich **an|ge|wöh|nen**, die Angewöhnung, die Angewohnheit
die **An|gi|na** (Mandelentzündung)
an|grei|fen, der Angriff
die **Angst**, die Ängste, Angst haben, mir ist angst und bange, ängstigen, ängstlich, jemandem Angst machen
der **An|hän|ger**, die Anhänger
der **An|ker**, die Anker, ankern
an|kom|men, die Ankunft
die **An|la|ge**, die Anlagen
der **An|lass**, die Anlässe, der Anlasser (Auto), anlässlich
der **An|lauf**, die Anläufe
an|mel|den, die Anmeldung
an|neh|men, die Annahme
die **An|non|ce** (Anzeige), die Annoncen, annoncieren
der **A|no|rak**, die Anoraks
der **An|ruf|be|ant|wor|ter**
an|ru|fen, sie rief an, der Anruf
die **An|sa|ge**, die Ansagen, der Ansager, die Ansagerin
an|säs|sig (ständig dort wohnen)
die **An|schau|ung**, die Anschauungen, anschaulich
an|schei|nend, es hat den Anschein → scheinen
an|schlie|ßen, der Anschluss
die **An|schrift**, die Anschriften
die **An|sicht**, die Ansichten, die Ansichtskarte
die **An|spra|che**, die Ansprachen, eine Ansprache halten
der **An|spruch**, die Ansprüche
die **An|stalt**, die Anstalten
der **An|stand**, anständig, anstandslos
an|stel|len, die Anstellung
der **An|strei|cher**, die Anstreicher
sich **an|stren|gen**, sie strengte sich an, die Anstrengung
der **An|teil**, die Anteile
die **An|ten|ne**, die Antennen
der **An|trag**, die Anträge
ant|wor|ten, sie antwortete, die Antwort
an|wei|sen, sie wies an, die Anweisung
an|wen|den, er wandte an, auch: er wendete an, die Anwendung
die **An|zahl**
an|zah|len, die Anzahlung
an|zei|gen, die Anzeige
an|zie|hen, der Anzug
an|zün|den
der **Ap|fel**, die Äpfel
die **Ap|fel|si|ne**, die Apfelsinen
die **A|po|the|ke**, die Apotheken, der Apotheker, die Apothekerin
der **Ap|pa|rat**, die Apparate
der **Ap|pe|tit**, appetitlich
der **App|laus** (Beifall), applaudieren

der **Ap|ril**, der Aprilscherz
das **A|qua|ri|um**, die Aquarien
ar|bei|ten 33, die Arbeit 52, der Arbeiter, die Arbeiterin, der Arbeitgeber, der Arbeitnehmer, arbeitslos, der/die Arbeitslose, die Arbeitslosigkeit, der Arbeitsplatz
der **Ar|chi|tekt**, die Architekten, die Architektin
arg, ärger (schlimmer) als Durst
är|gern, sie ärgerte sich, der Ärger, ärgerlich, das Ärgernis
das **Ar|gu|ment** (1. Beweis, 2. Begründung), die Argumente
arm sein, ärmlich, die Armut
der **Arm**, die Arme
der **Ar|me**, die Armen
die **Ar|mee**, die Armeen
der **Är|mel**, die Ärmel
die **Art**, die Arten, die Art und Weise
ar|tig
der **Ar|ti|kel** (1. Ware, 2. Geschlechtswort), die Artikel
der **Ar|tist**, die Artisten, die Artistin
die **Arz|nei**, die Arzneien
die **Arzt**, die Ärzte, die Ärztin, ärztlich
die **A|sche**, der Aschenbecher
A|si|en, der Asiate, die Asiatin, asiatisch
der **As|phalt**, asphaltieren
das **Ass** (1. Spielkarte, 2. der Beste), die Asse, aber: er aß (Grundform essen)
der **Ast**, die Äste
der **Ast|ro|naut**, die Astronautin
das **A|syl**, der Asylbewerber, die Asylbewerberin
der **A|tem**, die Atemnot, atmen, atemlos

der **At|lan|tik**
der **At|las**, die Atlanten auch: die Atlasse
das **A|tom**, die Atome, die Atombombe, das Atomkraftwerk
das **At|test**, die Atteste
auch
auf, auf einmal, auf und ab
der **Auf|ent|halt**, die Aufenthalte
die **Auf|er|ste|hung**
auf|fal|len, auffällig
auf|fas|sen, die Auffassung
auf|for|dern, die Aufforderung
auf|füh|ren, die Aufführung
die **Auf|ga|be**, die Aufgaben
der **Auf|gang**, die Aufgänge
auf|ge|regt
auf|hö|ren, er hörte auf
auf|le|gen, die Auflage
auf|merk|sam, die Aufmerksamkeit
auf|neh|men, die Aufnahme
auf|pas|sen, er passte auf
auf|räu|men, sie räumte auf
auf|recht, aufrecht sitzen
auf|re|gen, die Aufregung
auf|rich|tig, die Aufrichtigkeit
der **Auf|satz**, die Aufsätze
der **Auf|schnitt**
die **Auf|sicht** führen
auf|stel|len, die Aufstellung
der **Auf|trag**, die Aufträge, auftragen
auf|tre|ten, der Auftritt
der **Auf|wand**, aufwändig, auch: aufwendig
auf|wärts gehen
Auf Wie|der|se|hen!
der **Auf|zug**, die Aufzüge
das **Au|ge**, die Augen, die Augenbrauen, das Augenlid, die Augenwimper
der **Au|gen|blick**, die Augenblicke,

augenblicklich
der **Au|gust**
aus
aus|beu|ten, die Ausbeutung
aus|bil|den, die Ausbildung,
der/die Auszubildende
die **Aus|dau|er**, ausdauernd
aus|deh|nen, die Ausdehnung
aus|drü|cken, der Ausdruck,
ausdrücklich
aus|ei|nan|der gehen
aus|flip|pen, er flippte aus
der **Aus|flug**, die Ausflüge
die **Aus|fuhr**
aus|führ|lich
die **Aus|ga|be**, ausgeben,
der **Aus|gang**, ausgehen
aus|ge|zeich|net
aus|gie|big
der **Aus|guss**, die Ausgüsse
die **Aus|kunft**, die Auskünfte
das **Aus|land**, ausländisch
die **Aus|nah|me**, die Ausnahmen,
ausnahmsweise
der **Aus|puff**, die Auspuffe
die **Aus|re|de**, die Ausreden
aus|rei|chend
aus|ru|fen, der Ausruf
aus|sa|gen, die Aussage
der **Aus|schlag**, ausschlaggebend
au|ßen
au|ßer, außerdem, außerhalb,
außer Acht lassen,
außerstande sein,
auch: außer Stande sein
äu|ßer|lich
äu|ßern, sie äußerte sich,
die Äußerung,
bis zum Äußersten
au|ßer|or|dent|lich
die **Aus|sicht**, die Aussichten,
aussichtslos
aus|spre|chen, die Aussprache,
der Ausspruch
aus|stat|ten, die Ausstattung
aus|stel|len, die Ausstellung
aus|su|chen
aus|wäh|len, die Auswahl
aus|wärts gehen
der **Aus|weg**, die Auswege
der **Aus|weis**, die Ausweise,
ausweisen
aus|wen|dig
aus|zeich|nen, die Auszeichnung
aus|zie|hen, der Auszug
das **Au|to**, die Autos, die Autobahn,
Auto fahren [5], der Autofahrer
das **Au|to|gramm**, die Autogramme
der **Au|to|mat**, die Automaten,
automatisch
die **Axt**, die Äxte

B

das **Ba|by**, die Babys
der **Bach**, die Bäche
die **Ba|cke**, die Backen,
der Backenzahn
ba|cken, du backst,
auch: bäckst, sie backte,
auch: sie buk,
sie hat Brot gebacken,
der Bäcker, die Bäckerin,
die Bäckerei, das Backobst,
das Backpulver, das Gebäck
das **Bad**, die Bäder, die
Badewanne, das Badezimmer,
baden, du badest, sie badete
Ba|den-Würt|tem|berg
der **Bag|ger**, die Bagger, baggern,
ich baggerte
die **Bahn**, die Bahnen,
der Bahnhof, die Bahnschranke,
der Bahnsteig, einen Weg
bahnen, Bahn brechen,

bahnbrechend
die **Bah|re**, die Bahren
die **Bak|te|rie**, die Bakterien
ba|lan|cie|ren, sie balancierte, die Balance
bald
der **Bal|ken**, die Balken
der **Bal|kon**, die Balkone, auch: Balkons
der **Ball** [58], die Bälle, Ball spielen [5]
der **Ball** (das Tanzvergnügen)
bal|len (die Faust ballen)
der **Bal|len**, die Ballen (der Ballen Stoff)
das **Bal|lett**, der Balletttänzer, die Balletttänzerin
der **Bal|lon**, die Ballone, auch: die Ballons
der **Bam|bus**
die **Ba|na|ne**, die Bananen
das **Band** (zum Binden), die Bänder
der **Band**, die Bände (mehrere Bände eines Lexikons)
die **Band** (Musikkapelle), die Bands
die **Ban|de**, die Banden (Horde)
bän|di|gen, er bändigte
der **Band|wurm**, die Bandwürmer
ban|ge, mir ist bange, nur keine Bange, jemanden Bange machen [5]
die **Bank** [58] (im Garten), die Bänke
die **Bank** (Sparkasse), die Banken, das Bankkonto, die Banknote
bar, bar bezahlen, das Bargeld
die **Bar**, die Bars
der **Bär**, die Bären, die Bärin
bar|fuß (mit bloßen Füßen)
barm|her|zig, die Barmherzigkeit
das **Ba|ro|me|ter**, die Barometer
der **Bar|ren**, die Barren
der **Bart** [58], die Bärte, bärtig
der **Ba|sar**, die Basare
der **Bass** (tiefe Tonlage), die Bässe, die Bassgeige, der Bassist
der **Bast**, die Baste
bas|teln, sie bastelte, die Bastelei, der Bastler, die Bastlerin
die **Bat|te|rie**, die Batterien
der **Bau** (Tierhöhle), die Baue
der **Bau** (Gebäude), die Bauten
der **Bauch**, die Bäuche, das Bauchweh, bauchig (ein bauchiger Krug)
bau|en [12], sie baute, baufällig, bausparen
der **Bau|er** [58], die Bauern, die Bäuerin, die Bäuerinnen, das Bauernhaus, der Bauernhof, bäuerlich
das / der **Bau|er** (Vogelkäfig), die Bauer
der **Baum**, die Bäume, die Baumschule, der Baumstamm, der Baumstumpf
bau|meln, er baumelte
die **Baum|wol|le**, baumwollen
Bay|ern, der Bayer, bayerisch
der **Ba|zil|lus** (Krankheitserreger), die Bazillen
be|ach|ten, sie beachtete
der **Be|am|te**, die Beamten, die Beamtin
be|an|tra|gen, er beantragte
be|ben, sie bebte, das Beben
der **Be|cher**, die Becher
das **Be|cken**, die Becken [1. Gefäß (Waschbecken), 2. Körperteil (Beckenknochen), 3. Schlaginstrument (Musik)]
sich **be|dan|ken**, er bedankte sich
der **Be|darf**
be|dau|ern, sie bedauerte, bedauerlich
be|den|ken, die Bedenken

be|deu|ten, es bedeutete, die Bedeutung, bedeutend
be|die|nen, sie bediente, die Bedienung, der/die Bedienstete
die **Be|din|gung**, die Bedingungen, bedingungslos
be|dro|hen, bedrohlich, die Bedrohung
das **Be|dürf|nis**, bedürftig
sich **be|ei|len**, die Beeilung
be|en|den, die Beendigung
be|er|di|gen, er beerdigte, die Beerdigung
die **Bee|re**, die Beeren
das **Beet**, die Beete
be|feh|len, du befiehlst, er befahl, sie hat befohlen, der Befehl, die Befehle
be|fes|ti|gen, sie befestigte, die Befestigung
sich **be|fin|den**, sie befand sich, das Befinden, befindlich
be|för|dern, sie beförderte, die Beförderung
be|frei|en, er befreite, die Befreiung
be|frie|di|gen, befriedigend, die Befriedigung
be|fruch|ten, er befruchtete, die Befruchtung
die **Be|fug|nis**, die Befugnisse
be|gabt, die Begabung, der/die Begabte
be|geg|nen, sie begegnete, die Begegnung
be|geis|tern, begeistert, die Begeisterung
be|gie|rig
be|gin|nen, du beginnst, er begann, sie hat begonnen, der Beginn, von Beginn an
be|glei|ten, sie begleitete ihn, die Begleitung, der Begleiter, die Begleiterin
sich **be|gnü|gen**, er begnügte sich
be|gra|ben, du begräbst, er begrub, sie hat begraben, das Begräbnis
be|grei|fen, du begreifst, er begriff, sie hat begriffen, der Begriff, die Begriffe
be|grün|den, er begründete, die Begründung
be|grü|ßen, die Begrüßung
be|hag|lich
be|hal|ten, du behältst, er behielt, sie hat behalten, der Behälter
be|hän|de
be|han|deln, sie behandelte, die Behandlung
be|haup|ten, sie behauptete, die Behauptung
be|hilf|lich
be|hin|dern, behindert, der/die Behinderte, die Behinderung
die **Be|hör|de**, die Behörden
be|hut|sam
bei, beim (bei dem Haus)
beich|ten, er beichtete, die Beichte, der Beichtstuhl
bei|de, beides, alle beide
bei|ei|nan|der
der **Bei|fall**, beifällig, Beifall spenden 5
beige (gelbbraun)
das **Beil**, die Beile
das **Bein**, die Beine
(Früher bedeutete „Bein“: Knochen. Diese Bedeutung ist noch in Knochennamen enthalten: z. B. das Schienbein, Nasenbein.
Es geht mir durch Mark und Bein.
Die Knochenreste von Toten nennt man Gebeine.)

bei|sam|men sein
bei|sei|te
das **Bei|spiel**, die Beispiele, zum Beispiel (z. B.)
bei|ßen, du beißt, er biss, sie hat gebissen, die Beißzange, der Biss, der Bissen, bissig
bei|tra|gen, der Beitrag, die Beiträge
be|kannt, der/die Bekannte, alle Bekannten, bekanntlich, die Bekanntschaft, bekannt geben
das **Be|kennt|nis**, die Bekenntnisse
die **Be|klei|dung**
be|kom|men, du bekommst, er bekam, sie hat bekommen
der **Be|lag**, die Beläge
be|läs|ti|gen, die Belästigung
be|lei|di|gen, die Beleidigung
be|leuch|ten, die Beleuchtung
Bel|gi|en, belgisch
be|liebt
bel|len, er bellte, das Gebell
be|loh|nen, die Belohnung
be|mer|ken, die Bemerkung, bemerkbar
sich **be|mü|hen**, sie bemühte sich, die Bemühung
be|nach|rich|ti|gen, die Benachrichtigung
sich **be|neh|men**, du benimmst dich, er benahm sich, sie hat sich benommen, das Benehmen
be|no|ten, die Benotung
be|nö|ti|gen, sie benötigte
be|nut|zen, der Benutzer, die Benutzerin, die Benutzung
das **Ben|zin**
be|ob|ach|ten (be|o|bach|ten), er beobachtete, die Beobachtung
be|quem, die Bequemlichkeit
be|ra|ten, der Berater, die Beratung
be|rech|ti|gen, berechtigt, die Berechtigung
be|reit, bereit sein
be|reits
be|reu|en, er bereute
der **Berg**, die Berge, bergig, der Berggipfel, der Bergmann, der Bergrettungsdienst, die Bergstation, der Bergsteiger, das Bergwerk, bergauf und bergab
ber|gen, du birgst, er barg, sie hat geborgen, die Bergung
be|rich|ten, sie berichtete, der Bericht
be|rich|ti|gen, er berichtigte, die Berichtigung
Ber|lin, der Berliner, die Berlinerin, berlinerisch
be|rück|sich|ti|gen, sie berücksichtigte, die Berücksichtigung
der **Be|ruf**, die Berufe, beruflich, berufstätig, die Berufsberatung, die Berufsschule
be|ru|hi|gen, er beruhigte sich, die Beruhigung
be|rühmt, die Berühmtheit
be|rüh|ren, sie berührte, die Berührung
be|schä|di|gen, er beschädigte, die Beschädigung
be|schäf|ti|gen, er beschäftigte, beschäftigt, die Beschäftigung
der **Be|scheid**, die Bescheide, ich weiß Bescheid
die **Be|schei|den|heit**, bescheiden sein
be|schei|ni|gen, er bescheinigte mir, die Bescheinigung

bescheren, er bescherte, die Bescherung
beschleunigen, er beschleunigte, die Beschleunigung
beschließen, du beschließt, er beschloss, sie hat beschlossen
der **Beschluss**, die Beschlüsse
beschränken, er beschränkte, beschränkt, die Beschränkung
beschreiben, sie beschrieb, die Beschreibung
beschuldigen, er beschuldigte, die Beschuldigung
beschützen, der Schutz
beschweren, sich beschweren, wir beschweren uns, die Beschwerde
beseitigen, die Beseitigung
der **Besen**, die Besen, der Besenstiel
besetzen, sie besetzte, die Besatzung, die Besetzung
besichtigen, sie besichtigte, die Besichtigung
besitzen, du besitzt, er besaß, sie hat besessen, der Besitz, der Besitzer, die Besitzerin
besonders, im Besonderen
besorgen, sie besorgte, die Besorgung
die **Besorgnis**, Besorgnis erregend
besprechen, die Besprechung
besser, besser gehen, die Besserung
bestätigen, er bestätigte, die Bestätigung
beste, am besten, bestens, das Beste, zum Besten
das **Besteck**, die Bestecke
bestehen, du bestehst, sie bestand, der Bestand, bestehen bleiben
bestellen, sie bestellte, die Bestellung
die **Bestie**, die Bestien
bestimmen, er bestimmte, die Bestimmung
bestrafen, er bestrafte, die Bestrafung
die **Bestrahlung**, bestrahlen
besuchen, sie besuchte, der Besuch, der Besucher, die Besuchszeit
sich **beteiligen**, er beteiligte sich, die Beteiligung
beten, sie betete, das Gebet
der **Beton**, betonieren
betrachten, sie betrachtete, die Betrachtung
der **Betrag**, die Beträge, betragen
sich **betragen**, sie beträgt sich gut, das Betragen
der **Betrieb**, die Betriebe, die Betriebsleitung
betrügen, du betrügst, er betrog, sie hat betrogen, der Betrug
das **Bett**, die Betten, die Bettdecke, bettlägerig, das Betttuch, das Bettzeug
betteln, sie bettelte, der Bettler, die Bettlerin
beugen, sie beugte sich
die **Beule**, die Beulen
die **Beute**, erbeuten, Beute machen
der **Beutel**, die Beutel
die **Bevölkerung**, bevölkert
bevor
sich **bewähren**, sich bewährt haben, die Bewährung
bewegen, sie bewegte, die Bewegung, beweglich
beweisen, du beweist,

er bewies, sie hat bewiesen,
der Beweis

sich **bewerben**, du bewirbst dich, er bewarb sich, sie hat sich beworben, die Bewerbung

bewilligen, er bewilligte, die Bewilligung

bewirten, er bewirtete

bewohnen, der Bewohner, die Bewohnerin

bewölkt, die Bewölkung

bewundern, die Bewunderung

bewusst, bewusst machen, bewusstlos, das Bewusstsein

bezahlen, sie bezahlte, die Bezahlung

beziehen, die Beziehung

der **Bezirk**, die Bezirke

der **Bezug**, die Bezüge

die **Bibel**, die Bibeln

die **Bibliothek**, die Bibliotheken, der Bibliothekar, die Bibliothekare, die Bibliothekarin

biegen, du biegst, er bog, sie hat gebogen, biegsam, die Biegung

die **Biene**, die Bienen, der Bienenschwarm

das **Bier**, die Biere, die Bierflasche

das **Biest**, die Biester

bieten, sie bot, er hat geboten

der **Bikini**, die Bikinis

das **Bild**, die Bilder, das Bilderbuch, der Bildschirm

bilden, sie bildete, die Bildung

billig

ich **bin** (Grundform: sein)

binden [13], du bindest, er band, sie hat gebunden, die Binde, der Bindestrich, der Bindfaden, die Bindung

die **Biologie**, biologisch

das **Biotop**, die Biotope

die **Birke**, die Birken

die **Birne**, die Birnen [58], der Birnbaum

bis, bis jetzt, bisher

der **Bischof**, die Bischöfe

der **Biss**, die Bisse, bissig

ein **bisschen**

du **bist** (Grundform: sein)

das **Bit** (Informationseinheit), die Bits

die **Bitte**, die Bitten, bitten, du bittest, er bat, sie hat gebeten

bitter, die Bitterkeit, bitterböse

der **Black-out** (Erinnerungslücke), auch: Blackout

blähen, der Wind blähte die Segel

die **Blamage**, blamieren

blank poliert

die **Blase**, die Blasen

blasen, du bläst, er blies, sie hat geblasen, der Blasebalg, der Bläser

blass, die Blässe

das **Blatt**, die Blätter, blättern, er blätterte

blau [3], das Blau, blauäugig, blau gestreift, blaugrau, bläulich, das Blaulicht

das **Blech**, die Bleche, das Blechdach, blechern

das **Blei**, bleiern, bleifrei

bleiben, du bleibst, er blieb, sie ist geblieben, die Bleibe, bleiben lassen [6]

bleich, bleichen

der **Bleistift**, die Bleistifte

blenden, das Licht blendete

blicken, sie blickte, der Blick

blind, der/die Blinde

der **Blinddarm**,

die Blinddarmentzündung
die **Blind|schlei|che**, die Blindschleichen
blin|ken, er blinkte, der Blinker, das Blinklicht
blin|zeln, er blinzelte
der **Blitz**, die Blitze, blitzen, das Blitzlicht, blitzschnell
der **Block**, die Blöcke, auch: Blocks, die Blockflöte, die Blockschrift
blöd, auch: blöde, der Blödsinn
blond
bloß
blub|bern, das Wasser blubbert
Blue|jeans, auch: Blue-Jeans
blü|hen, es blühte, die Blüte
die **Blu|me**, die Blumen, das Blumenbeet, der Blumenstrauß, der Blumentopf, die Blumenvase
die **Blu|se**, die Blusen
das **Blut**, blutig, blutarm, bluten, die Blutgruppe, Blut spenden, der Blutspender
die **Blü|te**, die Blüten, blütenweiß
der **Bob**, die Bobs
der **Bock**, die Böcke [58], bockig
der **Bo|den**, die Böden
der **Bo|gen**, die Bogen [58], auch: Bögen
die **Boh|ne**, die Bohnen, die Bohnenstange
boh|nern, er bohnerte
boh|ren, er bohrte, der Bohrer
der **Boi|ler**, die Boiler
die **Bo|je**, die Bojen
die **Bom|be**, die Bomben
das / der **Bon|bon**, die Bonbons
das **Boot**, die Boote
das **Bord** (Bücherwandbrett), die Borde, der Bordstein, an Bord gehen
bor|gen, er borgte
bö|se, bösartig, boshaft, die Bosheit
der **Bo|te**, die Boten, die Botin
bo|xen, er boxte, der Boxer [58]
der **Brand**, die Brände, die Brandstiftung, die Brandwunde
Bran|den|burg, brandenburgisch
die **Bran|dung**, branden
bra|ten, du brätst, er briet, sie hat gebraten, der Braten
die **Brat|sche** (Streichinstrument), die Bratschen
der **Brauch**, die Bräuche, brauchen, er brauchte, brauchbar
brau|en, er braute das Bier, die Brauerei, die Brauereien
braun [3], bräunen, braun gebrannt, bräunlich
die **Brau|se**, die Brausen, brausen, es brauste
die **Braut**, die Bräute, der Bräutigam, das Brautpaar
brav
bra|vo
bre|chen [14], es bricht, es brach, es ist gebrochen, der Bruch
der **Brei**, die Breie
breit, die Breite, breit machen
Bre|men, der Bremer
brem|sen, er bremste, die Bremse, die Bremsspur, der Bremsweg
bren|nen, es brennt, es brannte, es hat gebrannt, aber: der Brand
die **Brenn|nes|sel**
das **Brett**, die Bretter, der Bretterboden

die **Bre|zel**, die Brezeln
der **Brief**, die Briefe, der Briefkasten, die Briefmarke, der Briefträger, die Briefträgerin
das **Bri|kett**, die Briketts
die **Bril|le**, die Brillen
brin|gen, du bringst, er brachte, sie hat gebracht
die **Bri|se**, die Brisen
der **Bro|cken**, die Brocken, bröckelig, bröckeln
die **Brom|bee|re**, die Brombeeren
die **Bron|chie**, die Bronchitis
die **Bron|ze**, die Bronzemedaille
die **Bro|sche**, die Broschen
die **Bro|schü|re**, die Broschüren
das **Brot**, die Brote, das Brötchen, der Brotlaib
der **Bruch**, die Brüche, brüchig
die **Brü|cke**, die Brücken
der **Bru|der**, die Brüder, brüderlich
die **Brü|he**, verbrühen
brül|len, er brüllte, das Gebrüll
brum|men, er brummte, der Brummer
der **Brun|nen**, die Brunnen
die **Brust**, die Brüste
sich **brüs|ten**, er brüstete sich
bru|tal
brü|ten, sie brütete, die Brut
der **Bub**, auch: Bube, die Buben
das **Buch**, die Bücher, die Bücherei, die Buchhandlung
die **Bu|che**, die Buchen
die **Büch|se**, die Büchsen
der **Buch|sta|be**, die Buchstaben, buchstabieren
die **Bucht**, die Buchten
der **Bu|ckel**, die Buckel, bucklig
sich **bü|cken**, er bückte sich
bud|deln, er buddelte
die **Bu|de**, die Buden
der **Bü|gel**, die Bügel
bü|geln, sie bügelte, das Bügeleisen, die Bügelfalte
die **Büh|ne**, die Bühnen
Bul|ga|ri|en, bulgarisch
der **Bul|le**, die Bullen
der **Bu|me|rang**, die Bumerangs
bum|meln, sie bummelte, der Bummel, die Bummelei
das **Bund** (Schlüsselbund), die Bunde
der **Bund** (Vereinigung), die Bünde
der Bundeskanzler
die Bundesliga
der Bundespräsident
die Bundesregierung
die Bundesrepublik
die Bundeswehr
das **Bün|del**, die Bündel
das **Bünd|nis**, die Bündnisse
bunt, der Buntstift, bunt gestreift
die **Burg**, die Burgen
der / die **Bür|ger**, der Bürgermeister, die Bürgermeisterin
das **Bü|ro**, die Büros
der **Bur|sche**, die Burschen
die **Bürs|te**, bürsten, sie bürstete
der **Bus**, die Busse, Bus fahren [5], der Busfahrer, die Busfahrerin
der **Busch**, die Büsche
das **Bü|schel**, die Büschel
der **Bu|sen**, die Busen
der **Bus|sard**, die Bussarde
bü|ßen, er büßte, die Buße
die **But|ter**, das Butterbrot, die Buttermilch, butterweich
bye-bye (auf Wiedersehen)

C

C

das **Café**, die Cafés
der **Campingplatz**, die Campingplätze, sie campt
CD (Compactdisk), CD-Spieler
das **Cello** (Musikinstrument), die Celli
Celsius, kurz: C. (Wir teilen das Thermometer in Grade ein, wie es der Schwede Celsius vorschlug: 1 °C)
der **Cent**, die Cents
das **Chamäleon**, die Chamäleons
der **Champignon** (Pilz), die Champignons
der **Champion** (Meister im Sport), die Champions-League
die **Chance**, die Chancen
das **Chaos** (Unordnung), chaotisch
der **Charakter**, die Charaktere, charakteristisch
der **Chauffeur**, die Chauffeure
der **Chef**, die Chefs, die Chefin
die **Chemie**, chemisch
chic, auch: schick
China, der Chinese, die Chinesin, chinesisch
der **Chip**, die Chips
der **Chirurg**, die Chirurgen, die Chirurgin
der **Chor**, die Chöre 58
der **Christ**, die Christen, die Christin, der Christbaum, christlich, Christus
die **Chronik**, die Chroniken
circa (ca.), auch: zirka (etwa)
die **City**, die Citys
clever (schlau)
die **Clique**, die Cliquen (eine kleine Gemeinschaft für sich)
der **Clown**, die Clowns
der **Club**, auch: Klub, die Clubs
die / das **Cola**, die Colas
der **Colt**, die Colts
der **Collie**, die Collies
der **Comic**, die Comics
der **Computer**, die Computer
der **Container**, die Container
cool (Schlagwort für ruhig bleiben)
die **Cornflakes**
die **Couch**, die Couches, auch: die Couchen
der **Cousin**, die Cousins, die Cousine
der **Cowboy**, die Cowboys
die **Creme**, die Cremes, auch: die Krem, die Krems
der **Cup** (Siegespokal, Sportwettkampf), die Cups
das **Curry**, die Currywurst

D

D

da, da sein, dableiben
dabei, dabei sein
das **Dach**, die Dächer, der Dachboden, der Dachdecker, die Dachrinne, der Dachstuhl
der **Dachs**, die Dachse
der **Dackel**, die Dackel

da|durch
da|für
da|ge|gen
da|heim, daheim bleiben
da|her
da|hin
da|hin|ter, dahinter stehen
die **Dah|lie**, die Dahlien
da|mals
die **Da|me**, die Damen
da|mit
däm|lich
der **Damm**, die Dämme, eindämmen
die **Däm|me|rung**, dämmern, es dämmerte, dämm(e)rig
der **Dampf**, die Dämpfe, dampfen, der Dampfer
dämp|fen (ich dämpfe das Gemüse), der Dämpfer (einen Dämpfer bekommen)
da|nach
da|ne|ben
Dä|ne|mark, dänisch
dan|ken, er dankte, der Dank, dankbar, die Dankbarkeit
dann
da|ran (dar|an), daran glauben
da|rauf (dar|auf), daraufhin
da|raus (dar|aus)
da|rin (dar|in), darinnen
das **Dar|le|hen**, die Darlehen
der **Darm**, die Därme, die Darmkrankheit
dar|stel|len, er stellte dar, der Darsteller, die Darstellerin, die Darstellung
da|rü|ber (dar|ü|ber)
da|rum (dar|um)
da|run|ter (dar|un|ter), darunter liegen
das (Das Lied, das (welches) er sang, kenne ich schon lange.)

das|je|ni|ge
dass (Ich hoffe, dass es morgen regnet.)
das|sel|be (Ich trage immer dasselbe Kleid.)
der **Da|tiv** (3. Fall, Wemfall)
die **Dat|tel**, die Datteln
das **Da|tum**, die Daten
dau|ern, es dauerte, dauernd, die Dauer, der Dauerlauf, die Dauerwelle, dauerhaft
der **Dau|men**, die Daumen
da|von, davonlaufen
da|vor, davor hängen, liegen
da|zu, dazugehören
da|zwi|schen
das **Deck**, die Decks (Stockwerke im Schiff)
die **De|cke** 58, die Decken, der Deckel, die Deckung, das Verdeck, aufdecken, bedecken, entdecken, verdecken
de|cken, er deckte das Dach
de|fekt (schadhaft), der Defekt
deh|nen, sie dehnte, die Dehnung, gedehnt, dehnbar, das Dehnungszeichen
der **Deich**, die Deiche
die **Deich|sel**, die Deichseln
dein
de|ko|rie|ren, sie dekorierte, die Dekoration
der **Del|fin**, auch: Delphin, die Delfine
die **De|li|ka|tes|se**, die Delikatessen
dem (in dem Buch)
dem|nach, demnächst
die **De|mo|kra|tie**, die Demokratien, der Demokrat, demokratisch (Staatsform, bei der alles Recht vom Volke ausgeht)

de|monst|rie|ren (de|mons|trie|ren), sie demonstrierte, der Demonstrant, die Demonstrantin, die Demonstration (die Demo)

die **De|mut** (Ehrfurcht), in Demut, demütig

den, ich sehe den Berg, aber: de**nn**

de|nen, denen werden wir es zeigen, aber: de**h**nen

den|ken, du denkst, er dachte, sie hat gedacht, denkbar, das Denken

das **Denk|mal**, die Denkmäler

denn (mehr denn je)

den|noch

das **Deo**, die Deos, das Deodorant

die **De|po|nie**, die Deponien

der, der Mann

der|ar|tig

derb (grob)

de|ren

der|je|ni|ge

der|sel|be

des, des Mannes

des|halb

des|sen ungeachtet

das **Des|sert** (Nachspeise), die Desserts

des|to (desto besser)

des|we|gen

der **De|tek|tiv**, die Detektive, die Detektivin

deu|ten, sie deutete, deutlich, die Deutung

deutsch, er spricht Deutsch, Deutschland, ein Deutscher, viele Deutsche, auf Deutsch, in Deutsch

der **De|zem|ber**

der / das **De|zi|me|ter** (1 dm = 10 cm)

das **Dia**, die Dias

di|a|go|nal (schräglaufend), die Diagonale

der **Di|a|lekt** (Mundart), die Dialekte

der **Di|a|mant**, die Diamanten

die **Di|ät** (Schonkost), die Diäten

dich

dicht, dicht bewaldet

dich|ten (einen Wasserhahn dicht machen), er dichtet die Leitung

dich|ten (mit Sprache umgehen, Verse schreiben), sie dichtete, der Dichter, die Dichterin, die Dichtung

dick, der Dicke, das Dickicht, der Dickschädel

die, die Straße

der **Dieb**, die Diebe, die Diebin, der Diebstahl, diebisch

die|je|ni|ge

die **Die|le**, die Dielen

die|nen, er diente, der Diener, der Dienst, diensthabend, dienstlich

der **Diens|tag** [1], die Dienstage, dienstags, am Dienstagabend, dienstagabends

dies, diese, dieser, dieses

der **Die|sel**, der Dieselmotor, das Dieselöl

die|sel|be

die|sig

dies|mal, dieses Mal [4]

dies|seits

die **Dif|fe|renz** (1. Unterschied, 2. Meinungsverschiedenheit), die Differenzen

di|gi|tal, die Digitaluhr

das **Dik|tat**, die Diktate, diktieren

die **Dik|ta|tur**, die Diktaturen, der Diktator, die Diktatorin

der **Dill** (Gewürzpflanze), die Dillsoße

DIN (Normzeichen)

das **Ding**, die Dinge

der **Di|no|sau|ri|er**, die Dinosaurier
dir
di|rekt, die Direktion, der Direktor, die Direktorin
der **Di|ri|gent**, die Dirigenten, die Dirigentin, dirigieren
das **Dirndl** (Trachtenkleid), die Dirndln
die **Dis|ket|te** (Datenspeicher), die Disketten
die **Dis|ko|thek** (Abkürzung: Disko)
dis|ku|tie|ren, es wurde diskutiert, die Diskussion
die **Dis|tel**, die Disteln
die **Dis|zip|lin** (Ordnung), diszipliniert
di|vi|die|ren, sie dividierte, der Dividend, die Division, der Divisor
doch
der **Docht**, die Dochte
der **Dok|tor**, die Doktoren, die Doktorin
der **Dolch**, die Dolche
der **Dol|lar** ($), die Dollars
der **Dol|met|scher**, die Dolmetscher, die Dolmetscherin
der **Dom**, die Dome
das **Do|mi|no** (Spiel), die Dominos
der **Domp|teur**, die Dompteure, die Dompteuse
don|nern, es donnerte, der Donner
der **Don|ners|tag** [1], die Donnerstage, donnerstags, am Donnerstag
doof (dumm), die Doofheit
dop|pelt, der Doppelpunkt, das Doppelzimmer
das **Dorf**, die Dörfer, dörflich
der **Dorn**, die Dornen, dornig
das **Dorn|rös|chen**
dör|ren, das Obst wird gedörrt, das Dörrobst

dort, dorthin, dorther
die **Do|se**, die Dosen
dö|sen, er döste
der / das **Dot|ter**, die Dotter, dottergelb, die Dotterblume
der **Dra|che** [58], die Drachen (mit dem Drachen kämpfen)
der **Dra|chen** [58], die Drachen, der Drachenflieger
der **Draht**, die Drähte, drahtlos
das **Dra|ma** (Schauspiel), die Dramen, dramatisch
dran, auch: daran
drän|geln, sie drängelte, die Drängelei
drän|gen, er drängte sich dazwischen, der Drang, das Gedränge
drauf, auch: darauf, der Draufgänger
draus, auch: daraus
drau|ßen
der **Dreck**, dreckig
dre|hen, er drehte, die Drehbank, der Dreher, der Drehstrom, die Drehung
drei, dreizehn, dreißig, dreimal, das Dreieck, das Dreirad
dre|schen, du drischst, er drosch, sie hat gedroschen, der Dreschflegel, die Dreschmaschine
dres|sie|ren, er hat die Pferde dressiert, die Dressur
drib|beln, er dribbelte, das Dribbling
drif|ten (treiben), er driftete ab
dril|len, er drillte die Hunde, der Drill, der Drillbohrer
drin, drinnen, auch: darinnen
drin|gen, du dringst darauf, er drang darauf, sie hat darauf gedrungen

dringend
drinnen
der **dritte** Teil, ein Drittel, drittens, jeder Dritte, zu dritt
droben (da oben)
die **Droge** (Heilmittel, auch gefährliches Gift), die Drogen
die **Drogerie**, die Drogerien, der Drogist, die Drogistin
drohen, er drohte, drohend, die Drohung
dröhnen, es dröhnte, dröhnend
drollig
das **Dromedar**, die Dromedare
der / das **Drops**, die Dropse
die **Droschke**, die Droschken
die **Drossel**, die Drosseln
drosseln (vermindern), er drosselte, die Drosselung
drüben, drüber
drucken, er druckte, der Druck, die Druckerei, der Druckfehler, der Druckknopf, die Drucksache
drücken, sie drückte
drum (darum)
die **Drüse**, die Drüsen
der **Dschungel**, die Dschungel
du
der **Dübel**, die Dübel
sich **ducken**, er duckte sich, der Duckmäuser
der **Duft**, die Düfte, duften, es duftete, duftig
dulden, sie duldete
dumm, die Dummheit, der Dummkopf
dumpf
die **Düne**, die Dünen
düngen, er düngte das Feld, der Dung, der Dünger
dunkel, die Dunkelheit, im Dunkeln tappen
dünn, dünnflüssig
der **Dunst**, die Dünste, dünsten, dunstig
das **Duo**, die Duos
durch
durchaus
durcheinander (durch|ein|an|der), das Durcheinander
der **Durchfall**, die Durchfälle
der **Durchgang**, durchgehend
der **Durchmesser**, die Durchmesser
der **Durchschnitt**, durchschnittlich
durchsichtig
der **Durchzug**
dürfen, du darfst, er durfte, sie hat gedurft
dürftig
dürr, die Dürre
der **Durst**, dursten, durstig
duschen, er duschte, die Dusche
die **Düse**, die Düsen, das Düsenflugzeug
Düsseldorf, der Düsseldorfer
düster
das **Dutzend**, Dutzende, ein Dutzend Mal
dynamisch (schwungvoll)
das **Dynamit**
der **Dynamo**, die Dynamos

E

die **Ebbe**, Ebbe und Flut
eben (flach), die Ebene
eben (soeben), sie ist eben gekommen
ebenfalls
ebenso gut, ebenso oft
der **Eber**, die Eber

das **E|cho**, die Echos
echt, die Echtheit
die **E|cke**, die Ecken, eckig
e|del, der Edelstein
EDV (Elektronische Datenverarbeitung)
der **E|feu**, die Efeuranke
der **Ef|fekt**, die Effekte
e|gal
die **Eg|ge**, die Eggen, eggen
der **E|go|ist**, die Egoisten, der Egoismus, egoistisch
e|he, ehe er abfuhr, ehemals
die **E|he**, die Ehen, das Ehepaar, ehelich
die **Eh|re**, die Ehren, ehren, ehrlich, das Ehrenwort, die Ehrfurcht, der Ehrgeiz
das **Ei**, die Eier, der/das Eidotter, das Eigelb, das Eiweiß, eiförmig
die **Ei|che**, die Eichen, die Eichel, das Eichhörnchen
der **Eid**, die Eide, an Eides statt
die **Ei|dech|se**, die Eidechsen
der **Ei|fer**, die Eifersucht, eifersüchtig, eifrig
ei|gen, eigenartig, eigens, die Eigenschaft, eigensinnig, eigentlich, eigentümlich
das **Ei|gen|schafts|wort** (Wiewort, Adjektiv)
das **Ei|gen|tum**, die Eigentümer
ei|len, er eilte, die Eile, eilig, eilends
der **Ei|mer**, die Eimer
ein, eine, einer, eines
ei|nan|der (ein|an|der)
ein|äu|gig
die **Ein|bahn|stra|ße**, die Einbahnstraßen
der **Ein|band**, die Einbände, einbinden
ein|bil|den, eingebildet, die Einbildung
ein|bre|chen, du brichst ein, er brach ein, sie ist eingebrochen, der Einbrecher, die Einbrecherin, der Einbruch
ein|deu|tig
ein|drin|gen, der Eindringling
der **Ein|druck**, die Eindrücke, eindrucksvoll
ei|ner|lei, das Einerlei
ein|fach, das Einfachste
der **Ein|fall**, die Einfälle, einfallen
die **Ein|falt**, einfältig
ein|far|big
der **Ein|fluss**, die Einflüsse, einflussreich
die **Ein|fuhr**, die Einfuhren, einführen
der **Ein|gang**, die Eingänge
ei|nig, sich einigen, die Einigkeit
ei|ni|ge, einige Male
ei|ni|ger|ma|ßen
ein|kau|fen, der Einkauf
das **Ein|kom|men**, die Einkommen
ein|la|den, du lädst ein, er lud ein, sie hat eingeladen, die Einladung
der **Ein|lass**, die Einlässe, einlassen
die **Ein|lei|tung**, die Einleitungen, einleiten
ein|mal, einmalig, das eine Mal [4]
das **Ein|mal|eins**
die **Ein|nah|me**, die Einnahmen, einnehmen
die **Ein|ö|de**, die Einöden,
die **Ein|rei|bung**, einreiben
ein|ren|ken, sie renkt ein
die **Ein|rich|tung**, die Einrichtungen, einrichten
eins

ein|sam, die Einsamkeit
der **Ein|satz**, die Einsätze
ein|se|hen, die Einsicht
der **Ein|sied|ler**, die Einsiedler
einst
ein|stim|mig
die **Ein|tei|lung**, die Einteilungen
die **Ein|tracht**, einträchtig
ein|tre|ten, du trittst ein, er trat ein, sie ist eingetreten, der Eintritt, die Eintrittskarte
ein|ver|stan|den, das Einverständnis
der **Ein|wand**, die Einwände, einwandfrei
die **Ein|weg|fla|sche**, die Einwegflaschen
ein|wei|chen, sie weichte ein
der **Ein|woh|ner**, die Einwohner, die Einwohnerin
die **Ein|zahl**
die **Ein|zah|lung**, einzahlen
ein|zäu|nen
ein|zeln, die Einzelheit
ein|zig, einzigartig, der Einzige
das **Eis**, der Eisbär, eisig, eiskalt, Eis laufen [5], ich lief Eis
das **Ei|sen**, die Eisen, eisern, die Eisenbahn
ei|tel, die Eitelkeit
der **Ei|ter**, eitern, eitrig
der **E|kel**, sich ekeln, ek(e)lig, ekelhaft, Ekel erregend
e|las|tisch, die Elastizität
der **E|le|fant**, die Elefanten
e|le|gant, die Eleganz
e|lekt|risch (e|lek|trisch), der Elektriker, die Elektrizität
das **E|le|ment**, die Elemente
das **E|lend**, sich elend fühlen
die **E|lekt|ro|nik** (E|lek|tro|nik), elektronisch
elf, die Elf, elffach, elfmal, der Elfmeter
der / die **Ell|bo|gen**, auch: Ellenbogen
die **Els|ter**, die Elstern
die **El|tern**, der Elternabend
der **Emb|ryo** (Em|bryo), die Embryos
emp|fan|gen, du empfängst, er empfing, sie hat empfangen, der Empfang, der Empfänger
emp|feh|len, du empfiehlst, er empfahl, sie hat empfohlen, die Empfehlung
emp|fin|den, du empfindest, er empfand, sie hat empfunden, empfindlich, die Empfindung
em|por, die Empore
sich **em|pö|ren**, er empörte sich, empörend, die Empörung
em|sig (fleißig)
das **En|de**, die Enden, enden, es hat bös geendet, endgültig, endlich, endlos, die Endung
die **E|ner|gie**, die Energien, energisch
eng, die Enge, eng befreundet
der **En|gel**, die Engel, engelhaft
Eng|land, englisch, auf Englisch
der **En|kel**, die Enkel, die Enkelin, das Enkelkind
e|norm (außergewöhnlich)
ent|beh|ren, er entbehrte nichts, die Entbehrung
ent|bin|den, die Entbindung
ent|de|cken, sie entdeckte, der Entdecker, die Entdeckung
die **En|te**, die Enten, der Enterich
ent|fer|nen, sie entfernte sich, die Entfernung, entfernt
ent|füh|ren, er entführte, die Entführung
ent|ge|gen
ent|geg|nen (erwidern),

A B C D E F G H I J K L M N O P Q R S T U V W X Y Z

er entgegnete, die Entgegnung
ent|glei|sen, er entgleiste, die Entgleisung
ent|hal|ten, sie enthält, sie enthielt, sie hat enthalten, die Enthaltung
ent|lang
ent|las|sen, du entlässt, er entließ, sie hat entlassen, die Entlassung
die **Ent|schä|di|gung**
ent|schei|den, du entscheidest, er entschied, sie hat entschieden, die Entscheidung
sich **ent|schlie|ßen**, du entschließt dich, er entschloss sich, sie hat sich entschlossen, der Entschluss
ent|schul|di|gen, er entschuldigte sich, die Entschuldigung
sich **ent|set|zen**, sie entsetzte sich, das Entsetzen, entsetzlich
ent|ste|hen, es entsteht, es entstand, es ist entstanden, die Entstehung
ent|täu|schen, enttäuscht, die Enttäuschung
ent|we|der … oder …
ent|wer|fen, du entwirfst, er entwarf, sie hat entworfen, der Entwurf
ent|wi|ckeln, die Entwicklung
ent|zü|ckend
ent|zün|den, die Entzündung, die Entzündungen
ent|zwei, entzweibrechen, entzweien
sich **er|bar|men**, erbärmlich, das Erbarmen
er|ben, sie erbte, das Erbe, der Erbe, die Erbin, das Erbteil, vererben
die **Erb|se**, die Erbsen
die **Erd|bee|re**, die Erdbeeren
die **Er|de**, das Erdbeben, das Erdgeschoss, die Erdkunde, das Erdöl, der Erdteil
sich **er|eig|nen**, es ereignete sich, das Ereignis
er|fah|ren, du erfährst, er erfuhr, sie hat erfahren, die Erfahrung
er|fin|den, du erfindest, er erfand, sie hat erfunden, der Erfinder, die Erfinderin, erfinderisch, die Erfindung
der **Er|folg**, die Erfolge, erfolglos, erfolgreich
er|for|schen, die Erforschung
er|freu|lich, erfreuen
er|frie|ren, du erfrierst, er erfror, sie ist erfroren, die Erfrierung
er|fri|schen, er erfrischte sich, erfrischend, die Erfrischung
er|fül|len, sie erfüllte, die Erfüllung
er|gän|zen, er ergänzte, die Ergänzung
das **Er|geb|nis**, die Ergebnisse, ergeben, ergebnislos
er|gie|big
er|grei|fen, ergriffen, ergreifend
er|hal|ten, du erhältst, er erhielt, sie hat erhalten, die Erhaltung
er|hit|zen, sie erhitzte
sich **er|ho|len**, sie erholte sich, die Erholung
er|in|nern, er erinnerte sich, die Erinnerung
sich **er|käl|ten**, er erkältete sich, die Erkältung
er|klä|ren, er erklärte, die Erklärung

er|kran|ken, sie erkrankte, die Erkrankung

sich **er|kun|di|gen**, er erkundigte sich, die Erkundigung

er|lau|ben, sie erlaubte, die Erlaubnis

er|läu|tern, sie erläuterte, die Erläuterung

die **Er|le**, die Erlen

das **Er|leb|nis**, die Erlebnisse, erleben, erlebnisreich

er|le|di|gen, er erledigte, die Erledigung

er|leich|tern, sie erleichterte es sich, die Erleichterung

er|lö|sen, der Erlöser, die Erlösung

er|mah|nen, die Ermahnung

die **Er|mä|ßi|gung**, ermäßigt

er|mü|den, die Ermüdung

er|näh|ren, die Ernährung

er|neu|ern, erneut

ernst, es ist mir Ernst damit, der Ernst, ernst gemeint

ern|ten, sie erntete, die Ernte, der Erntekranz

er|o|bern, er eroberte, der Eroberer, die Eroberung

er|öff|nen, die Eröffnung

er|pres|sen, er erpresste, der Erpresser, die Erpressung

er|ra|ten, sie erriet

er|rei|chen, er erreichte

er|rin|gen, du erringst, er errang, sie hat errungen

er|rö|ten, sie errötete

er|schei|nen, die Erscheinung

er|schöpft sein, die Erschöpfung

er|schre|cken, du erschrickst, er erschrak, sie ist erschrocken, er hat mich erschreckt

er|schüt|tern, es erschütterte, die Erschütterung

der **Er|satz**, ersetzen

die **Er|spar|nis**, die Ersparnisse

erst, erst heute, erst recht

er|stau|nen, sie erstaunte, erstaunlich

ers|te, der Erste, als Erster [7]

er|sti|cken, sie erstickte

erst|klas|sig

er|trin|ken, du ertrinkst, er ertrank, sie ist ertrunken

er|wach|sen, der Erwachsene

er|wäh|nen, die Erwähnung

er|war|ten, die Erwartung

er|wer|ben, du erwirbst, er erwarb, sie hat erworben, der Erwerb, der/die Erwerbslose

er|wi|dern, er erwiderte, die Erwiderung

das **Erz**, die Erze

er|zäh|len, der Erzähler, die Erzählerin, die Erzählung

der **Erz|bi|schof**, die Erzbischöfe

er|zeu|gen, das Erzeugnis

er|zie|hen, du erziehst, er erzog, sie hat erzogen, der Erzieher, die Erzieherin, die Erziehung

die **E|sche**, die Eschen

der **E|sel**, die Esel, die Eselei, das Eselsohr

der **Es|ki|mo**, die Eskimos

es|sen [28], du isst, er aß, sie hat gegessen, essbar, das Essbesteck, das Essen, der Esslöffel

der **Es|sig**, die Essige, die Essiggurke

die **E|ta|ge** (Stockwerk), die Etagen

die **E|tap|pe**, die Etappen

das **E|ti|kett**, die Etiketten

et|li|che

das **Etui**, die Etuis
etwa (ungefähr)
etwas, etwas Zucker
euch, euer, eure, euretwegen
die **Eule**, die Eulen
der **Euro** (€), die Euros
Europa, der Europäer, die Europäerin, europäisch
das **Euter**, die Euter
evangelisch (ev.)
das **Evangelium**, die Evangelien
eventuell
ewig, die Ewigkeit
exakt (genau)
das **Exemplar**, die Exemplare
existieren, er existierte, die Existenz
die **Expedition**, die Expeditionen
das **Experiment**, die Experimente, experimentieren
explodieren, sie explodierte, die Explosion
der **Express** (Schnellzug), der Expressbrief
extra, die Extrawurst
extrem (äußerst, krass)

F

die **Fabel**, die Fabeln, fabelhaft
die **Fabrik**, die Fabriken, der Fabrikant, fabrikneu, fabrizieren
das **Fach**, die Fächer, der Facharzt, der Fachlehrer, der Fachmann, die Fachfrau, das Fachwerk, fachlich
fächeln, der Fächer
die **Fackel**, die Fackeln, der Fackelzug
fad (1. schlecht gewürzt, 2. langweilig), auch: fade

der **Faden**, die Fäden, fadenscheinig, einfädeln
das **Fagott** (Musikinstrument)
fähig, die Fähigkeit
fahl (bleich)
fahnden, sie fahndete, die Fahndung
die **Fahne**, die Fahnen
die **Fähre**, die Fähren
fahren [15], du fährst, er fuhr, sie ist gefahren, die Fahrbahn, fahrbereit, der Fahrer, die Fahrerin, die Fahrkarte, der Fahrplan, das Fahrrad, der Fahrradfahrer, Fahrrad fahren [50], die Fahrt, das Fahrzeug
die **Fährte**, die Fährten
fair (anständig), unfair, die Fairness, das Fairplay
fallen [16], du fällst, er fiel, sie ist gefallen, der Fall, die Fälle, fallen lassen [6]
fällen, er fällte den Baum
fällig
falls (wenn)
falsch, fälschen, der Fälscher, die Falschheit, die Fälschung
die **Falte**, die Falten, falten, er faltete, das Faltboot, faltig
der **Falter**, die Falter
die **Familie** [47], die Familien, der Familienname
der **Fan**, die Fans, der Fanclub
fangen, du fängst, er fing, sie hat gefangen der Fang, der Fänger, der/die Gefangene, die Gefangenschaft
die **Fantasie**, die Fantasien, fantasieren, fantastisch
die **Farbe**, die Farben, färben, der Farbfernseher,

der Farbfilm, farbig, farblos

die **Farm**, die Farmen

der **Farn**, die Farne, das Farnkraut

der **Fasan**, die Fasane

der **Fasching** (Fastnacht, Karneval)

faseln, sie faselte

die **Faser**, die Fasern, faserig

das **Fass**, die Fässer

die **Fassade** (Vorderseite), die Fassaden

fassen, er fasste, fassungslos, die Fassung

fast (beinahe)

fasten, sie fastete, das Fasten, die Fastenzeit

die **Fastnacht**

fauchen, er fauchte

faul (faules Obst), die Fäulnis, verfaulen

faul, faulenzen, die Faulheit, der Faulpelz

die **Faust**, die Fäuste, faustdick, faustgroß, die Faustregel

der **Favorit**, die Favoriten

das **Fax** (Fernschreibegerät, Telefax), die Faxe, faxen, sie faxte, er hat gefaxt

der **Februar** (Fe|bru|ar)

fechten, du fichst, er focht, sie hat gefochten, der Fechter, die Fechterin

die **Feder**, die Federn [58], der Federball, das Federvieh, federleicht, federn

die **Fee**, die Feen

fegen, er fegte, der Feger, das Fegefeuer

fehlen, sie fehlte

der **Fehler**, die Fehler, fehlerfrei, fehlerhaft, fehlerlos

feiern, sie feierte, die Feier, der Feierabend, feierlich, der Feiertag

feige, auch: feig, der Feigling, die Feigheit

die **Feige**, die Feigen

die **Feile**, die Feilen, feilen, er feilte

fein, sich fein machen

der **Feind**, die Feinde, die Feindschaft, feindlich, feindselig, jemandes Feind sein

das **Feld**, die Felder, der Feldrain, der Feldstecher

die **Felge**, die Felgen, die Felgenbremse

das **Fell**, die Felle

der **Fels**, auch: der Felsen, die Felsen, felsenfest, felsig, die Felswand

das **Fenster**, die Fenster, das Fensterbrett, der Fensterrahmen, die Fensterscheibe

die **Ferien**, das Ferienheim, der Ferienjob, der Ferientag

das **Ferkel**, die Ferkel

fern, von fern, die Ferne, das Ferngespräch, das Fernglas, das Fernrohr

fernsehen, sie sah fern, das Fernsehen, der Fernseher, das Fernsehgerät, das Fernsehprogramm

die **Ferse**, die Fersen

fertig, fertig bringen, fertig stellen, die Fertigkeit

die **Fessel**, die Fesseln, fesseln, er fesselte

fest, festhalten, feststellen, die Festigkeit, das Festland, die Festnahme, die Festung

das **Fest**, die Feste, festlich, die Festspiele, der Festtag

das **Fett**, die Fette, fett, der Fettfleck, fett gedruckt, fettig, der Fetttropfen

A B C D E F G H I J K L M N O P Q R S T U V W X Y Z

der **Fet|zen**, die Fetzen
feucht, die Feuchtigkeit
das **Feu|er**, die Feuer, feuerrot, Feuer speiend, die Feuerstelle, die Feuerwehr, das Feuerwerk, das Feuerzeug, feurig
die **Fi|bel**, die Fibeln
die **Fich|te**, die Fichten
fi|del (lustig, heiter)
das **Fie|ber**, fieberfrei, fieberhaft, fiebern, das Fieberthermometer, fiebrig, auch: fieberig
er **fiel** (Grundform: fallen)
die **Fi|gur**, die Figuren
der **Film**, die Filme, der Filmapparat, filmen, der Filmstar
der / das **Fil|ter**, die Filter, der Filterkaffee, filtern, das Filterpapier
der **Filz**, die Filze, filzen, die Filzpantoffeln, der Filzschreiber, der Filzstift
die **Fi|nan|zen**, das Finanzamt, finanzieren, der Finanzminister
fin|den, du findest, er fand, sie hat gefunden, der Finder, der Finderlohn, der Fund
der **Fin|ger**, die Finger, der Fingerhut [58], der Fingernagel, fingerbreit
der **Fink**, die Finken
Finn|land, der Finne, finnisch
fins|ter, die Finsternis
die **Fir|ma**, die Firmen
die **Fir|mung**, firmen, der Firmling, der Firmpate
der **First**, die Firste
der **Fisch**, die Fische, fischen, der Fischer, die Fischerin, der Fischlaich, der Fischotter, der Fischrogen

die **Fis|tel** (eitrige Entzündung), die Fisteln
fit, fitter, das Fitnesscenter
fix (fest, pfiffig, schnell)
flach, die Fläche, die Flächen der Flächeninhalt, das Flachland
fla|ckern, es flackerte
der **Fla|den** (flaches, rundes Brot), die Fladen
die **Flag|ge**, die Flaggen
die **Flam|me**, die Flammen, flammen, entflammt
die **Flan|ke**, die Flanken, flanken
die **Fla|sche**, die Flaschen, der Flaschenöffner
flat|tern, er flatterte
der **Flaum**, flaumig
flech|ten, du flichst, er flocht, sie hat geflochten
der **Fleck**, auch: Flecken, die Flecken, fleckig, fleckenlos
die **Fle|der|maus**, die Fledermäuse
der **Fle|gel**, die Flegel, flegelhaft
fle|hen, er flehte, flehentlich
das **Fleisch**, die Fleischbrühe, der Fleischer, die Fleischerin, die Fleischerei, fleischfarben, fleischig
der **Fleiß**, die Fleißarbeit, fleißig
fli|cken, er flickte die Jacke, der Flicken, die Flickerei
der **Flie|der**
die **Flie|ge** [58], die Fliegen, der Fliegenfänger
flie|gen [17], du fliegst, er flog, sie ist geflogen, der Flieger, der Flug
flie|hen, du fliehst, er floh, sie ist geflohen, die Flucht
die **Flie|se**, die Fliesen, er flieste, der Fliesenleger
flie|ßen, es fließt, es floss,

es ist geflossen, das Fließband
flim|mern, flimmernd
flink
die **Flin|te**, die Flinten
flit|zen, sie flitzte
die **Flo|cke**, die Flocken, flockig
der **Floh**, die Flöhe, der Flohmarkt
das **Floß**, die Flöße, flößen, der Flößer
die **Flos|se**, die Flossen
die **Flö|te**, die Flöten, das Flötenspiel, flöten, Flöte spielen [5]
flott, flott machen
der **Fluch**, die Flüche, fluchen, verfluchen
die **Flucht**, fluchtartig, die Fluchtgefahr, flüchten, flüchtig, der Flüchtling, der Flüchtigkeitsfehler, der Fluchtweg
der **Flug**, die Flüge, der Flughafen der Flugplatz, das Flugzeug
der **Flü|gel** [58], die Flügel
flüg|ge (1. flugfähig, 2. erwachsen)
flun|kern (angeben, übertreiben), er flunkerte
der **Flur** (Hauseingang), die Flure
die **Flur**, die Fluren (Felder und Wiesen), der Flurschaden
der **Fluss**, die Flüsse, flussabwärts, flussaufwärts, das Flussbett, die Flussschifffahrt
flüs|sig, die Flüssigkeit
flüs|tern, er flüsterte, das Geflüster
die **Flut**, die Fluten
das **Foh|len**, die Fohlen
der **Föhn** (Haartrockner), auch: Fön, die Haare föhnen
der **Föhn** (warmer Wind), föhnig
die **Föh|re**, die Föhren

fol|gen, sie folgte, die Folge, folgend, folglich, folgsam, im Folgenden
die **Fo|lie**, die Folien
fol|tern, er folterte, die Folter
die **Fon|tä|ne**, die Fontänen
for|dern, sie forderte, die Forderung
för|dern, er förderte, das Förderband, die Förderung
die **Fo|rel|le**, die Forellen
die **Form**, die Formen, das Format, die Formate
die **For|mel**, die Formeln
for|men, sie formte
das **For|mu|lar**, formulieren
for|schen, er forschte, der Forscher, die Forscherin, die Forschung
der **Forst**, die Forste, das Forstamt, der Förster
fort
fort|fah|ren
der **Fort|schritt**, die Fortschritte, fortschrittlich
fort|set|zen, die Fortsetzung
das **Fo|to**, die Fotos, der Fotoapparat, der Fotograf, die Fotografin, die Fotografie, fotografieren, die Fotokopie, fotokopieren
das **Foul** (Regelverstoß), die Fouls
die **Fracht**, die Frachten, das Frachtschiff, der Frachter, verfrachten
fra|gen, sie fragte, die Frage, der Fragebogen, der Fragesatz, das Fragezeichen, fraglich, fragwürdig
fran|kie|ren (einen Brief)
Frank|reich, der Franzose, die Französin, französisch
die **Fran|se**, die Fransen

die **Fratze**, die Fratzen
die **Frau**, die Frauen, die Hausfrau, das Fräulein
frech, die Frechheit
frei, die Freiheit, die Freizeit, freigebig, freihalten, freihändig, freiwillig
freilich
der **Freitag** [1], die Freitage, freitags, am Freitag
fremd, der/die Fremde, in der Fremde sein, der Fremdenverkehr, die Fremdsprache, das Fremdwort
fressen, du frisst, er fraß, sie hat gefressen, der Fraß
sich **freuen**, er freute sich, die Freude, freudig, Freude bringen, freudestrahlend
der **Freund**, die Freunde, die Freundin, die Freundschaft freundlich, die Freundlichkeit
der **Frieden**, auch: der Friede, friedlich, friedliebend
der **Friedhof**, die Friedhöfe
frieren, du frierst, er fror, sie hat gefroren
die **Frikadelle**, die Frikadellen
das **Frisbee** (Wurfscheibe), die Frisbees
frisch, die Frische, frisch gebacken, erfrischen
frisieren, die Frisur, der Frisör, auch: der Friseur, die Frisöse
es **frisst** (Grundform: fressen)
die **Frist**, die Fristen, fristlos
froh, frohlocken, der Frohsinn
fröhlich, die Fröhlichkeit
fromm, die Frömmigkeit
Fronleichnam (kath. Feiertag), die Fronleichnamsprozession
die **Front**, die Fronten, frontal
der **Frosch**, die Frösche, der Froschlaich
der **Frost**, die Fröste, die Frostbeule, frösteln, frostig, das Frostschutzmittel
die **Frucht**, die Früchte, der Fruchtsaft, fruchtbar
früh, früher, frühzeitig, früh verstorben, in aller Früh, am Montag früh
der **Frühling**, das Frühjahr
das **Frühstück**, frühstücken
der **Frust**, frustriert
der **Fuchs**, die Füchse, der Fuchsbau, der Fuchsschwanz [58]
die **Fuge**, die Fugen
fühlen, er fühlte, der Fühler
führen, sie führte, der Führer, der Führerschein, die Führung, die Fuhre, das Fuhrwerk
füllen, er füllte, die Füllung
der **Füller**, der Füllhalter
der **Fund**, die Funde, das Fundamt, das Fundbüro
das **Fundament**, die Fundamente
fünf, fünfzehn, fünfzig, fünfmal
der **Funk**, funken, der Funker, das Funkgerät
der **Funke**, die Funken
funkeln, der Stern funkelte
funktionieren, die Funktion
für, das Für und Wider
die **Furche**, die Furchen
sich **fürchten**, sie fürchtete sich, die Furcht, furchtbar, fürchterlich, furchtlos
füreinander (für|ein|an|der) dasein, fürsorglich
der **Fürst**, die Fürsten, die Fürstin, fürstlich
das **Fürwort**, die Fürwörter
der **Fuß**, die Füße, der Fußball,

der Fußboden,
der Fußgänger 58,
die Fußgängerzone,
fußbreit (aber: keinen Fußbreit weichen),
zu Fuß gehen
das **Futter**, füttern,
das Futterhäuschen,
die Futterkrippe, die Fütterung
das **Futteral**, die Futterale

G

die **Gabe**, die Gaben
die **Gabel**, die Gabeln, sich gabeln, der Weg gabelt sich
gackern, das Huhn gackerte
gaffen, er gaffte, der Gaffer
der **Gag**, die Gags
gähnen, sie gähnte
die **Galaxie** (großes Sternsystem), die Galaxien
die **Galeere**, die Galeeren
der **Galgen**, die Galgen
die **Galle**, die Gallenblase, der Gallenstein
der **Galopp**, galoppieren
gammeln, er gammelte
die **Gämse**, die Gämsen
der **Gang**, die Gänge, die Gangschaltung
der **Gangster**, die Gangster
die **Gangway** (Laufsteg bei Schiffen und Flugzeugen)
die **Gans**, die Gänse, das Gänseblümchen, die Gänsehaut, der Gänsemarsch, der Gänserich, der Ganter
ganz, das Ganze, ganz leer, gänzlich, ganztägig
gar, gar nicht, gar kein
gar (fertig gekocht), garen

die **Garage**, die Garagen
die **Garantie**, die Garantien, garantieren
die **Garbe**, die Garben
die **Garderobe**, die Garderoben
die **Gardine**, die Gardinen
gären, der Most gärt, er gor, auch: gärte, er ist gegoren, auch: gegärt, die Gärung
das **Garn**, die Garne, die Garnrolle
die **Garnitur**, die Garnituren
der **Garten**, die Gärten, die Gartenarbeit, der Gärtner, die Gärtnerin, die Gärtnerei
das **Gas**, die Gase, die Gasheizung
die **Gasse**, die Gassen, das Gässchen
der **Gast**, die Gäste, gastlich, das Gasthaus, die Gaststätte, der Gastwirt, die Gastwirtin
der **Gatte**, die Gattin
das **Gatter**, die Gatter
der **Gaukler**, die Gaukler, die Gauklerin, gaukeln
der **Gaul**, die Gäule
der **Gaumen**, die Gaumen
der / die **Gauner**, die Gaunerin, die Gaunerei
das **Gebäck**
die **Gebärde** (Handbewegung), die Gebärden
gebären, sie gebärt, sie gebar, sie hat geboren, die Geburt
das **Gebäude**, die Gebäude
geben, du gibst, er gab, sie hat gegeben
das **Gebet**, die Gebete, das Gebetbuch
das **Gebiet**, die Gebiete
gebieten, du gebietest, er gebot, sie hat geboten, der Gebieter, die Gebieterin
das **Gebilde**, die Gebilde,

gebildet, der Gebildete
das **Ge|bir|ge**, die Gebirge, gebirgig, die Gebirgsstraße
das **Ge|biss**, die Gebisse
ge|bo|ren
das **Ge|bot**, die Gebote
ge|brau|chen, sie gebrauchte, der Gebrauch, gebräuchlich die Gebrauchsanweisung, der Gebrauchsgegenstand, der Gebrauchtwagen
das **Ge|bre|chen**, die Gebrechen, gebrechlich
das **Ge|brüll**, brüllen
die **Ge|bühr**, die Gebühren
die **Ge|burt**, die Geburten, der Geburtsort, der Geburtstag, die Geburtsurkunde
das **Ge|büsch**, die Gebüsche
das **Ge|dächt|nis**
der **Ge|dan|ke**, die Gedanken, gedankenlos
das **Ge|deck**, die Gedecke
ge|dei|hen, du gedeihst, er gedieh, sie ist gediehen, das Gedeihen
ge|den|ken, du gedenkst, sie gedachte, die Gedenkstätte, der Gedenktag
das **Ge|dicht**, die Gedichte
das **Ge|drän|ge**
die **Ge|duld**, geduldig
ge|ehrt
ge|eig|net
die **Ge|fahr**, die Gefahren, gefährden, gefährlich, in Gefahr bringen
das **Ge|fäl|le**, die Gefälle
der **Ge|fal|len**, die Gefallen, gefallen, das gefällt mir, gefällig, gefälligst, die Gefälligkeit

ge|fan|gen, der Gefangene, die Gefangene, gefangen nehmen, die Gefangenschaft
das **Ge|fäng|nis**, die Gefängnisse
das **Ge|fäß**, die Gefäße
das **Ge|fecht**, die Gefechte
das **Ge|fie|der**, die Gefieder, gefiedert
ge|fleckt
das **Ge|flü|gel**, die Geflügelzucht
das **Ge|flüs|ter**
ge|frä|ßig
das **Ge|fühl**, die Gefühle, gefühllos, gefühlvoll
ge|gen, gegeneinander, gegenseitig, gegenüber
die **Ge|gend**, die Gegenden
der **Ge|gen|satz**, die Gegensätze
der **Ge|gen|stand**, die Gegenstände
das **Ge|gen|teil**, im Gegenteil
die **Ge|gen|wart**, gegenwärtig
der **Geg|ner**, die Gegner
das **Ge|halt**, die Gehälter
ge|häs|sig, der Hass, die Gehässigkeit
das **Ge|häu|se**, die Gehäuse
das **Ge|he|ge**, die Gehege
ge|heim, geheim halten, das Geheimnis, geheimnisvoll
ge|hen [26], du gehst, er ging, sie ist gegangen, der Gang, der Gehsteig, gehen lassen [6]
ge|heu|er, das Ungeheuer
das **Ge|heul**
der **Ge|hil|fe**, die Gehilfen
das **Ge|hirn**, die Gehirne, die Gehirnerschütterung
das **Ge|höft**, die Gehöfte
das **Ge|hölz**, die Gehölze
das **Ge|hör**, gehörlos
ge|hor|chen, er gehorchte, der Gehorsam, gehorsam
ge|hö|ren, es gehörte ihr

ge|hor|sam, der Gehorsam
die **Gei|ge**, die Geigen, Geige spielen [5]
die **Gei|sel**, die Geiseln
die **Geiß** (Ziege), die Geißen, das Geißlein
der **Geist** (Verstand), geistig
der **Geist** (Gespenst), die Geister
der **Geist|li|che** (Priester), geistlich
der **Geiz**, der Geizhals, geizig
das **Ge|läch|ter**
ge|lähmt, der/die Gelähmte, lahm
das **Ge|län|de**
das **Ge|län|der**, die Geländer
ge|las|sen, die Gelassenheit
gelb [1], das Gelb, gelblich
das **Geld**, die Gelder, der Geldautomat, der Geldbeutel
das / der **Ge|lee**, die Gelees
die **Ge|le|gen|heit**, die Gelegenheiten, gelegentlich
ge|lehrt, gelehrig, der/die Gelehrte
das **Ge|lei|se**, die Geleise
das **Ge|lenk**, die Gelenke, gelenkig
ge|lin|gen, es gelang, es ist gelungen
gel|ten, es gilt, es galt, es hat gegolten
ge|mäch|lich
der **Ge|mahl**, die Gemahlin
das / die **Ge|mäl|de**, die Gemäldegalerie
ge|mäß
ge|mein, die Gemeinheit, gemeinsam, die Gemeinschaft
die **Ge|mein|de**, die Gemeinden, der Gemeinderat, die Gemeindeverwaltung
das **Ge|mü|se**, das Gemüsebeet
das **Ge|müt**, die Gemüter
ge|müt|lich, die Gemütlichkeit
ge|nau, die Genauigkeit,
ge|nau|so, genauso gut
ge|neh|mi|gen, sie genehmigte, die Genehmigung
der **Ge|ne|ral**, die Generäle, der Generaldirektor, die Generalprobe
die **Ge|ne|ra|ti|on**, die Generationen
ge|ni|al (begabt, großartig)
das **Ge|nick**, die Genicke
ge|nie|ßen, du genießt, er genoss, sie hat genossen, genießbar, der Genießer, die Genießerin
der **Ge|ni|tiv** (2. Fall, Wesfall)
der **Ge|nos|se**, die Genossen, die Genossin, die Genossenschaft
ge|nug
ge|nü|gen, es genügte, genügend, genügsam
der **Ge|nuss**, die Genüsse
die **Ge|o|gra|fie** (Erdkunde), auch: Geographie, geografisch, auch: geographisch
die **Ge|o|met|rie** (Ge|o|me|trie), das Geodreieck, geometrisch
das **Ge|päck**, das Gepäckstück, der Gepäckträger
ge|ra|de, geradeaus, geradezu, gerade sitzen
das **Ge|rät**, die Geräte
ge|ra|ten, du gerätst, er geriet, sie ist geraten
ge|räu|mig
das **Ge|räusch**, die Geräusche, geräuschlos, geräuschvoll
ge|recht, die Gerechtigkeit
das **Ge|re|de**
das **Ge|richt** [58] (Recht, Richter), die Gerichte, der Gerichtssaal

A B C D E F G H I J K L M N O P Q R S T U V W X Y Z

das **Ge|richt** (Speise), die Gerichte
ge|ring, gering achten, geringschätzig
ge|rin|nen, die Milch gerinnt, sie gerann, sie ist geronnen
das **Ge|rip|pe**, die Gerippe
ge|ris|sen
der **Ger|ma|ne**, die Germanen
gern, auch: gerne, gern haben
das **Ge|röll**, die Geröllhalde
die **Gers|te**, das Gerstenkorn
der **Ge|ruch**, die Gerüche, geruchlos
das **Ge|rücht**, die Gerüchte
das **Ge|rüm|pel**, entrümpeln
das **Ge|rüst**, die Gerüste
ge|samt, die Gesamtheit, die Gesamtschule, insgesamt
der **Ge|sand|te**, die Gesandten
der **Ge|sang**, die Gesänge, das Gesangbuch
das **Ge|säß**, die Gesäße, die Gesäßtasche
das **Ge|schäft**, die Geschäfte, der Geschäftsmann, die Geschäftsfrau, geschäftstüchtig
ge|sche|hen, es geschieht, es geschah, es ist geschehen
ge|scheit
das **Ge|schenk**, die Geschenke
die **Ge|schich|te**, die Geschichten
das **Ge|schick**, die Geschicklichkeit, geschickt
das **Ge|schirr** [58], die Geschirre, die Geschirrspülmaschine
das **Ge|schlecht**, die Geschlechter, das Geschlechtswort: der, die, das
der **Ge|schmack**, die Geschmäcke, geschmacklos, geschmackvoll
das **Ge|schöpf**, die Geschöpfe
das **Ge|schoss**, die Geschosse
das **Ge|schrei**, schreien
das **Ge|schütz**, die Geschütze
das **Ge|schwätz**, geschwätzig
ge|schwind, die Geschwindigkeit
die **Ge|schwis|ter**
das **Ge|schwür**, die Geschwüre
der **Ge|sel|le**, die Gesellen, die Gesellin, gesellig
die **Ge|sell|schaft**, die Gesellschaften
das **Ge|setz**, die Gesetze, gesetzlich, gesetzlos
das **Ge|sicht**, die Gesichter
das **Ge|spann**, die Gespanne
das **Ge|spenst**, die Gespenster, gespenstisch
das **Ge|spräch**, die Gespräche, gesprächig, der Gesprächsstoff
das **Ge|sta|de** (Ufer), die Gestade
die **Ge|stalt**, die Gestalten, gestalten, die Gestaltung
das **Ge|ständ|nis**, die Geständnisse
der **Ge|stank**, stinken
ge|stat|ten, sie gestattete
ge|ste|hen, du gestehst, er gestand, sie hat gestanden
das **Ge|stein**, die Gesteine
das **Ge|stell**, die Gestelle
ges|tern, gestern Abend [2], gestern früh, gestrig
ge|streift
das **Ge|strüpp**, die Gestrüppe
ge|sund, die Gesundheit
das **Ge|tränk**, die Getränke
das **Ge|trei|de**, das Getreidefeld
das **Ge|wächs**, die Gewächse, wachsen
ge|wäh|ren, er gewährte, die Gewähr
die **Ge|walt**, die Gewalten, gewaltig, gewaltlos, gewalttägig
das **Ge|wand**, die Gewänder
ge|wandt sein, die Gewandtheit

das **Ge|wäs|ser**, die Gewässer
das **Ge|we|be**, die Gewebe
das **Ge|wehr**, die Gewehre
das **Ge|weih**, die Geweihe
das **Ge|wer|be**, die Gewerbe, gewerbsmäßig
die **Ge|werk|schaft**, die Gewerkschaften
das **Ge|wicht**, die Gewichte
das **Ge|win|de**, die Gewinde
ge|win|nen, du gewinnst, er gewann, sie hat gewonnen, der Gewinn, der Gewinner, die Gewinnerin
das **Ge|wirr**
ge|wiss, die Gewissheit
das **Ge|wis|sen**, gewissenhaft, gewissenlos
das **Ge|wit|ter**, die Gewitter
sich **ge|wöh|nen**, er gewöhnte sich, die Gewohnheit, gewöhnlich, die Gewöhnung
das **Ge|wöl|be**, die Gewölbe
das **Ge|wühl**
das **Ge|würz**, die Gewürze
die **Ge|zei|ten** (Ebbe und Flut)
der **Gie|bel**, die Giebel
die **Gier**, gierig
gie|ßen, du gießt, er goss, sie hat gegossen, die Gießkanne, der Guss
das **Gift**, die Gifte, giftig, der Giftmüll
gi|gan|tisch
der **Gip|fel**, die Gipfel, das Gipfelkreuz
der **Gips**, die Gipse, gipsen
die **Gi|raf|fe**, die Giraffen
die **Gir|lan|de**, die Girlanden
die **Gi|tar|re**, die Gitarren, Gitarre spielen [5]
das **Git|ter**, die Gitter, vergittern
glän|zen, es glänzte, der Glanz, glänzend
das **Glas**, die Gläser, gläsern
der **Gla|ser**, die Glaser, der Glasermeister
glatt, die Glätte, das Glatteis, glätten, glatt hobeln
die **Glat|ze**, die Glatzen
glau|ben, sie glaubte, der Glaube, auch: Glauben, gläubig, der/die Gläubige
gleich [8], gleich groß, das Gleiche, gleichen, gleichfalls, das Gleichgewicht, gleichgültig, gleichmäßig, das Gleichnis, gleichzeitig
das **Gleis**, die Gleise
glei|ten, du gleitest, er glitt, sie ist geglitten
der **Glet|scher**, die Gletscher, die Gletscherspalte
das **Glied**, die Glieder, die Gliedmaßen
glie|dern, sie gliederte, die Gliederung
glim|men, es glimmt, es glomm, auch: es glimmte, es hat geglommen, auch: es hat geglimmt
glit|zern, es glitzerte
der **Glo|bus**, die Globusse, auch: Globen
die **Glo|cke**, die Glocken, das Glockenspiel, glockig
glot|zen, er glotzte
das **Glück**, glücken, es ist geglückt, glücklich, glücklicherweise, der Glückwunsch
die **Glu|cke**, die Glucken
glü|hen, glühend, die Glut
die **Gna|de**, gnädig
der **Go|ckel**, der Gockelhahn
das **Gold**, golden, die Goldmedaille, das Goldstück

die **Gon|del**, die Gondeln, die Gondelbahn

der **Gong**, die Gongs, gongen

gön|nen, sie gönnte sich ein Eis, der Gönner

der **Go|ril|la**, die Gorillas

der **Gott**, die Götter, die Göttin, der Gottesdienst, göttlich, gottlob, Gott sei Dank!

das **Grab**, die Gräber, das Grabmal

der **Gra|ben**, die Gräben, graben, du gräbst, er grub, sie hat gegraben

der **Grad**, die Grade (30° Wärme), aber: der Grat

der **Graf**, die Grafen, die Gräfin, gräflich

der **Gram** (Kummer), sich grämen

das **Gramm** (g)

die **Gram|ma|tik**, die Grammatiken

die **Gra|na|te** (Geschosse), die Granaten

der **Gra|nit** (Gestein), die Granite

die **Grape|fruit**, die Grapefruits

das **Gras**, die Gräser, grasen, der Grashalm

gräss|lich

der **Grat** (Bergkamm), die Grate

die **Grä|te**, die Gräten

gra|tis (kostenlos)

gra|tu|lie|ren, du gratulierst, der Gratulant, die Gratulation

grau [3], das Grau, grauhaarig, gräulich

der **Gräu|el**

grau|en, es graute (der Morgen graute)

grau|en (grausen, sich fürchten), es graute mir, das Grauen, grauenhaft, grauenvoll, gräulich (schrecklich)

grau|sam, die Grausamkeit

grei|fen, du greifst, er griff, sie hat gegriffen, der Griff

der **Greis**, die Greise, die Greisin, greisenhaft

grell, grell beleuchtet, grellrot

die **Gren|ze**, die Grenzen, grenzenlos, der Grenzstein

Grie|chen|land, der Grieche, die Griechin, griechisch

der **Grieß**, der Grießbrei, die Grießsuppe

der **Griff**, die Griffe, griffig

der **Grif|fel**, die Griffel

der **Grill**, die Grills, grillen

die **Gril|le**, die Grillen

die **Gri|mas|se**, die Grimassen

grim|mig, der Grimm

grin|sen, du grinst, er grinste, sie hat gegrinst, das Grinsen

die **Grip|pe**

grob, die Grobheit, der Grobian, aufs gröbste beleidigen, auf das Gröbste beleidigen

grö|len, er grölte, das Grölen

grol|len, er grollte, der Groll

der **Gro|schen**, die Groschen

groß, die Größe, die Großeltern, die Großstadt, im Großen und Ganzen, größtenteils, großzügig

groß|ar|tig

Groß|bri|tan|ni|en, der Brite, britisch

die **Grot|te**, die Grotten

die **Gru|be**, die Gruben, das Grübchen

grü|beln, sie grübelte

die **Gruft** (Grab), die Grüfte

grün [3], das frische Grün, der Grünspan, das Grünzeug

der **Grund**, die Gründe, gründlich, das Grundstück, begründen, zugrunde gehen,

auch: zu Grunde gehen
die **Grundschule**, die Grundschulen
grunzen, das Ferkel grunzte
die **Gruppe**, die Gruppen
sich **gruseln**, gruselig
grüßen, sie grüßte, der Gruß, die Grüße, begrüßen
gucken, er guckte, das Guckloch
das / der **Gulasch**
gültig, die Gültigkeit
das / der **Gummi**, die Gummis, das Gummiband, das Gummiboot, gummieren, der Gummitwist
die **Gunst**, günstig, zugunsten von, auch: zu Gunsten von
gurgeln, die Gurgel (Kehle)
die **Gurke**, die Gurken
der **Gurt**, die Gurte
der **Gürtel**, die Gürtel
der **Guss**, die Güsse
gut finden, gehen, im Guten versuchen
das **Gut**, die Güter, der Güterwagen, der Gutschein
die **Güte**, gütig
das **Gymnasium**, der Gymnasiast
die **Gymnastik**, der Gymnastikanzug, die Gymnastikschule

H

das **Haar**, die Haare, das Härchen, haaren, haarfein, haargenau, haarig, haarscharf, haarsträubend
die **Habe**, Hab und Gut
haben, du hast, er hatte, sie hat gehabt
habgierig, habsüchtig, die Habgier, die Habsucht
der **Habicht**, die Habichte
die **Hacke**, auch: der Hacken, die Hacken [58]
hacken, er hackte Holz, die Hacke (Gartengerät), die Hackfrucht (z. B. Rüben)
der **Hafen**, die Häfen, die Hafeneinfahrt
der **Hafer**, die Haferflocken
die **Haft**, in Haft sein, haftbar, der Haftbefehl, haften, der Häftling, haften bleiben [6]
die **Hagebutte**, die Hagebutten, der Hagebuttentee
der **Hagel**, hageln
hager
der **Hahn**, die Hähne [58]
der **Hai**, die Haie, der Haifisch
der **Hain**, die Haine
häkeln, sie häkelte
der **Haken**, die Haken
halb, halb eins, halb fertig, halb voll, halbieren, die Halbinsel, der Halbmond, halbtags
die **Halde**, die Halden
die **Hälfte**, die Hälften
die **Halle**, die Hallen, das Hallenbad
hallen, es hallte, der Hall
die **Hallig**, die Halligen
der **Halm**, die Halme
die **Halogenlampe**, die Halogenlampen
der **Hals**, die Hälse, das Halsband, halsbrecherisch, das Halsweh
halten, du hältst, er hielt, sie hat gehalten, haltbar, der Halt, die Haltestelle,

A B C D E F G H I J K L M N O P Q R S T U V W X Y Z

A B C D E F G H I J K L M N O P Q R S T U V W X Y Z

Halt machen [5]
Ham|burg, hamburgisch
hä|misch
der **Ham|mel**, die Hammel
der **Ham|mer**, die Hämmer, hämmern
ham|peln, er hampelte, der Hampelmann
der **Hams|ter**, die Hamster, hamstern
die **Hand**, die Hände, die Handarbeit, die Handbremse, handlich, die Handschrift, der Handschuh, das Handtuch, das Handwerk
han|deln, sie handelte, der Handel, der Händler, die Händlerin, die Handlung
das **Han|dy**, die Handys
der **Hanf**, das Hanfseil
der **Hang**, die Hänge
hän|gen, das Bild hängt, es hing, es hat gehangen, die Hängematte, hängen lassen [6]
der **Hap|pen**, die Happen
hap|py (glücklich)
die **Hard|ware**, die Hardwares
die **Har|fe** (Zupfinstrument), die Harfen
die **Har|ke**, die Harken, harken
harm|los
die **Har|mo|nie**, die Harmonien, harmonisch
der **Harn** (Urin), die Harnblase
der **Har|nisch** (Rüstung), die Harnische
die **Har|pu|ne**, die Harpunen
hart, hart gekocht, die Härte, hartnäckig
der **Harz** (Gebirge)
das **Harz** (am Baum), harzig
der **Ha|se**, die Hasen, die Häsin
die **Ha|sel|nuss**, die Haselnüsse
der **Hass**, hassen
häss|lich
die **Hast**, hasten, hastig
er **hat**, du hast, er hatte, sie hat gehabt (Grundform: haben)
die **Hau|be**, die Hauben, das Häubchen
hau|chen, er hauchte, der Hauch, hauchdünn
hau|en, er haute
der **Hau|fen**, die Haufen, häufen
häu|fig
das **Haupt**, die Häupter, der Hauptbahnhof, der Häuptling, die Hauptsache die Hauptschule, die Hauptstadt, das Hauptwort, hauptsächlich
das **Haus**, die Häuser, nach Hause, zu Hause, die Hausaufgabe, hausen, der Haushalt, haushoch, häuslich, der Hausschlüssel, der Hausschuh
die **Haut**, die Häute, sich häuten
die **Ha|xe**, die Haxen, auch: die Hachsen
die **Heb|am|me**, die Hebammen
der **He|bel**, die Hebel
he|ben, du hebst, er hob, sie hat gehoben
der **Hecht**, die Hechte
das **Heck**, die Hecks, die Heckscheibe
die **He|cke**, die Hecken
das **Heer**, die Heere
die **He|fe**, der Hefeteig
das **Heft**, die Hefte
hef|ten, sie heftete, der Hefter
hef|tig, die Heftigkeit

die **Hei|de** (Landschaft), die Heiden, das Heidekraut
der **Hei|de** (Nichtchrist), die Heiden, heidnisch
die **Hei|del|bee|re**, die Heidelbeeren
heil, das Heil, heilbar, heilen, die Heilquelle, heilsam, die Heilung
der **Hei|land**
hei|lig, heilig sprechen, der Heilige, die Heilige, der Heilige Abend, die Heilige Schrift
das **Heim**, die Heime, heimgehen, die Heimkehr, heimwärts, das Heimweh
die **Hei|mat**, die Heimatkunde, heimatlich, heimatlos
heim|lich, die Heimlichkeit, verheimlichen
die **Hei|rat**, die Heiraten, heiraten
hei|ser, die Heiserkeit
heiß, heißhungrig, der Heißwasserbehälter, die Hitze
hei|ßen, du heißt, er hieß, sie hat geheißen
hei|ter, die Heiterkeit
hei|zen, er heizte, heizbar, der Heizer, das Heizöl, die Heizung
die **Hek|tik**, hektisch
der / die **Hek|to|li|ter** (hl)
der **Held**, die Helden, die Heldin, heldenhaft, die Heldentat
hel|fen, du hilfst, er half, sie hat geholfen, der Helfer, die Helferin, die Hilfe
hell, hellblau, hell leuchtend, die Helligkeit, hellwach
der **Helm**, die Helme
das **Hemd**, die Hemden, der Hemdkragen

hem|men, er hemmte, die Hemmung, hemmungslos
das **Hen|del** (Brathuhn), die Hendeln
der **Hengst**, die Hengste
der **Hen|kel**, die Henkel
die **Hen|ne**, die Hennen
her, herab, heran, herauf, heraus, herbei
herb (herber Geschmack)
das **Her|ba|ri|um** (Sammlung gepresster Pflanzen)
die **Her|ber|ge**, die Herbergen
der **Herbst**, herbstlich
der **Herd**, die Herde, die Herdplatte
die **Her|de**, die Herden, der Herdentrieb
he|rein, hereinfallen
der **He|ring**, die Heringe
der **Herr**, die Herren, herrenlos
der **Herr|gott**, in Herrgottsfrühe
herr|lich, die Herrlichkeit
herr|schen, sie herrschte, die Herrschaft, herrschaftlich
der **Herr|scher**, die Herrscherin
her|stel|len, die Herstellung
he|rü|ber (her|ü|ber)
he|rum (her|um)
he|run|ter (her|un|ter)
her|vor
her|vor|ra|gend
das **Herz**, die Herzen, herzhaft, herzlich, herzzerreißend
der **Her|zog**, die Herzöge
Hes|sen, der Hesse, hessisch
het|zen, er hetzte, die Hetze
das **Heu**, der Heuboden, heuen, die Heuernte, die Heuschrecke
heu|cheln, er heuchelte, der Heuchler, die Heuchlerin, heuchlerisch
heu|er (in diesem Jahr)
heu|len, er heulte
die **Heu|schre|cke**,

die Heuschrecken
heu|te, heute Abend, heute früh, heute Morgen, heutzutage [2]
die **He|xe**, die Hexen, hexen, der Hexenschuss, die Hexerei
der **Hieb**, die Hiebe
hier, hier bleiben, hierauf, hierbei, hierdurch, hierher, hiermit, hierzu, hier zu Lande, auch: hierzulande
hie|sig, der Hiesige (der Einheimische)
die **Hil|fe**, die Hilfen, hilflos, hilfreich, der Hilfsarbeiter, hilfsbereit
die **Him|bee|re**, die Himbeeren
der **Him|mel**, die Himmel, himmelblau, die Himmelsrichtung, himmlisch
hin, hinab, hinauf, hinaus
hin|dern, er hinderte, das Hindernis, verhindern
hin|durch
hi|nein (hin|ein), hineingehen
hin|ken, er hinkte
hin|neh|men, du nimmst hin, er nahm hin, sie hat hingenommen
hin|set|zen
hin|ten
hin|ter, hintereinander gehen, der Hintergrund, hinterher, hinterlistig, das Hinterrad
der **Hin|tern**, die Hintern
hi|nü|ber (hin|ü|ber), hinüberfahren
hin und her
hi|nun|ter (hin|un|ter)
hin|weg, hinweggehen
der **Hin|weis**, die Hinweise
hin|zu

das **Hirn**, die Hirne
der **Hirsch**, die Hirsche, das Hirschgeweih
die **Hir|se** (Getreide)
der **Hirt**, auch: der Hirte, die Hirten
der **Hit**, die Hits, die Hitparade
die **Hit|ze**, hitzefrei haben, hitzig, der Hitzschlag
das **Hob|by**, die Hobbys
der **Ho|bel**, die Hobel, die Hobelbank, hobeln
hoch, das Hoch, das Hochhaus, der Hochsprung, das Hochwasser
höchst, am höchsten, höchstens
der **Hoch|mut**, hochmütig
die **Hoch|zeit**, die Hochzeiten, die Hochzeitsgäste
ho|cken, er hockte auf dem Boden, der Hocker
der **Hö|cker** (Buckel), die Höcker
das **Ho|ckey**, Hockey spielen
der **Ho|den**, die Hoden
der **Hof**, die Höfe, das Gehöft
hof|fen, er hoffte, hoffentlich, die Hoffnung, hoffnungslos
höf|lich, die Höflichkeit
die **Hö|he**, die Höhen, der Höhepunkt
hohl, die Höhle, der Hohlweg
der **Hohn**, höhnisch, verhöhnen
ho|len, er holte
Hol|land, holländisch
die **Höl|le**, die Höllen, der Höllenlärm
hol|pern, er holperte, holperig, auch: holprig
der **Ho|lun|der** (Strauch)
das **Holz**, die Hölzer, der Holzfäller, die Holzkohle, der Holzwurm, holzig

der **Ho|nig**, honigsüß, das Honigglas
der **Hop|fen**
hop|peln, er hoppelte
hop|sen, er hopste
hor|chen, sie horchte
die **Hor|de**, die Horden
hö|ren, er hörte, der Hörer, die Hörerin, das Hörgerät, das Hörspiel
der **Ho|ri|zont**, horizontal
das **Horn** 58, die Hörner
die **Hor|nis|se**, die Hornissen
der **Hor|nist** (Hornbläser)
der **Horst**, (großes Vogelnest) die Horste
der **Hort**, die Horte
hor|ten, es hortete Vorräte
die **Ho|se**, die Hosen, die Hosentasche, der Hosenträger
das **Hos|pi|tal**, die Hospitale
die **Hos|tie**, die Hostien
das **Ho|tel**, die Hotels
die **Hot|pants**, auch: Hot Pants
hübsch
der **Hub|schrau|ber**, die Hubschrauber
hu|cke|pack (tragen)
der **Huf**, die Hufe, das Hufeisen
die **Hüf|te**, die Hüften, das Hüftgelenk
der **Hü|gel**, die Hügel, hügelig, auch: hüglig, das Hügelland
das **Huhn**, die Hühner, die Hühnerleiter, der Hühnerstall
das **Hüh|ner|au|ge**, die Hühneraugen
die **Hül|le**, die Hüllen
die **Hül|se**, die Hülsen, die Hülsenfrucht
die **Hum|mel**, die Hummeln
der **Hu|mor**, humorvoll, humorlos
hum|peln, er humpelte

der **Hu|mus**, der Humusboden
der **Hund**, die Hunde, die Hündin, hundemüde, die Hunderasse
hun|dert, ein Hunderter, hundertmal 4, ein Hundertstel
der **Hun|ger**, hungern, die Hungersnot, hungrig
die **Hu|pe**, die Hupen, hupen
hüp|fen, sie hüpfte
die **Hür|de**, die Hürden, der Hürdenlauf
Hur|ra!
hu|schen, er huschte
der **Hus|ten**, husten, der Hustensaft
der **Hut**, die Hüte
hü|ten, er hütete, behüten, auf der Hut sein
die **Hüt|te**, die Hütten
die **Hy|ä|ne**, die Hyänen
die **Hy|a|zin|the**, die Hyazinthen
der **Hy|drant** (Hyd|rant), die Hydranten
die **Hy|gi|e|ne**, hygienisch
die **Hym|ne**, die Hymnen, die Nationalhymne
die **Hyp|no|se**, hypnotisieren
die **Hys|te|rie**, hysterisch

I

der **IC**, die ICs, der Intercity
der **ICE**, die ICEs, der Intercityexpress
ich
i|de|al, das Ideal
die **I|dee**, die Ideen
der **I|di|ot**, die Idioten, idiotisch
der **I|gel**, die Igel
ihm, ich schrieb ihm
ihn, ich sehe ihn
ih|nen, er folgte ihnen
ihr, seid ihr schon da?

die **Il|lus|trier|te** (Il|lust|rier|te), die Illustrierten
im, in dem, im Allgemeinen, im Besonderen, im Voraus
der **Im|biss**, die Imbissstube
der **Im|ker**, die Imker, die Imkerin
im|mer, immer wieder, immerzu
das **Im|per|fekt** (1. Vergangenheitsform)
imp|fen, er impfte, die Impfung
im|po|nie|ren, sie imponierte mir
im|stan|de sein, auch: im Stande sein
in, ins (in das), in dem
in|des|sen
der / die **In|di|a|ner**, die Indianerin, der Indianerhäuptling
die **In|dus|trie** (In|dust|rie), die Industrien
in|ei|nan|der (in|ein|an|der)
die **In|fek|ti|on**, die Infektionen, infizieren, der Infekt
der **In|fi|ni|tiv**, die Infinitive
die **In|for|ma|ti|on**, die Informationen, informieren
der **In|ge|ni|eur**, die Ingenieurin
der / die **In|ha|ber**, die Inhaberin
der **In|halt**, die Inhalte, das Inhaltsverzeichnis, inhaltlich
das **In|land**, der Inländer
in|mit|ten
in|nen, die Innenseite
in|ner|halb
in|nig
ins (in das), insbesondere
der **In|sas|se**, die Insassen
die **In|schrift**, die Inschriften
das **In|sekt**, die Insekten, der Insektenstich
die **In|sel**, die Inseln, der Inselbewohner
das **In|se|rat**, die Inserate, inserieren
ins|ge|samt
in|so|fern
der **In|spek|tor**, die Inspektoren, die Inspektorin, die Inspektion
der **In|stal|la|teur**, die Installateure, die Installateurin, installieren
in|stand setzen, auch: in Stand setzen
das **In|sti|tut**, die Institute
das **In|stru|ment**, die Instrumente
in|tel|li|gent, die Intelligenz
das **In|te|res|se** (In|ter|es|se), die Interessen, interessieren, interessant
das **In|ter|nat**, die Internate
in|ter|na|ti|o|nal
das **In|ter|net**
das **In|ter|view**, die Interviews, interviewen
der **In|va|li|de**, die Invaliden, die Invalidität
in|wen|dig
in|zwi|schen
ir|gend, irgendein, irgendeinmal, irgendjemand, irgendwann, irgendwas, irgendwie, irgendwo
Ir|land, der Ire, irisch
ir|re, auch: irr, irreführen, sich irren, irrsinnig, irrtümlich, der Irrtum
der **Is|lam** (Religion)
Is|ra|el, die Israeliten, israelisch
die **I|so|la|ti|on**, das Isolierband, isolieren
du **isst** (Grundform: essen)
er **ist** in Amerika (Grundform: sein)
I|ta|li|en, der Italiener, italienisch

J

ja, Ja sagen, auch: ja sagen
die **Jacht**, auch: die Yacht, die Jachten
die **Ja|cke**, die Jacken
ja|gen, er jagte, die Jagd, der Jäger, die Jägerin
der **Ja|gu|ar**, die Jaguare
jäh, der Jähzorn, jähzornig
das **Jahr**, die Jahre, jahrelang, die Jahreszeit, der Jahrgang, das Jahrhundert, jährlich
der **Jahr|markt**, die Jahrmärkte
die **Ja|lou|sie**, die Jalousien
der **Jam|mer**, jammern, jämmerlich, jammerschade
der **Ja|nu|ar**, im Januar
Ja|pan, der Japaner, japanisch
jä|ten, sie jätete Unkraut
die **Jau|che**, die Jauchegrube, jauchen, er jaucht die Wiese
jauch|zen, er jauchzte
jau|len, der Hund jaulte
ja|wohl
der **Jazz**, die Jazzkapelle
je
die **Jeans**
je|der, jede, jedes, jedenfalls, jedermann, jederzeit, jedes Mal
je|doch
je|mals
je|mand, jemandem, jemanden
je|ner, jene, jenes
jen|seits
Je|sus Christus
der **Jet** (Flugzeug), die Jets
jetzt
je|weils
der **Job** (Arbeitsplatz), die Jobs, jobben
das **Jod**
jo|deln, er jodelte, der Jodler
jog|gen, du joggst, sie joggte, der Jogger, die Joggerin
das **Jo|ghurt**, auch: Jogurt, die Joghurts
die **Jo|han|nis|bee|re**, die Johannisbeeren
joh|len, er johlte
der **Jo|ker**, die Joker
jong|lie|ren, du jonglierst
der **Jour|na|list**, die Journalisten, die Journalistin
ju|beln, er jubelte, der Jubel, der Jubilar, das Jubiläum
ju|bi|lie|ren
ju|cken, es juckte mich
der **Ju|de**, die Juden, die Jüdin
das **Ju|do** (Kampfsport)
die **Ju|gend**, die Jugendherberge, die Jugendlichen, jugendlich
der **Ju|li**
jung, der Junge, die Jungen, jugendlich, Jung und Alt
der **Jung|ge|sel|le**, die Junggesellen
der **Ju|ni**
der **Ju|pi|ter**
die **Ju|ry** (Preisgericht), die Jurys
der **Ju|rist**, die Juristen, die Juristin
das / der **Ju|wel**, die Juwelen, der Juwelier, die Juwelierin
der **Jux** (Spaß), der Juxartikel

K

das **Ka|bel**, die Kabel, der Kabelanschluss, das Kabelfernsehen
die **Ka|bi|ne**, die Kabinen
das **Ka|brio** (Kab|rio), die Kabrios
die **Ka|chel**, die Kacheln, kacheln, der Kachelofen
der **Kä|fer**, die Käfer
der **Kaf|fee**, die Kaffeebohne
der **Kä|fig**, die Käfige
kahl, der Kahlschlag
der **Kahn**, die Kähne
der **Kai** (Ufermauer), die Kais
der **Kai|ser**, die Kaiser, die Kaiserin, kaiserlich
der **Ka|jak** (Paddelboot), die Kajaks
die **Ka|jü|te**, die Kajüten
der **Ka|kao**, das Kakaopulver, die Kakaobohne
der **Kak|tus**, die Kakteen
das **Kalb**, die Kälber, kalben, das Kalbfleisch
der **Ka|len|der**, die Kalender
der **Kalk**, kalken, der Kalkstein
die **Ka|lo|rie**, die Kalorien
kalt, kaltblütig, die Kälte
das **Ka|mel**, die Kamele, der Kameltreiber
die **Ka|me|ra**, die Kameras
der **Ka|me|rad**, die Kameraden, die Kameradin, die Kameradschaft, kameradschaftlich
die **Ka|mil|le**, der Kamillentee
der **Ka|min**, die Kamine
der **Kamm** 58, die Kämme, kämmen, sie kämmte sich
die **Kam|mer**, die Kammern
der **Kampf**, die Kämpfe, kämpfen, der Kämpfer, die Kämpferin
Ka|na|da, kanadisch
der **Ka|nal**, die Kanäle, die Kanalisation, kanalisieren
der **Ka|na|ri|en|vo|gel**, die Kanarienvögel
der **Kan|di|dat**, die Kandidaten, die Kandidatin, kandidieren
das **Kän|gu|ru**, die Kängurus
das **Ka|nin|chen**, die Kaninchen, der Kaninchenstall
der **Ka|nis|ter**, die Kanister
die **Kan|ne**, die Kannen
der **Ka|non**, die Kanons
die **Ka|no|ne**, die Kanonen
die **Kan|ta|te** (Musikstück), die Kantaten
die **Kan|te**, die Kanten, kantig
die **Kan|ti|ne**, die Kantinen
das **Ka|nu**, die Kanus
die **Kan|zel**, die Kanzeln
der **Kanz|ler**, die Kanzler
die **Ka|pel|le** (kleine Kirche), die Kapellen
die **Ka|pel|le** 58 (Orchester), die Kapellen, der Kapellmeister
ka|pie|ren, er kapierte
der **Ka|pi|tän**, die Kapitäne
das **Ka|pi|tel**, die Kapitel
der **Kap|lan** (katholischer Geistlicher), die Kapläne
die **Kap|pe**, die Kappen, das Käppi
die **Kap|sel**, die Kapseln
ka|putt, kaputtmachen
die **Ka|pu|ze**, die Kapuzen
die **Ka|ram|bo|la|ge**, die Karambolagen
die **Ka|ra|wa|ne**, die Karawanen
der **Kar|di|nal** (hoher katholischer Würdenträger), die Kardinäle
der **Kar|frei|tag**
karg, die Kargheit, kärglich
ka|riert, das Karo, die Karos

A B C D E F G H I J K L M N O P Q R S T U V W X Y Z

die **Ka|ri|es** (Zahnfäule), kariös
der **Kar|ne|val** (Fastnacht)
die **Ka|ros|se|rie**, die Karosserien
die **Ka|rot|te** (Möhre), die Karotten
der **Karp|fen**, die Karpfen
die **Kar|re**, die Karren, karren
die **Kar|te**, die Karten
die **Kar|tei**, die Karteien
die **Kar|tof|fel**, die Kartoffeln, die Kartoffelchips
der **Kar|ton**, die Kartons
das **Ka|rus|sell**, die Karussells
der **Kä|se**, der Käsekuchen
die **Ka|ser|ne**, die Kasernen
der **Kas|per**, das Kasperletheater
die **Kas|se**, die Kassen, kassieren, der Kassierer, die Kassiererin
die **Kas|set|te**, die Kassetten, der Kassettenrekorder
die **Kas|tag|net|te** (Musikinstrument), die Kastagnetten
die **Kas|ta|nie**, die Kastanien, der Kastanienbaum
der **Kas|ten**, die Kästen
der **Kat** (Katalysator), die Kats
der **Ka|ta|log**, die Kataloge
der **Ka|tarrh** (Schleimhautentzündung), auch: Katarr
die **Ka|ta|stro|phe** (Unglück), die Katastrophen, katastrophal
der **Ka|ter**, die Kater
die **Ka|the|dra|le**, die Kathedralen
der **Ka|tho|lik**, die Katholiken, katholisch (kath.)
die **Kat|ze**, die Katzen, das Katzenfutter
kau|en, er kaute, der/das Kaugummi
kau|ern, er kauerte
kau|fen [18], er kaufte, der Kauf, die Käufe, der Käufer, die Käuferin, die Kaufleute, käuflich, der Kaufmann, die Kauffrau
die **Kaul|quap|pe**, die Kaulquappen
kaum, kaum zu glauben
der **Kauz**, die Käuze
keck, die Keckheit
der **Ke|gel**, die Kegel, kegeln, die Kegelbahn
die **Keh|le**, die Kehlen, der Kehlkopf
keh|ren (fegen), sie kehrte
kehrt|ma|chen, er machte kehrt
kei|fen, er keifte
der **Keil**, die Keile, der Keilriemen
der **Keim**, die Keime, keimen, keimfrei, der Keimling
kein, keinerlei, keinmal
kei|nes|falls, keineswegs
der **Keks**, die Kekse, die Keksdose
der **Kelch**, die Kelche
die **Kel|le**, die Kellen (Maurerwerkzeug)
der **Kel|ler**, die Keller, die Kellerei
der / die **Kell|ner**, die Kellnerin
ken|nen, du kanntest, er kannte, sie hat gekannt, der Kenner, kennen lernen [6], die Kenntnis, das Kennzeichen, kennzeichnen
ken|tern, das Boot kenterte
die **Ke|ra|mik**, die Keramiken
die **Ker|be**, die Kerben, kerben
der **Ker|ker**, die Kerker
der **Kerl**, die Kerle
der **Kern**, die Kerne, kerngesund, kernig, das Kernobst, die Kernseife
das **Kern|kraft|werk**, die Kernkraftwerke, die Kernenergie
die **Ker|ze**, die Kerzen, kerzengerade
kess sein
der **Kes|sel**, die Kessel
der / das **Ket|schup**, auch: Ketchup

A B C D E F G H I J K L M N O P Q R S T U V W X Y Z

A B C D E F G H I J K L M N O P Q R S T U V W X Y Z

die **Kette**, die Ketten
keuchen, er keuchte, der Keuchhusten
die **Keule**, die Keulen
das **Keyboard** (Tasteninstrument), die Keyboards
kichern (lachen), er kicherte
kiebig (frech, zänkisch)
der **Kiebitz**, die Kiebitze, kiebitzen
der **Kiefer** (Knochen), die Kiefer 58
die **Kiefer** (Nadelbaum), die Kiefern, der Kiefernzapfen 58
der **Kiel** (Grundbalken eines Schiffes), die Kiele
Kiel (Stadt), der Kieler, die Kieler Woche
die **Kieme**, die Kiemen
der **Kies**, der Kiesel, der Kieselstein, die Kiesgrube
das **Kilo** (kg), das Kilogramm
der **Kilometer** (km), die Kilometer, der Kilometerzähler
das **Kind**, die Kinder, der Kindergarten, der Kinderhort, der Kinderwagen, die Kindheit, kindisch, kindlich
das **Kinn**, die Kinne, der Kinnhaken
das **Kino**, die Kinos
der **Kiosk**, die Kioske
kippen, er kippte, die Kippe, der Kipper (Lastwagen), das Kippfenster
die **Kirche**, die Kirchen, die Kirchenglocke, der Kirchturm
die **Kirmes**, auch: Kirchweih
die **Kirsche**, die Kirschen, der Kirschbaum, kirschrot
das **Kissen**, die Kissen
die **Kiste**, die Kisten
der **Kitsch**, kitschig
der **Kitt**, die Kitte, kitten, er kittete

der **Kittel**, die Kittel
das **Kitz**, die Kitze (junges Reh, junge Ziege, junge Gämse)
kitzeln, sie kitzelte, der Kitzel, kitzlig, auch: kitzelig
kläffen, der Hund kläffte
klagen, sie klagte, die Klage, die Klagen, der Kläger, die Klägerin, kläglich
klamm (steife Finger)
die **Klamm** (Schlucht), die Klammen
die **Klammer**, die Klammern, klammern, er klammerte sich an
die **Klamotte** (altes Kleidungsstück), die Klamotten
der **Klang**, die Klänge, klangvoll
die **Klappe**, die Klappen
klappen, es klappte
klappern, es klapperte
der **Klaps**, die Klapse
klar, die Kläranlage, klären, die Klarheit, klarmachen, im Klaren sein
die **Klarinette** (Musikinstrument), Klarinette spielen 5
die **Klasse**, die Klassen, der Klassenlehrer, die Klassenlehrerin, das ist Klasse, auch: Klasse!
der **Klatsch** (Geschwätz)
klatschen, er klatschte Beifall
die **Klaue** (Kralle), die Klauen
klauen, er klaute
das **Klavier**, die Klaviere, Klavier spielen 5
kleben, sie klebte, kleben bleiben, der Kleber, der Klebestreifen, klebrig, der Klebstoff
kleckern, er kleckerte
der **Klecks**, die Kleckse, klecksen
der **Klee**, das Kleeblatt
das **Kleid**, die Kleider, kleiden,

der Kleiderhaken,
die Kleidung 44

die **Kleie**

klein, ein klein wenig, die Kleinigkeit, kleinlich, klein gedruckt, ein Wort kleinschreiben

der **Kleis|ter** (Leim)

klem|men, es klemmte, in der Klemme sitzen

der **Klemp|ner** (Installateur), die Klempner, die Klempnerei

die **Klet|te**, die Kletten, der Klettverschluss

klet|tern, er kletterte, der Kletterer, die Kletterin

kli|cken, die Kamera klickte

das **Kli|ma**, die Klimaanlage, klimatisch, klimatisiert

der **Klimm|zug**, die Klimmzüge

klim|pern, es klimperte

die **Klin|ge**, die Klingen

die **Klin|gel**, die Klingeln, klingeln

klin|gen, es klingt, es klang, es hat geklungen, der Klang

die **Kli|nik**, die Kliniken, klinisch

die **Klin|ke**, die Klinken, klinken, einklinken

die **Klip|pe**, die Klippen

klir|ren, es klirrte

klit|ze|klein

klop|fen, es klopfte

der **Klops**, die Klopse

das **Klo|sett**, die Klosetts, auch: Klo, die Klos

der **Kloß**, die Klöße

das **Klos|ter**, die Klöster

der **Klotz**, die Klötze, klotzig

der **Klub**, auch: Club, die Klubs

die **Kluft** (tiefe Spalte), die Klüfte

klug, die Klugheit, klug reden

der **Klum|pen**, die Klumpen, klumpig

knab|bern, er knabberte, die Knabbereien

der **Kna|be**, die Knaben

das **Knä|cke|brot**, die Knäckebrote

kna|cken, es knackte, knackig, der Knacks, die Knackwurst

der **Knall**, die Knalle, knallen, es knallte, knallhart, knallrot

knapp, die Knappheit

der **Knap|pe**, die Knappen (1. Bergarbeiter, 2. Diener eines Ritters)

knar|ren, die Tür knarrte

der **Knatsch** (Streit)

knat|tern, es knatterte

der / das **Knäu|el**, die Knäuel

knau|sern, sie knauserte, knauserig, auch: knausrig

der **Kne|bel**, die Knebel, knebeln

der **Knecht**, die Knechte

knei|fen, du kneifst, er kniff, sie hat gekniffen, die Kneifzange

die **Knei|pe**, Kneipen

kne|ten, er knetete, die Knete, die Knetmasse

kni|cken, er knickte, der Knick (Bruchstelle)

der **Knicks**, die Knickse, knicksen

das **Knie**, die Knie, knien, die Kniescheibe, knietief

der **Kniff**, die Kniffe, kniffelig, auch: knifflig

knip|sen, er knipste

der **Knirps**, die Knirpse

knir|schen, es knirschte

knis|tern, es knisterte

knit|tern, er knitterte, knitterfrei

kno|beln, sie knobelte

der **Knob|lauch**, die Knoblauchzehe

der **Kno|chen**, die Knochen, der Knöchel, knochig

der **Knö|del** (Kloß), die Knödel

die **Knol|le**, die Knollen, knollig
der **Knopf**, die Knöpfe, knöpfen, das Knopfloch
der **Knor|pel**, die Knorpel, knorpelig, auch: knorplig
knor|rig
die **Knos|pe**, die Knospen
der **Kno|ten**, die Knoten, knoten
knül|len, er knüllte, der Knüller
knüp|fen, sie knüpfte
der **Knüp|pel**, die Knüppel
knur|ren, er knurrte
knus|pern, er knusperte, knusperig, auch: knusprig, das Knusperhäuschen
k.o. (knock-out), der K.-o.-Schlag
der **Ko|bold**, die Kobolde
die **Kob|ra**, die Kobras
ko|chen, sie kochte, der Koch, die Köchin, kochend heiß
der **Kö|der**, die Köder, ködern
der **Kof|fer**, die Koffer
der **Kohl**, der Kohlkopf, der Kohlrabi, die Kohlrübe, der Kohlweißling
die **Koh|le**, die Kohlen, der Köhler, kohlrabenschwarz
die **Ko|je**, die Kojen
die **Ko|kos|nuss**, die Kokosnüsse
der **Koks**, der Koksofen
der **Kol|ben**, die Kolben, die Kolbenstange
die **Ko|lik**, die Koliken
der **Kol|le|ge**, die Kollegen, die Kollegin
die **Ko|lon|ne**, die Kolonnen
der **Ko|loss**, die Kolosse, kolossal
kom|bi|nie|ren, er kombinierte, der Kombi, die Kombination
der **Ko|met**, die Kometen
der **Kom|fort**, komfortabel
komisch [37], der Komiker, die Komikerin

das **Kom|ma**, die Kommas, auch: die Kommata
kom|man|die|ren, sie kommandierte, der Kommandant, das Kommando
kom|men, du kommst, er kam, sie ist gekommen
der **Kom|men|tar**, die Kommentare
der **Kom|mis|sar**, die Kommissare, die Kommissarin, das Kommissariat
die **Kom|mis|si|on**, die Kommissionen
die **Kom|mo|de**, die Kommoden
die **Kom|mu|ni|on**, die Kommunionen, das Kommunionkind
die **Ko|mö|die**, die Komödien
die **Kom|pa|nie**, die Kompanien
der **Kom|pass**, die Kompasse
kom|plett (vollständig)
das **Kom|pli|ment**, die Komplimente
kom|pli|ziert (schwierig)
kom|po|nie|ren, er komponierte, der Komponist, die Komponistin, die Komposition
der **Kom|post**, die Komposte, der Komposthaufen, kompostieren
das **Kom|pott**, die Kompotte
der **Kom|pro|miss**, die Kompromisse
der **Kon|di|tor**, die Konditoren, die Konditorin, die Konditorei
die **Kon|fe|renz**, die Konferenzen, das Konferenzzimmer
die **Kon|fes|si|on**, die Konfessionen
das **Kon|fet|ti**
die **Kon|fir|ma|ti|on**, die Konfirmationen,

der Konfirmand, die Konfirmanden, die Konfirmandin, konfirmieren
die **Kon|fi|tü|re** (Marmelade), die Konfitüren
der **Kon|flikt** (Streit), die Konflikte
der **Kö|nig**, die Könige, die Königin, königlich
die **Kon|kur|renz** (Wettbewerb), die Konkurrenzen, der Konkurrent, konkurrieren
kön|nen, du kannst, er konnte, sie hat gekonnt
der **Kon|rek|tor**, die Konrektoren, die Konrektorin
die **Kon|ser|ve**, die Konserven, die Konservendose, konservieren
der **Kon|so|nant** (Mitlaut), die Konsonanten
kon|stru|ie|ren, er konstruierte, die Konstruktion
der **Kon|sum** (Verbrauch), der Konsument, konsumieren
der **Kon|takt**, die Kontakte
der **Kon|ti|nent**, die Kontinente
das **Kon|to**, auch: die Kontos, die Konten
der **Kon|trast**, die Kontraste
die **Kon|trol|le**, die Kontrollen, der Kontrolleur, kontrollieren
kon|zen|trie|ren, sie konzentrierte sich, die Konzentration
das **Kon|zert**, die Konzerte
der **Kopf**, die Köpfe, Kopf stehen, köpfen, der Kopfhörer, kopflos, das Kopfrechnen, der Kopfsprung, kopfüber, das Kopfweh
die **Ko|pie**, die Kopien, kopieren, das Kopiergerät
die **Ko|ral|le**, die Korallen, das Korallenriff
der **Ko|ran** (das heilige Buch des Islam)
der **Korb**, die Körbe
die **Kor|del**, die Kordeln
der **Kor|ken**, die Korken, der Korkenzieher
das **Korn**, die Körner, die Kornblume, das Kornfeld
der **Kör|per**, die Körper 43
kor|rekt (richtig), die Korrektur
kor|ri|gie|ren, er korrigierte
der **Kor|ri|dor**, die Korridore
die **Kos|me|tik**, kosmetisch
der **Kos|mos** (Weltall), der Kosmonaut, die Kosmonautin
die **Kost**, kosten (schmecken), köstlich, die Kostprobe
kos|ten, die Kosten, es kostete Geld, kostbar, kostenlos, kostspielig
das **Kos|tüm**, die Kostüme
der **Kö|ter**, die Köter
der **Kot** (Schmutz), der Kotflügel
das **Ko|te|lett**, die Koteletts
die **Krab|be**, die Krabben, der Krabbensalat
krab|beln, sie krabbelte
der **Krach**, die Kräche, krachen
krächch|zen, er krächzte
die **Kraft**, die Kräfte, kräftig, das Kraftfahrzeug (Kfz), kraftlos, die Kraftprobe
der **Kra|gen**, die Kragen
die **Krä|he**, die Krähen
krä|hen, der Hahn krähte
die **Kral|le**, die Krallen
der **Kram**, kramen
der **Krampf**, die Krämpfe, die Krampfadern, krampfhaft, verkrampft
der **Kran**, die Kräne, der Kranführer

der **Kra|nich**, die Kraniche
krank, der Kranke, die Kranke, das Krankenhaus [51], der Krankenwagen, krankhaft, die Krankheit
krän|ken, er kränkt (beleidigt) uns
der **Kranz**, die Kränze
krass
der **Kra|ter**, die Krater
krat|zen, er kratzte, sich kratzen, der Kratzer
krau|len, sie kraulte (leicht und liebevoll kratzen, oder: im Kraulstil schwimmen)
kraus, kräuseln, die Krause, der Krauskopf
das **Kraut**, die Kräuter
der **Kra|wall**, die Krawalle
die **Kra|wat|te**, die Krawatten
kra|xeln (klettern), er kraxelte
der **Krebs** (Schalentier), die Krebse, krebsrot
der **Krebs** (böse Krankheit), krebskrank
der **Kre|dit**, die Kredite, die Kreditkarte
die **Krei|de**, die Kreiden, kreidebleich
der **Kreis**, die Kreise, der Kreisel, kreisen, kreisrund, die Kreissäge, der Kreisverkehr
krei|schen, er kreischte
die **Krem**, auch: Creme, die Krems
der **Krem|pel** (wertloser Kram)
das **Krepp|pa|pier**
das **Kreuz**, die Kreuze, kreuz und quer, kreuzen, die Kreuzung, das Kreuzworträtsel, kreuzigen, die Kreuzigung
die **Kreuz|ot|ter**, die Kreuzottern
krib|beln, kribbelig
krie|chen, du kriechst, er kroch, sie ist gekrochen, das Kriechtier
der **Krieg**, die Kriege, kriegerisch, der Kriegsversehrte
krie|gen (bekommen), er kriegte
der **Kri|mi**, die Krimis, die Kriminalpolizei, kriminell
der **Krin|gel**, die Kringel
die **Krip|pe**, die Krippen
die **Kri|se**, die Krisen
die **Kri|tik**, die Kritiken, der Kritiker, die Kritikerin, kritisch, kritisieren
krit|zeln, er kritzelte, die Kritzelei
die **Kro|ket|te**, die Kroketten
das **Kro|ko|dil**, die Krokodile
der **Kro|kus**, die Krokusse
die **Kro|ne**, die Kronen, krönen
kross (knusprig)
die **Krö|te**, die Kröten, der Krötenlaich
die **Krü|cke**, die Krücken
der **Krug**, die Krüge
die **Kru|me**, die Krumen, die Krümel, krümeln, krümelig
krumm, sich krümmen, die Krümmung, krumm nehmen, aber: krumm lachen
die **Krus|te**, die Krusten
das **Kru|zi|fix**, die Kruzifixe
der **Kü|bel**, die Kübel
die **Kü|che**, die Küchen, der Küchenschrank
der **Ku|chen**, die Kuchen
der **Ku|ckuck**, die Kuckucke
die **Ku|fe**, die Kufen
die **Ku|gel**, die Kugeln, das Kugellager, kugelrund, der Kugelschreiber
die **Kuh**, die Kühe
kühl, die Kühle, kühlen, der Kühlschrank, die Kühlung

kühn, die Kühnheit
das **Küken**, die Küken
der **Kuli** (Kugelschreiber), die Kulis
die **Kulisse**, die Kulissen
die **Kultur**, die Kulturen, kulturell
der **Kümmel**, das Kümmelkorn
der **Kummer**, kümmerlich, kummervoll, bekümmert
sich **kümmern**, er kümmerte sich
der **Kunde** (Käufer), die Kunden, die Kundin, die Kundschaft
die **Kunde** (Nachricht), die Kundgebung, die Erdkunde, die Sachkunde
kündigen, sie kündigte, die Kündigung
künftig (in Zukunft)
die **Kunst**, die Künste, der Künstler, die Künstlerin, künstlich, der Kunststoff, das Kunststück, kunstvoll, das Kunstwerk
kunterbunt
das **Kupfer**, die Kupferkanne, der Kupferstich
die **Kuppe** (abgeflachte Berghöhe), die Kuppen
die **Kuppel** (Dach in Form einer Halbkugel), die Kuppeln
die **Kupplung**, die Kupplungen, kuppeln
die **Kur**, die Kuren, der Kurgast, der Kurort, kurieren
die **Kür**, die Küren, küren (wählen)
die **Kurbel**, die Kurbeln, kurbeln, er kurbelte
der **Kürbis**, die Kürbisse, der Kürbiskern
der **Kurier**, die Kuriere
kurios (seltsam)
der **Kurs**, die Kurse, das Kursbuch
die **Kurve**, die Kurven, kurven, kurvenreich, kurvig
kurz, die Kürze, kürzen, den Kürzeren ziehen, kurzerhand, kurzfristig, kürzlich, der Kurzschluss, kurzsichtig, die Kürzung, kurzweilig
kuscheln, sie kuschelte, das Kuscheltier, kuschelig
die **Kusine**, auch: die Cousine, die Kusinen, der Kusin, auch: Cousin
der **Kuss**, die Küsse, küssen
die **Küste**, die Küsten
der **Küster** (Kirchendiener), die Küsterin
die **Kutsche**, die Kutschen, der Kutscher, kutschieren
die **Kutte**, die Kutten
der **Kutter**, die Kutter
das **Kuvert**, die Kuverts

L

das **Labor**, die Labors, auch: Labore, das Laboratorium
das **Labyrinth**, die Labyrinthe
lachen [30], er lachte, das Lachen, das Gelächter
lächeln, sie lächelte, das Lächeln, lächerlich
der **Lachs**, die Lachse
der **Lack**, die Lacke, lackieren, der Lackierer, die Lackiererin, die Lackierung
laden, du lädst, er lud, sie hat geladen, die Ladung
der **Laden** (das Geschäft), die Läden, der Ladenhüter
die **Lage**, die Lagen
das **Lager** [58], die Lager,

A B C D E F G H I J K L M N O P Q R S T U V W X Y Z

das Lagerfeuer, lagern, die Lagerung

lahm, lahmen, lähmen, lahm legen, die Lähmung, gelähmt

der **Laib**, die Laibe, ein Laib Brot

der **Laich**, laichen

der **Laie**, die Laien, das Laienspiel

das **La|ken**, die Laken

die **Lak|rit|ze**, die Lakritzenstange

lal|len, es lallte

das **La|ma**, die Lamas

das **La|met|ta**

das **Lamm**, die Lämmer, das Lammfell, lammfromm

die **Lam|pe**, die Lampen, das Lampenfieber

der **Lam|pi|on**, die Lampions

das **Land**, die Länder, das Länderspiel, die Landesregierung, die Landkarte, ländlich, die Landschaft, der Landtag, zu Land und zu Wasser, hierzulande

lan|den, er landete, die Landung

die **Land|stra|ße**, die Landstraßen

der **Land|strei|cher** (Vagabund), die Landstreicher

der **Land|wirt**, die Landwirte, die Landwirtin, ländlich, die Landwirtschaft, landwirtschaftlich

lang, die Länge, die Längen, das Längenmaß, länglich

die **Lan|ge|wei|le**, langweilen, langweilig

längs (längs des Weges)

lang|sam [34], die Langsamkeit

längst (vor langer Zeit)

der **Lap|pen**, die Lappen

die **Lär|che** (Nadelbaum), die Lärchen [58]

der **Lärm**, lärmen, der Lärmschutz

die **Lar|ve**, die Larven (1. Maske, 2. Jugendform bestimmter Tiere)

las|sen, du lässt, er ließ, sie hat gelassen

läs|sig, die Lässigkeit

das **Las|so**, die Lassos

die **Last**, die Lasten, das Lastauto, der Lastkraftwagen (Lkw, auch: LKW)

der **Las|ter**, die Laster (Lastwagen)

das **Las|ter** (Untugend, Sünde), die Laster, lasterhaft

läs|tern, er lästerte

läs|tig, belästigen

das **La|tein**, lateinisch

die **La|ter|ne**, die Laternen

die **Lat|te**, die Latten, der Lattenzaun

lau (mild), lauwarm

das **Laub**, der Laubbaum, die Laubsäge, der Laubwald

die **Lau|be**, die Lauben

lau|ern, sie lauert, auf der Lauer liegen

lau|fen, du läufst, er lief, sie ist gelaufen, der Lauf, die Läufe, der Läufer [58], die Läuferin, der Laufzettel

die **Lau|ne**, die Launen, launisch

die **Laus**, die Läuse, der Lausbub

lau|schen, sie lauschte, der Lauscher, lauschig

laut (sein) [35]

der **Laut**, die Laute, lautlos, der Lautsprecher, die Lautstärke

die **Lau|te** (Musikinstrument), die Lauten

läu|ten, es läutete, das Geläute

die **La|va** (Ausfluss aus einem Vulkan), das Lavagestein

die **La|wi|ne**, die Lawinen, die Lawinengefahr, der Lawinenschutz

das **Le|ben**, leben, lebend, lebendig, lebensgefährlich, das Lebensmittel, das Lebewesen, lebhaft, leblos

die **Le|ber**, der Lebertran (Fischöl), die Leberwurst

der **Leb|ku|chen**, die Lebkuchen

das **Leck**, leck (undicht)

le|cken, sie leckte

le|cker, der Leckerbissen

das **Le|der**, ledern, die Lederhose, die Ledertasche

le|dig (unverheiratet)

le|dig|lich

leer, die Leere, leeren, der Leerlauf, leer laufen (das Fass)

le|gen, er legte

die **Le|gen|de**, die Legenden

die **Leg|gings**, auch: Leggins

der **Lehm**, der Lehmboden, lehmig

sich **leh|nen**, er lehnte sich an die Tür, die Lehne, die Lehnen, der Lehnstuhl

leh|ren [19], sie lehrte, die Lehre, der Lehrer, die Lehrerin, der Lehrling, das Lehrmädchen, die Lehrstelle

der **Leib** (Körper), die Leiber, aber: der Laib, das Leibgericht

die **Lei|che**, die Leichen, leichenblass, der Leichnam

leicht [36], die Leichtigkeit, leichtfertig

der **Leicht|sinn**, leichtsinnig

das **Leid**, es tut mir Leid, die Leiden

lei|den, du leidest, er litt, sie hat gelitten, das Leiden, zu Leide tun, auch: zuleide tun

die **Lei|den|schaft**, die Leidenschaften, leidenschaftlich

lei|der

lei|hen, du leihst, er lieh, sie hat geliehen, die Leihbücherei, leihweise

der **Leim**, leimen

die **Lei|ne**, die Leinen

das **Lei|nen**, die Leinwand

lei|se [35]

die **Leis|te**, die Leisten (1. Teil des Bauches, 2. Holzleiste), der Leistenbruch

leis|ten, er leistete sich etwas, die Leistung

lei|ten, er leitete, der Leiter, die Leiterin, die Leitung

die **Lei|ter**, die Leitern

die **Lek|ti|on**, die Lektionen

len|ken, er lenkte, der Lenker, das Lenkrad, die Lenkung

der **Le|o|pard**, die Leoparden

die **Ler|che** (Vogel), die Lerchen [58]

ler|nen, sie lernte, kennen lernen [6]

le|sen, du liest, er las, sie hat gelesen, lesbar, das Lesebuch, lesenswert, leserlich, der Leser, die Leserin

letz|te, der Letzte, die Letzte, das letzte Mal [4], bis ins Letzte

leuch|ten, sie leuchtete, leuchtend rot, der Leuchter, der Leuchtturm

leug|nen, er leugnete

die **Leu|te**, leutselig

das **Le|xi|kon**, die Lexika

die **Li|bel|le**, die Libellen

das **Licht**, die Lichter, lichterloh, die Lichtreklame

die **Lich|tung**, die Lichtungen

das **Lid** (Augendeckel), die Lider, der Lidschatten
die **Liebe**, die Liebhaberei, der Liebling
lieben, sie liebte, lieb haben, liebenswürdig, liebevoll, lieblich, lieblos
lieber
das **Lied**, die Lieder, das Liederbuch
liederlich
liefern, sie lieferte, die Lieferung, der Lieferwagen
liegen, du liegst, er lag, sie hat gelegen, liegen lassen [6], die Liege, der Liegestuhl, die Liegestütze
der **Lift**, die Lifte, auch: Lifts
lila, lilafarben
die **Lilie**, die Lilien
die **Limonade**, die Limonaden
die **Linde**, die Linden, die Lindenblüte
lindern, er linderte, die Linderung
das **Lineal**, die Lineale
die **Linie**, die Linien, linieren, liniert
links, linkisch, der Linkshänder, die Linkshänderin
das **Linoleum**
die **Linse**, die Linsen
die **Lippe**, die Lippen, der Lippenstift
lispeln, er lispelte
die **List**, die Listen, listig
die **Liste**, die Listen
der / das **Liter** (l), die Liter
die **Literatur**
die **Litfaßsäule**
live (direkt übertragen), die Livesendung
loben, sie lobte, das Lob
das **Loch**, die Löcher, lochen, löcherig, auch: löchrig
die **Locke**, die Locken, lockig
locken, er lockte
locker, lockern
der **Loden**, der Lodenmantel
lodern, das Feuer loderte
der **Löffel** [58], die Löffel, löffeln, löffelweise
die **Logik**, logisch
der **Lohn**, die Löhne, sich lohnen, der Lohnzettel
die **Loipe**, die Loipen
die **Lok**, die Lokomotive, der Lokführer, die Lokführerin
das **Lokal**, die Lokale, lokal
los, losgehen, losfahren
das **Los**, die Lose, der Losverkäufer, die Losverkäuferin
löschen, sie löschte, das Löschblatt, das Löschpapier
lose
losen, er loste, verlosen
lösen, sie löste, die Lösung
das **Lot**, die Lote
löten, er lötete, der Lötkolben
der **Lotse**, die Lotsen, lotsen
die **Lotterie**, die Lotterien, das Lotto, der Lottogewinn
der **Löwe**, die Löwen, die Löwin, der Löwenkäfig
der **Löwenzahn**
der **Luchs**, die Luchse
die **Lücke**, die Lücken, lückenlos
die **Luft**, die Lüfte, der Luftballon, der Luftdruck, luftdicht, luftig, die Luftpumpe, die Luftröhre, die Luftverschmutzung
lüften, er lüftete, die Lüftung
lügen, du lügst, er log, sie hat gelogen, die Lüge, der Lügner, die Lügnerin

die **Lu|ke**, die Luken
der **Lüm|mel**, die Lümmel, sich lümmeln
der **Lump** (schlechter Mensch), die Lumpen, lumpig
der **Lum|pen** (Lappen), die Lumpen, der Lumpenhändler
die **Lun|ge**, die Lungen, die Lungenentzündung, lungenkrank
lun|gern, er lungerte
die **Lu|pe**, die Lupen, lupenrein
die **Lu|pi|ne**
der **Lurch**, die Lurche
die **Lust**, die Lüste
lüs|tern
lus|tig, lustlos
lut|schen, er lutschte, der Lutscher
Lu|xem|burg, luxemburgisch
der **Lu|xus**, luxuriös

M

ma|chen, er machte, die Abmachung
die **Macht**, die Mächte, mächtig, machtlos
das **Mäd|chen**, die Mädchen, das Mädel, die Mädel
die **Ma|de**, die Maden, madig
die **Ma|don|na**, die Madonnen
ich **mag** (Grundform: mögen)
die **Magd**, die Mägde
der **Ma|gen**, die Mägen, auch: Magen
ma|ger, die Magermilch, der Magerquark
die **Ma|gie** (Zauberkunst), der Magier
der **Mag|net**, die Magnete, magnetisch
mä|hen, er mähte, der Mähdrescher, der Mäher
das **Mahl**, die Mähler, auch: die Mahle, die Mahlzeit
mah|len, sie mahlte das Korn
die **Mäh|ne**, die Mähnen
mah|nen, er mahnte, die Mahnung
der **Mai**, das Maiglöckchen, der Maikäfer
der **Mais**, der Maiskolben
die **Ma|jes|tät**, die Majestäten
die **Ma|jo|nä|se**, auch: Mayonnaise, die Majonäsen
der **Ma|kel**, die Makel, makellos
das **Make-up** (Gesichtskosmetik)
die **Mak|ka|ro|ni**
der **Mak|ler**, die Makler, die Maklerin
die **Ma|kre|le**, die Makrelen
mal, komm mal!
das **Mal**, die Male, das letzte Mal, mehrere Mal(e), von Mal zu Mal [4]
ma|len, er malte, der Maler, die Malerin, malerisch, das Gemälde
das **Malz**, das Malzbier
die **Ma|ma**, die Mamas
das **Mam|mut**, die Mammuts
man, man sagt
manch, mancher, manche, manch schöne Stunde
manch|mal, mancherlei
die **Man|da|ri|ne**, die Mandarinen
die **Man|del**, die Mandeln
die **Ma|ne|ge**, die Manegen
der **Man|gel** (Fehler), die Mängel, mangelhaft
die **Man|gel** (Wäscheglättmaschine), die Mangeln, mangeln

A B C D E F G H I J K L M N O P Q R S T U V W X Y Z

A B C D E F G H I J K L M N O P Q R S T U V W X Y Z

der **Mann**, die Männer, männlich, mannshoch
man|nig|fach, mannigfaltig
die **Mann|schaft**, die Mannschaften
der **Man|tel**, die Mäntel, der Mantelknopf
die **Map|pe**, die Mappen, das Mäppchen
das **Mär|chen**, die Märchen, das Märchenbuch, die Märchenerzählerin, märchenhaft
der **Mar|der**, die Marder
die **Mar|ga|ri|ne**
die **Mar|ge|ri|te**, die Margeriten
der **Ma|ri|en|kä|fer**, die Marienkäfer
die **Ma|ri|ne**, marineblau, die Marineuniform
die **Ma|ri|o|net|te**, die Marionetten, das Marionettentheater
die **Mark**, die Deutsche Mark (DM), das Markstück
das **Mark** (in Knochen und Pflanzenstielen)
die **Mark** (Grenzland), die Marken, der Markgraf
die **Mar|ke**, die Marken, die Briefmarke
mar|kie|ren, er markierte, die Markierung
die **Mar|ki|se**, die Markisen
der **Markt**, die Märkte, der Marktplatz
die **Mar|me|la|de**, die Marmeladen, das Marmeladenglas
der **Mar|mor**, die Marmorplatte
der **Mars**
der **Marsch**, die Märsche, marschieren
der **Mar|ter|pfahl**, die Marterpfähle
der **März**, der Märzenbecher
das **Mar|zi|pan**, die Marzipankugel
die **Ma|sche**, die Maschen, der Maschendraht
die **Ma|schi|ne**, die Maschinen, der Maschinist, Maschine schreiben [5]
die **Ma|sern**
die **Mas|ke**, die Masken, maskieren, der Maskenball, die Maskerade
das **Maß**, die Maße, Maß halten, maßlos, maßvoll
die **Mas|se**, die Massen, massenhaft, massig
mas|sie|ren, sie massierte, die Massage
mä|ßig, die Mäßigkeit
mas|siv (schwer, voll, fest)
die **Maß|nah|me**, die Maßnahmen
der **Maß|stab**, die Maßstäbe
der **Mast** (Holzstamm oder Stahlrohr), die Masten
die **Mast** (Mästung der Tiere), mästen, das Mastvieh
das **Match** (Spiel), die Matchs, auch: die Matche
das **Ma|te|ri|al**, die Materialien
die **Ma|the|ma|tik**, mathematisch
die **Ma|trat|ze** (Mat|rat|ze), die Matratzen
der **Mat|ro|se**, die Matrosen, der Matrosenanzug
der **Matsch**, matschig
matt
die **Mat|te**, die Matten
die **Mau|er**, die Mauern, mauern, der Maurer
das **Maul**, die Mäuler, maulen, maulfaul, der Maulkorb
das **Maul|tier**, die Maultiere
der **Maul|wurf**, die Maulwürfe, der Maulwurfshügel
die **Maus**, die Mäuse, das Mäuschen,

mäuschenstill, die Mausefalle, mausetot
der **Me|cha|ni|ker**, die Mechaniker, die Mechanikerin, mechanisch
me|ckern, er meckerte
Meck|len|burg-Vor|pom|mern
die **Me|dail|le**, die Medaillen, das Medaillon
das **Me|di|ka|ment**, die Medikamente
das **Me|di|um**, die Medien 56
die **Me|di|zin**, der Mediziner, die Medizinerin, medizinisch
das **Meer**, die Meere, die Meerenge, der Meeresspiegel, der Meerrettich
das / die **Meer|schwein|chen**
me|ga (groß), mega-out
das **Mehl**, mehlig, die Mehlspeise
mehr, mehrere, die Mehrheit, mehrmals, die Mehrzahl
mei|den, du meidest, er mied, sie hat gemieden
die **Mei|le**, die Meilen, meilenweit
mein, meinetwegen, das Meine, das Meinige
der **Mein|eid**, die Meineide
mei|nen, er meinte, die Meinung
die **Mei|se**, die Meisen, der Meisenring
der **Mei|ßel**, die Meißel, meißeln
meist, meistens, am meisten
der / die **Meis|ter**, die Meisterin, meisterlich, die Meisterschaft, das Meisterstück
mel|den, er meldete, die Meldung
mel|ken, du melkst, er molk, sie hat gemolken, der Melker, die Melkerin, die Melkmaschine
die **Me|lo|die**, die Melodien
die **Me|lo|ne**, die Melonen
das **Me|mo|ry**, die Memorys
die **Men|ge**, die Mengen
der **Mensch**, die Menschen, menschenleer, die Menschenrechte, die Menschheit, menschlich, die Menschlichkeit
das **Me|nu|ett** (Musikstück), die Menuette
mer|ken, er merkte, das Merkmal, merkwürdig
der **Mer|kur**
die **Mes|se** (Gottesdienst), die Messen
die **Mes|se** (Ausstellung), die Messen, das Messegelände
mes|sen, du misst, er maß, sie hat gemessen, das Messgerät
das **Mes|ser**, die Messer
das **Mes|sing**
das **Me|tall**, die Metalle, metallic, metallisch
das **Me|tal|lo|phon**, auch: Metallofon (Musikinstrument), die Metallophone
der **Me|te|or**, die Meteore
die **Me|te|o|ro|lo|gie**, der Meteorologe, die Meteorologin
der / das **Me|ter** (m), die Meter, meterlang, das Metermaß
die **Me|tho|de**, die Methoden, methodisch
die **Mett|wurst**, die Mettwürste
der **Metz|ger**, die Metzger, die Metzgerin, die Metzgerei
die **Meu|te**, die Meuten, meutern, die Meuterei, der Meuterer
mi|au|en, die Katze miaut
mich
die **Mi|cky|maus**
der **Mief**

die **Mie|ne**, die Mienen, das Mienenspiel
die **Mie|te**, die Mieten, mieten, der Mieter, die Mieterin
das **Mi|kro|fon** (Mik|ro|fon), auch: das Mikrophon, die Mikrofone
das **Mi|kro|skop** (Mik|ro|skop), die Mikroskope, mikroskopieren
die **Milch**, milchig, die Milchstraße, der Milchzahn
mild, die Milde, mildern, mildtätig
die **Mil|li|ar|de** (Md., Mrd.), die Milliarden
das **Mil|li|gramm** (mg)
der / das **Mil|li|me|ter** (mm), die Millimeter
die **Mil|li|on** (Mil., Mio.), die Millionen, der Millionär, die Millionärin
die **Milz**
min|der, die Minderheit, minderjährig, minderwertig
min|des|tens
die **Mi|ne**, die Minen (1. Bleistiftmine, 2. Bergwerk, 3. Sprengkörper) aber: die Miene
das **Mi|ne|ral**, die Minerale, das Mineralwasser
mi|ni, das Minigolf, minimal, der Minirock
der **Mi|nis|ter**, die Minister, die Ministerin
der **Mi|nis|trant**, die Ministranten, die Ministrantin
mi|nus, das Minuszeichen
die **Mi|nu|te**, die Minuten, minutenlang
mir, mir nichts - dir nichts
mi|schen, er mischte, der Mischmasch, die Mischmaschine, die Mischung, das Gemisch
mi|se|ra|bel
die **Miss|ach|tung**, die Missachtungen, missachten
der **Miss|brauch**, die Missbräuche, missbrauchen
der **Miss|er|folg**, die Misserfolge
das **Miss|ge|schick**, die Missgeschicke
die **Miss|gunst**
miss|han|deln, die Misshandlung
der **Mis|si|o|nar**, die Missionarin
miss|mu|tig, der Missmut
er **misst** (Grundform: messen)
miss|trau|en, das Misstrauen
das **Miss|ver|ständ|nis**, missverstehen
der **Mist**, misten
mit, mit der Zeit
die **Mit|ar|beit**, der Mitarbeiter, die Mitarbeiterin, mitarbeiten
der / die **Mit|bür|ger**, die Mitbürgerin
mit|ei|nan|der (mit|ein|an|der)
mit|fah|ren, der Mitfahrer, die Mitfahrerin
das **Mit|ge|fühl**, mitfühlen
das **Mit|glied**, die Mitglieder
mit|hel|fen, die Mithilfe
der **Mit|laut** (Konsonant), die Mitlaute
das **Mit|leid**, mitleidig
der **Mit|mensch**, mitmenschlich
der / die **Mit|schü|ler**, die Mitschülerin
der **Mit|tag**, die Mittage, am Mittag, heute Mittag, mittags [2], das Mittagessen
die **Mit|te**, das Mittelalter, das Mittelmeer, der Mittelpunkt, mitten, mittendrin
mit|tei|len, sie teilte mit, mitteilsam, die Mitteilung
das **Mit|tel**, die Mittel, mittellos
das **Mit|tel|maß**, mittelmäßig

die **Mitternacht**
mittlerweile
der **Mittwoch**, mittwochs [1]
mitunter
der / die **Mitwisser**, die Mitwisserin
mixen, er mixte, der Mixer
das / die **Möbel**, möblieren, das Möbelgeschäft
die **Mode**, die Moden, die Modenschau, modisch
das **Modell**, die Modelle, modellieren
der **Moder**, modern (faulen, verrotten)
modern (zeitgemäß), die Modernisierung
das **Mofa**, die Mofas
mogeln, er mogelte, die Mogelei
mögen, du magst, er mochte, sie hat gemocht
möglich, möglicherweise, die Möglichkeit, möglichst alles Mögliche
der **Mohn**, die Mohnblume
die **Möhre** (Karotte), die Möhren, die Mohrrübe
der **Molch**, die Molche
die **Mole**, die Molen
die **Molkerei**, die Molkereien
mollig (angenehm warm)
der **Moment**, die Momente, momentan
der **Monat**, die Monate, monatelang, monatlich, aber: mehrere Monate lang
der **Mönch**, die Mönche
der **Mond**, die Monde, die Mondfinsternis mondhell, mondsüchtig
der **Monitor** (Bildschirm), die Monitore
das / die **Monster**
der **Montag**, die Montage, am Montag, montags [1]
der **Monteur**, die Monteure, die Montage, montieren
das **Moor**, die Moore, das Moorbad, moorig, die Moorpackung
das **Moos**, die Moose, moosig
das **Moped**, die Mopeds, der Mopedfahrer, die Mopedfahrerin
der **Mopp** (Staubbesen)
die **Moral**, moralisch
der **Morast**, morastig
der **Mord**, die Morde, morden, der Mörder, die Mörderin, ein Mordshunger
der **Morgen**, die Morgen, heute Morgen, eines Morgens, morgen, morgens [2]
morsch (brüchig)
der **Mörtel**
das **Mosaik**, die Mosaiken
die **Moschee**, die Moscheen
der **Moslem**, die Moslems
der **Most**, die Moste
das **Motel**, die Motels
der **Motor**, die Motoren, das Motorboot, das Motorrad
die **Motte**, die Motten, das Mottenpulver
das **Mountainbike**, die Mountainbikes
die **Möwe**, die Möwen
die **Mücke**, die Mücken, der Mückenstich
müde, die Müdigkeit
die **Mühe**, die Mühen, mühelos, sich mühen, mühsam
die **Mühle** [58], die Mühlen
die **Mulde** (flache Vertiefung), die Mulden
der **Müll** [57], die Müllabfuhr, das Müllauto, der Müllcontainer, die Mülldeponie, der Mülleimer
die **Mullbinde**, die Mullbinden

A B C D E F G H I J K L M N O P Q R S T U V W X Y Z

der **Mül|ler**, die Müller, die Müllerin
mul|ti|pli|zie|ren, sie multiplizierte, die Multiplikation
die **Mu|mie**, die Mumien
der / die **Mumps**
der **Mund**, die Münder, mündlich
die **Mün|dung**, die Mündungen, münden
mun|keln, er munkelte
mun|ter, die Munterkeit
die **Mün|ze**, die Münzen
mür|be, der Mürbeteig
die **Mur|mel**, die Murmeln
mur|meln, es murmelte
das **Mur|mel|tier**, die Murmeltiere
mur|ren, er murrte, mürrisch
das / der **Mus**
die **Mu|schel**, die Muscheln
das **Mu|se|um**, die Museen
das **Mu|si|cal**, die Musicals
die **Mu|sik**, musikalisch, der Musikant, die Musikantin, der Musiker, die Musikerin, das Musikinstrument, die Musikkapelle, die Musikschule, musizieren
der **Mus|kel**, die Muskeln, muskulös
das **Müs|li**, die Müsli
sich **muss** (Grundform: müssen)
die **Mu|ße**, müßig, der Müßiggang
müs|sen, er musste
das **Mus|ter**, die Muster, mustern, musterhaft, mustergültig
der **Mut**, mutig, mutlos, die Mutprobe, mutwillig
die **Mut|ter**, die Mütter 58, mütterlich, die Muttersprache, der Muttertag, Mutti
die **Mut|ter** (Schraube), die Muttern
mut|wil|lig
die **Müt|ze**, die Mützen, die Pudelmütze
die **Myr|rhe** (aromatisches Harz), auch: die Myrre

N

die **Na|be** (Mittelteil des Rades), die Naben
der **Na|bel**, die Nabel, die Nabelschnur
nach, nach und nach
nach|ah|men, er ahmte nach
der **Nach|bar**, die Nachbarn, die Nachbarin, die Nachbarschaft, nachbarlich
je **nach|dem**
nach|den|ken, nachdenklich
nach|ei|nan|der (nach|ein|an|der)
die **Nach|er|zäh|lung**, die Nacherzählungen
der **Nach|fol|ger**, die Nachfolger, die Nachfolgerin
nach|ge|ben, nachgiebig, die Nachgiebigkeit
der **Nach|hau|se|weg**, nach Hause gehen
nach|her, im Nachhinein
die **Nach|hil|fe**
der **Nach|kom|me**, die Nachkommen
nach|läs|sig, die Nachlässigkeit
der **Nach|lass**, die Nachlässe
der **Nach|mit|tag**, die Nachmittage, nachmittags, morgen Nachmittag 2
die **Nach|nah|me** (etwas per Nachnahme bestellen, d. h. bei Übernahme der Sendung die Rechnung bezahlen)
der **Nach|na|me** (Familienname), die Nachnamen

die **Nach|richt**, die Nachrichten, benachrichtigen
nach|schla|gen, das Nachschlagewerk
die **Nach|sicht**, nachsichtig
die **Nach|sil|be**, die Nachsilben
die **Nach|spei|se**, die Nachspeisen
nächst, der nächste Tag, der Nächste, die Nächsten, nächstens, als Nächstes
der **Nächs|te** (Mitmensch), die Nächstenliebe
die **Nacht**, die Nächte, heute Nacht, nächtelang, nächtigen, nächtlich, nachts [2]
der **Nach|teil**,die Nachteile, nachteilig
die **Nach|ti|gall**, die Nachtigallen
der **Nach|tisch**, die Nachtische
der **Nach|trag**, die Nachträge, nachträglich
der **Nacht|tisch** (am Bett), die Nachttische, die Nachttischlampe
der **Nach|wuchs**, nachwachsen
die **Nach|zah|lung**, die Nachzahlungen, nachzahlen
der **Nach|züg|ler**, die Nachzügler
der **Na|cken**, die Nacken
nackt, die Nacktheit
die **Na|del**, die Nadeln, der Nadelbaum, nadeln, das Nadelöhr
der **Na|gel** [58], die Nägel, der Nagellack, nageln, nagelneu
na|gen, er nagte, das Nagetier
nah, nahe, die Nähe, nahe bringen, sich nähern, nahezu
nä|hen, sie nähte, die Näherin, die Nähmaschine, die Nähnadel
die **Nah|rung** [45], nähren, nahrhaft, das Nahrungsmittel, der Nährwert
die **Naht**, die Nähte, nahtlos
na|iv (leichtgläubig)
der **Na|me**, die Namen, der Namenstag, namentlich, das Namenwort
näm|lich
der **Napf**, die Näpfe
die **Nar|be**, die Narben
die **Nar|ko|se**, die Narkosen
der **Narr**, die Narren, die Närrin, närrisch
die **Nar|zis|se**, die Narzissen
na|schen, er naschte, die Nascherei, naschhaft, die Naschkatze
die **Na|se**, die Nasen, das Nasenbluten, naseweis, das Nashorn
nass, nässen, die Nässe, nasskalt
die **Na|ti|on**, die Nationen, national, die Nationalhymne
die **Nat|ter**, die Nattern
die **Na|tur**, natürlich
der **Ne|bel**, die Nebel, nebelig, auch: neblig, der Nebelscheinwerfer
ne|ben, nebenan, nebeneinander legen, die Nebensache, nebensächlich
das **Ne|ces|saire**, auch: Nessessär
ne|cken, sie neckte, die Neckerei, neckisch
der **Nef|fe**, die Neffen
ne|ga|tiv, das Negativ
neh|men [20], du nimmst, er nahm, sie hat genommen
der **Neid**, neiden, er neidete, neidisch, neidlos
die **Nei|ge**, neigen, die Neigung
nein, Nein sagen,

A B C D E F G H I J K L M N O P Q R S T U V W X Y Z

A B C D E F G H I J K L M N O P Q R S T U V W X Y Z

auch: nein sagen, mit Nein antworten

die **Nel|ke**, die Nelken

nen|nen, du nennst, er nannte, sie hat genannt, nennenswert, der Nenner

das **Ne|on**, das Neonlicht, die Neonröhre

der **Nep|tun**

der **Nerv**, die Nerven, nervös

das **Nest**, die Nester

nett, netterweise

net|to

das **Netz**, die Netze, die Netzkarte

neu, etwas Neues, neuerdings, die Neuheit, die Neuigkeit [10]

die **Neu|gier**, die Neugierde, neugierig

das **Neu|jahr**

neu|lich

neun, neunzehn, neunzig, die Neun, neunmal, der Neuner, der Neunte

neu|tral, die Neutralität

nicht, gar nicht

die **Nich|te**, die Nichten

nichts, gar nichts, nichts Neues, nichts sagend

der **Nicht|schwim|mer**, die Nichtschwimmer

ni|cken, er nickte

der **Ni|cki** (Pullover), die Nickis

nie, nie mehr, nie wieder

nie|der, die Niederlage, die Niederung

die **Nie|der|lan|de**, niederländisch

Nie|der|sach|sen, niedersächsisch

der **Nie|der|schlag**, die Niederschläge

die **Nie|der|tracht** (Gemeinheit), niederträchtig

nied|lich

nied|rig

nie|mals

nie|mand

die **Nie|re**, die Nieren, nierenkrank

nie|seln, es nieselte, der Nieselregen

nie|sen, er nieste, das Niespulver

die **Nie|te**, die Nieten (1. Los ohne Gewinn, 2. Metallstift), nieten

der **Ni|ko|laus**, die Nikolause, auch: die Nikoläuse, der Nikolaustag

das **Ni|ko|tin** (Gift im Tabak)

das **Nil|pferd**, die Nilpferde

nim|mer, nimmermehr, der Nimmersatt

nip|pen, er nippte

nir|gends, nirgendwo

die **Ni|sche**, die Nischen

die **Nis|se** (Ei der Laus), die Nissen

nis|ten, er nistete, der Nistkasten

die **Ni|xe**, die Nixen

noch, noch einmal, nochmal, nochmals [4]

das **No|men** (Hauptwort, Namenwort), die Nomen

der **No|mi|na|tiv** (1. Fall, Werfall)

die **Non|ne**, die Nonnen, das Nonnenkloster

der **Nor|den**, nördlich, der Nordpol, die Nordsee, der Nordwind

Nord|rhein-West|fa|len, nordrhein-westfälisch

nör|geln, er nörgelte, die Nörgelei

nor|mal

Nor|we|gen, norwegisch

die **Not**, die Nöte, der Notarzt, der Notausgang, die Notbremse, notdürftig, der Notfall, die Notlandung,

Not leiden, die Notlüge
der **No|tar**, die Notare
die **No|te**, die Noten
(1. Tonzeichen in der Musik,
2. Zensur in der Schule, 3. Banknote)
no|tie|ren, ich notierte
nö|tig
die **No|tiz**, die Notizen,
der Notizblock, das Notizbuch
not|wen|dig, die Notwendigkeit
der **No|vem|ber**,
das Novemberwetter
im **Nu**
nüch|tern
die **Nu|del**, die Nudeln,
das Nudelbrett
null, die Null, die Nullen,
null Fehler, null Grad
die **Num|mer**, die Nummern,
nummerieren,
die Nummerierung
nun, von nun an
nun|mehr
nur
die **Nuss**, die Nüsse, nussbraun,
der Nussknacker,
die Nussschale
die **Nüs|ter**, die Nüstern
nut|zen, wir nutzen es aus,
der Nutzen, zu Nutze machen,
nutzlos, auch: zunutze machen
nüt|zen, es nützt nichts, nützlich
das **Ny|lon** (Kunstfaser),
der Nylonstrumpf

O

die **O|a|se**, die Oasen
ob, obgleich
die **O|bacht** (Ob|acht),
Obacht geben
die **O-Bei|ne**
o|ben, nach oben, obenauf,
oben liegen,
das oben Erwähnte
der **O|ber** (Kellner), die Ober
die **O|ber|flä|che**, die Oberflächen,
oberflächlich
das **O|ber|haupt**, die Oberhäupter
das **O|ber|licht**, die Oberlichter
das **O|ber|teil**, die Oberteile
das **Ob|jekt** (Gegenstand), die Objekte
ob|jek|tiv (sachlich)
die **Ob|la|te**, die Oblaten
die **O|boe** (Blasinstrument),
die Oboen
das **Obst**, der Obstbaum,
der Obstgarten,
der Obstsaft,
der Obstsalat
ob|wohl
der **Och|se**, die Ochsen
o|cker|gelb
öd, auch: öde
o|der, ich oder du
der **O|fen**, die Öfen, das Ofenrohr
of|fen, offenbar, offen bleiben,
offen halten, die Offenheit,
offensichtlich, offen stehen
öf|fent|lich, die Öffentlichkeit
der **Of|fi|zier**, die Offiziere
öff|nen, er öffnete,
die Öffnung, die Öffnungszeit
oft, öfter, öfters, des Öfteren,
oftmalig, oftmals
oh|ne, ohnedies, ohne weiteres
die **Ohn|macht**, die Ohnmachten,
ohnmächtig
das **Ohr**, die Ohren,
ohrenbetäubend,
die Ohrenschmerzen,
die Ohrfeige, der Ohrwurm
o|kay, (o. k.), auch: O. K.
die **Ö|ko|lo|gie**, ökologisch
der **Ok|to|ber**, der Oktobertag

das **Öl**, die Öle, ölen, die Ölfarbe, die Ölheizung, ölig
die **O|li|ve**, die Oliven
die **O|lym|pi|a|de**, die Olympiaden, die Olympischen Spiele
die **O|ma**, die Omas, Omi
das **O|me|lett**, die Omelette, auch: die Omeletts
der **Om|ni|bus**, die Omnibusse
der **On|kel**, die Onkel, auch: Onkels
der **O|pa**, die Opas, Opi
die **O|per**, die Opern, der Opernball
O|pen|air, auch: Open Air (Konzert unter freiem Himmel)
die **O|pe|ra|ti|on**,die Operationen, der Operationssaal, operieren
die **O|pe|ret|te**, die Operetten
das **Op|fer**, die Opfer, opfern
die **Op|tik**, der Optiker, die Optikerin
op|ti|mal (sehr gut)
der **Op|ti|mis|mus**, der Optimist, optimistisch
o|ran|ge (Farbe)
die **O|ran|ge**, die Orangen
der **O|rang-U|tan**, die Orang-Utans
das **Or|ches|ter**, die Orchester, das Orchesterkonzert
der **Or|den**, die Orden (1. Auszeichnung, 2. kirchliche Vereinigung)
or|dent|lich
ord|nen, er ordnete, die Ordnung, ordnungsgemäß
das **Or|gan**, die Organe
die **Or|ga|ni|sa|ti|on**, die Organisationen, organisieren
die **Or|gel**, die Orgeln, der Organist, die Organistin, das Orgelkonzert
der **O|ri|ent**, orientalisch
sich **o|ri|en|tie|ren**, sie orientierte sich, die Orientierung
das **O|ri|gi|nal**, die Originale, original (ursprünglich, echt), originell (neuartig, einzigartig)
der **Or|kan**, die Orkane, orkanartig
der **Ort**, die Orte, örtlich, die Ortschaft
die **Or|tho|gra|phie**, auch: Orthografie (Rechtschreibung)
die **Ö|se** (kleiner Metallring), die Ösen
der **Os|ten**, östlich, der Ostwind
Os|tern, das Osterei, das Osterfest, österlich
Ös|ter|reich, österreichisch
die **Ost|see**
o|val
der **O|ze|an**, die Ozeane
der / das **O|zon**, das Ozonloch, die Ozonschicht, der Ozonwert

P

ein **paar** Äpfel, ein paarmal
das **Paar**, ein Paar Schuhe, die Paare, das Pärchen, paarweise
die **Pacht**, die Pachten, pachten, der Pächter
pa|cken, er packte, das Päckchen, der Packen, der Packer, die Packerin, das Packpapier, die Packung
das **Pad|del**, die Paddel, paddeln, das Paddelboot, der Paddler
das **Pa|ket**, die Pakete
der **Pa|last**, die Paläste
das **Pa|la|ver** (endloses Gerede), die Palaver, palavern
die **Pal|me**, die Palmen,

der Palmsonntag
die **Pampelmuse**, die Pampelmusen
panieren, er panierte, das Paniermehl
die **Panik**, panisch
die **Panne**, die Pannen, das Pannendreieck, die Pannenhilfe
der / die **Panther**, auch: der Panter
der **Pantoffel**, die Pantoffeln
die **Pantomime** (Darstellung von Szenen ohne Worte), die Pantomimen
der **Panzer**, die Panzer (1. feste schützende Hülle, 2. Kriegsfahrzeug)
der **Papa**, die Papas, Papi
der **Papagei**, die Papageien
das **Papier**, die Papiere, das Papiergeld, der Papierkorb
die **Pappe**, die Pappen, der Pappendeckel, Pappmaschee, auch: Pappmaché
die **Pappel**, die Pappeln, die Pappelallee
pappig, der Pappschnee
der **Paprika**, die Paprikas
der **Papst**, die Päpste, päpstlich
die **Parade**, die Paraden
das **Paradies**, die Paradiese, paradiesisch
der **Paragraph** (Teil eines Gesetzes), auch: Paragraf, die Paragraphen
parallel (parallel), die Parallele
der **Parasit**, die Parasiten
der **Parcours** (Hindernisbahn)
das **Parfüm**, die Parfüms, die Parfümerie, parfümieren
parieren (gehorchen), er parierte
der **Park**, die Parks, die Parkanlage, die Parkbank
der **Parka**, die Parkas
parken, sie parkte, der Parkplatz, die Parkuhr, das Parkverbot
das **Parkett**, die Parkette, der Parkettboden
das **Parlament**, die Parlamente
die **Parole**, die Parolen
die **Partei**, die Parteien, das Parteibuch, parteiisch
das **Parterre** (Erdgeschoss)
der **Partner**, die Partner, die Partnerin, die Partnerarbeit
die **Party**, die Partys
der **Pass** 58, die Pässe (1. Personalausweis, 2. Bergübergang), das Passbild, die Passstraße
die **Passage** (Durchgang), die Passagen
der **Passagier**, die Passagiere
der **Passant**, die Passanten
passen, es passte, passend
passieren, es passierte
passiv (untätig)
die **Paste**, die Pasten
die **Pastete**, die Pasteten
der **Pastor**, die Pastoren, die Pastorin
der **Pate**, die Paten, die Patin, das Patenkind
das **Patent**, die Patente, ein patenter Kerl
der **Pater**, die Pater, auch: Patres
der **Patient**, die Patienten, die Patientin
die **Patrone**, die Patronen
der **Patzer**, die Patzer
die **Pauke**, die Pauken, pauken, der Paukenschlag
die **Pause**, die Pausen, pausenlos, pausieren
pausen, sie pauste, das Pauspapier

der **Pavian**, die Paviane
der **PC** (Personalcomputer), die PCs
das **Pech** (schwarze, teerige Masse), pechschwarz
das **Pech** (Unglück), der Pechvogel
das **Pedal** (Fußhebel), die Pedale
der **Pegel**, der Pegelstand
die **Pein**, peinigen, der Peiniger, peinlich
die **Peitsche**, die Peitschen, peitschen, der Peitschenstiel
die **Pelle**, die Pellen, pellen, die Pellkartoffel
der **Pelz**, die Pelze, der Pelzkragen, der Pelzmantel, die Pelzmütze, pelzig
das **Pendel**, die Pendel, pendeln, die Pendeluhr, der Pendler
der **Penis**, die Penisse
die **Pension**, die Pensionen (1. in Ruhestand, 2. kleineres Hotel)
perfekt
das **Pergament**, das Pergamentpapier
die **Periode** (Zeitraum), die Perioden
die **Perle**, die Perlen, perlen, es perlte, die Perlenkette
das **Perlon** (Kunstfaser), die Perlonstrümpfe
die **Person**, die Personen, das Personal, der Personalausweis, der Personenkraftwagen (Pkw oder: PKW), persönlich, die Persönlichkeit
die **Perücke**, die Perücken
die **Pest**
die **Petersilie**
das **Petroleum**, die Petroleumlampe
petzen, sie petzte

der **Pfad**, die Pfade, der Pfadfinder
der **Pfahl**, die Pfähle, der Pfahlbau, die Pfahlbauten
die **Pfalz**, die Pfalzen, der Pfalzgraf, pfälzisch
das **Pfand**, die Pfänder, die Pfandflasche, pfänden
die **Pfanne**, die Pfannen, der Pfannenstiel, der Pfannkuchen
der **Pfarrer**, die Pfarrer, die Pfarrerin, das Pfarramt, das Pfarrhaus, die Pfarrkirche
der **Pfau**, die Pfauen, das Pfauenauge, die Pfauenfeder
der **Pfeffer**, das Pfefferkorn, pfeffern
die **Pfefferminze**, der Pfefferminztee
die **Pfeife** [58], die Pfeifen, der Pfeifentabak, das Pfeifkonzert
pfeifen, du pfeifst, er pfiff, sie hat gepfiffen
der **Pfeil**, die Pfeile, pfeilschnell
der **Pfeiler**, die Pfeiler
der **Pfennig** (Pf), die Pfennige
das **Pferd**, die Pferde, die Pferdestärke (PS)
der **Pfiff**, die Pfiffe
der **Pfifferling** (Speisepilz), die Pfifferlinge
pfiffig (schlau)
Pfingsten, das Pfingstfest, der Pfingstsonntag
der **Pfirsich**, die Pfirsiche, der Pfirsichkern
die **Pflanze**, die Pflanzen, das Pflänzchen, pflanzen
das **Pflaster**, die Pflaster (1. Wundpflaster, 2. Steinpflaster),

pflastern, er pflasterte
die **Pflau|me**, die Pflaumen, das Pflaumenmus
pfle|gen, er pflegte, die Pflege, pflegebedürftig, die Pflegeeltern, das Pflegeheim, der Pfleger, die Pflegerin
die **Pflicht**, die Pflichten, pflichtbewusst, pflichteifrig, das Pflichtgefühl, pflichtvergessen
pflü|cken, sie pflückte
der **Pflug**, die Pflüge, pflügen, die Pflugschar
die **Pfor|te**, die Pforten, der Pförtner, die Pförtnerin
der **Pfos|ten**, die Pfosten
die **Pfo|te**, die Pfoten
der **Pfrop|fen**, die Pfropfen, pfropfen, aufpfropfen
pfui!
das **Pfund**, die Pfunde
pfu|schen, er pfuschte, der Pfuscher, die Pfuscherei
die **Pfüt|ze**, die Pfützen
die **Phan|ta|sie**, phantasieren, phantasievoll, phantastisch
der **Phi|lo|soph**, die Philosophie
das **Pho|to**, auch Foto, photographieren
die **Phy|sik**, physikalisch, der Physiker, die Physikerin
der **Pi|a|nist**, die Pianisten, die Pianistin
das **Pi|a|no** (Klavier), die Pianos
pi|a|no (leise)
der **Pi|ckel**, die Pickel (1. Hautpustel, 2. Arbeitsgerät im Bergbau)
pi|cken, sie pickte
das **Pick|nick**, die Picknicks, picknicken, der Picknickkorb
piek|fein (besonders fein)
piep|sen, der Vogel piepste, der Piepser
pi|kant
pik|ko|lo (klein), auch: piccolo
der **Pik|ko|lo** (Kellnerlehrling), die Pikkolos
der **Pil|ger**, die Pilger, die Pilgerfahrt, pilgern
die **Pil|le**, die Pillen
der **Pi|lot**, die Piloten, die Pilotin
der **Pilz**, die Pilze, das Pilzgericht
der **Pin|gu|in**, die Pinguine
pink (rosafarben)
die **Pinn|wand**, die Pinnwände
der **Pin|sel**, die Pinsel, pinseln
die **Pin|zet|te**, die Pinzetten
der **Pi|rat**, die Piraten, die Piratin, das Piratenschiff, die Piraterie
pir|schen, er pirschte, die Pirsch
die **Pis|te**, die Pisten
die **Pis|to|le**, die Pistolen, der Pistolenschuss
die **Piz|za**, die Pizzas, auch: Pizzen, die Pizzeria
die **Pla|ge**, die Plagen
sich **pla|gen**, sie plagte sich
das **Pla|kat**, die Plakate, plakatieren, die Plakatwand
die **Pla|ket|te**, die Plaketten
der **Plan**, die Pläne, planen, planlos, planvoll
die **Pla|ne** (Wagendecke), die Planen, der Planwagen
der **Pla|net**, die Planeten
pla|nie|ren, er planierte, die Planierraupe
die **Plan|ke**, die Planken
plan|schen, auch: plantschen, sie planschte, das Planschbecken
die **Plan|ta|ge**, die Plantagen

A B C D E F G H I J K L M N O P Q R S T U V W X Y Z

plap|pern, er plapperte
plär|ren, er plärrte
das **Plas|tik** (Kunststoff), die Plastiktüte
die **Plas|tik** (Werk eines Bildhauers), die Plastiken, plastisch (hervortretend)
das **Plas|ti|lin** (Knetmasse)
plät|schern, er plätscherte
platt, die Platte, die Platten, plätten, der Plattenspieler, die Plattform, der Plattfuß
der **Platz**, die Plätze, Platz nehmen, die Platzkarte, das Platzkonzert
plat|zen, er platzte, der Platzregen, die Platzwunde
plat|zie|ren, er platzierte
plau|dern, sie plauderte, die Plauderei
plau|schen, sie plauschte
plau|si|bel
das **Play-back**, auch: Playback
die **Plei|te**, die Pleiten, er ist pleite
die **Plom|be** (1. Versiegelung, 2. Zahnfüllung), die Plomben, plombieren
plötz|lich [42]
plump
plump|sen, er plumpste
der **Plun|der** (Kram)
plün|dern, er plünderte, der Plünderer, die Plünderung
der **Plu|ral** (Mehrzahl)
plus, der Pluspunkt
der **Plu|to**
po|chen, das Herz pochte
die **Po|cke**, die Pocken, die Pockenschutzimpfung
das **Po|dest**, das Podium
die **Po|e|sie**, das Poesiealbum, der Poet, die Poetin, poetisch
der **Po|kal**, die Pokale, das Pokalspiel
der **Pol**, die Pole, das Polarlicht, der Polarstern
Po|len, polnisch
po|lie|ren, sie polierte, die Politur
die **Po|li|tik**, der Politiker, die Politikerin, politisch
die **Po|li|zei**, das Polizeiauto, der Polizeifunk, polizeilich, der Polizist, die Polizistin
der **Pol|len**, die Pollen
das **Pols|ter**, die Polster, polstern
pol|tern, er polterte, der Polterabend
Pom|mern, pommerisch
die **Pommes frites**
das **Po|ny**, die Ponys (1. Pferdchen, 2. Frisur)
der **Pool**, die Pools
der **Pop**, die Popmusik
das **Pop|corn**
der **Po|po**, die Popos, der Po
po|pu|lär (beliebt)
die **Po|re**, die Poren, porentief, porös
das **Por|tal**, die Portale
der **Por|tier**, die Portiers
die **Por|ti|on**, die Portionen
das **Port|mo|nee** (Geldtasche), auch: das Portemonnaie, die Portmonees
das **Por|to**, die Porti, die Portos
das **Por|trät** (Port|rät), auch: Portrait, die Porträts
Por|tu|gal, portugiesisch
das **Por|zel|lan**, die Porzellane, das Porzellangeschirr
die **Po|sau|ne**, die Posaunen
po|si|tiv
die **Post** [53], das Postamt, der Postbote, die Postbotin, die Postkarte, die Postleitzahl

der **Pos|ten**, die Posten
das / der **Pos|ter**, die Poster, auch: Posters
die **Pracht**, prächtig, prachtvoll
das **Prä|di|kat** (Satzkern), die Prädikate
prä|gen, er prägte, die Prägung
prah|len, er prahlte, der Prahler, die Prahlerei
prak|tisch
die **Pra|li|ne**, die Pralinen
prall, prallvoll
die **Prä|po|si|ti|on** (Verhältniswort)
die **Prä|mie** (Belohnung), die Prämien
die **Pran|ke**, die Pranken
die **Prä|rie** (Grassteppe), die Prärien
das **Prä|sens** (Gegenwart)
der **Prä|si|dent**, die Präsidenten, die Präsidentin
pras|seln, es prasselte
pras|sen, er prasste
die **Pra|xis**, die Praxen
prä|zis, auch: präzise (genau)
pre|di|gen, er predigte, der Prediger, die Predigerin, die Predigt
der **Preis**, die Preise, das Preisausschreiben, das Preisrätsel, preiswert
die **Prei|sel|bee|re**, die Preiselbeeren
prei|sen, du preist, er pries, sie hat gepriesen
prel|len (1. sich stoßen, 2. betrügen), er prellte, der Prellball, die Prellung
die **Pre|mi|e|re**, die Premieren
die **Pres|se** (Zeitungswesen)
pres|sen (zusammendrücken), du presst, er presste, die Presse
pri|ckeln, es prickelte, prickelnd

der **Pries|ter**, die Priester, die Priesterin, die Priesterweihe
pri|ma
die **Pri|mel**, die Primeln
pri|mi|tiv
der **Prinz**, die Prinzen, die Prinzessin
die **Pri|se**, eine Prise Salz, die Prisen
pri|vat, die Privatschule
die **Pro|be**, die Proben, die Probefahrt, proben, probieren
das **Prob|lem**, die Probleme, problemlos
das **Pro|dukt**, die Produkte, die Produktion, der Produzent, produzieren
der **Pro|fes|sor**, die Professoren, die Professorin
der **Pro|fi**, die Profis
das **Pro|gramm**, die Programme, das Programmheft, programmieren, die Programmierung
das **Pro|jekt**, die Projekte, der Projektor, projizieren
die **Pro|me|na|de**, die Promenaden
prompt
das **Pro|no|men** (Fürwort), die Pronomen
der **Pro|pel|ler**, die Propeller
der **Pro|phet**, die Propheten, prophezeien, die Prophezeiung
der **Pros|pekt**, die Prospekte
der **Pro|test**, die Proteste, protestieren
der **Pro|tes|tant**, die Protestanten, die Protestantin, protestantisch
die **Pro|the|se**, die Prothesen
das **Pro|to|koll**, die Protokolle, protokollieren

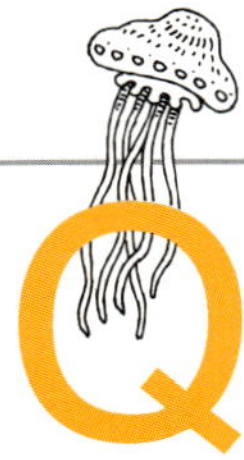

prot|zen, er protzte mit seiner Kraft, der Protz, protzig
der **Pro|vi|ant**
das **Pro|zent** (%), die Prozente
der **Pro|zess**, die Prozesse
die **Pro|zes|si|on**, die Prozessionen
prü|fen, sie prüfte, der Prüfling, die Prüfung
prü|geln, er prügelte, die Prügel, die Prügelei
der **Prunk**, prunken, prunkvoll
prus|ten, sie prustete
der **Psalm**, die Psalmen
die **Pu|ber|tät**
das **Pub|li|kum**
der **Pud|ding**, die Puddinge, auch: die Puddings, das Puddingpulver
der **Pu|del**, die Pudel, pudelnass, pudelwohl
der **Pu|der**, die Puderdose, pudern
der **Puf|fer**, die Puffer
der **Pul|li**, die Pullis
der **Pul|lo|ver**, die Pullover
der **Puls**, die Pulsader, pulsieren, der Pulsschlag
das **Pult**, die Pulte
das / die **Pul|ver**, das Pulverfass, pulverig, pulverisieren, der Pulverschnee
der **Pu|ma**, die Pumas
die **Pum|pe**, die Pumpen, pumpen
der **Punkt**, die Punkte, Punkt acht Uhr, pünktlich, die Pünktlichkeit
die **Pu|pil|le**, die Pupillen
die **Pup|pe**, die Puppen, das Puppenspiel, der Puppenwagen
der **Pur|pur**, purpurrot
pur|zeln, sie purzelte, der Purzelbaum
pus|ten, sie pustete, die Puste
der **Putz**, putzen, die Putzfrau, das Putzmittel
put|zig (drollig)
das **Puz|zle** (Puzz|le), die Puzzles
der **Py|ja|ma**, die Pyjamas
die **Py|ra|mi|de**, die Pyramiden

Q

der / die **Qua|der**
das **Quad|rat**, die Quadrate, quadratisch, der Quadratmeter
qua|ken, der Frosch quakte
die **Qual**, die Qualen, quälen, qualvoll
die **Qua|li|tät**, die Qualitäten
die **Qual|le**, die Quallen
der **Qualm**, qualmen
der **Quark** (Weißkäse), der Quarkkuchen, die Quarkspeise
das **Quar|tett**, die Quartette
das **Quar|tier**, die Quartiere
der **Quarz**, die Quarze, die Quarzuhr
quas|seln, er quasselte
die **Quas|te**, die Quasten
quat|schen, er quatschte, der Quatsch
das **Queck|sil|ber**
die **Quel|le**, die Quellen, das Quellwasser
quel|len, es quillt, es quoll, es ist gequollen
quen|geln, es quengelte, quengelig, auch: quenglig
quer, quer gestreift, querbeet, querfeldein, der Querschnitt
die **Quer|flö|te**, die Querflöten, Querflöte spielen [6]

quetschen, er quetschte, die Quetschung
quicklebendig
quieken, das Schwein quiekte
quietschen, es quietschte, quietschvergnügt
der **Quirl**, die Quirle, quirlen, quirlig
quitt, quittieren, die Quittung
die **Quitte**, die Quitten, quittengelb
das **Quiz**, die Quizfrage, der Quizmaster
der **Quotient** (Ergebnis einer Division), die Quotienten

R

der **Rabatt** (Preisnachlass), die Rabatte
der **Rabe**, die Raben, rabenschwarz
rabiat (wütend, grob)
die **Rache**, rächen, der Rächer, rachsüchtig
der **Rachen**, die Rachen, der Rachenkatarrh, auch: Rachenkatarr
das **Rad**, die Räder, Rad fahren 5, der Radfahrer, die Radfahrerin, die Radtour, der Radweg
der / das **Radar**, das Radargerät, die Radarkontrolle
der **Radau**
der **Rädelsführer**, die Rädelsführer
radieren, sie radierte, der Radierer, der Radiergummi
das **Radieschen**, die Radieschen
radikal (gründlich, rücksichtslos)
das **Radio**, die Radios
radioaktiv, die Radioaktivität
der **Radius** (Halbmesser), die Radien
raffiniert
ragen, es ragte
der **Rahm** (Sahne)
der **Rahmen**, die Rahmen, einrahmen
der **Rain**, die Raine
die **Rakete**, die Raketen
die **Rallye**, die Rallyes
rammen, er rammte
die **Rampe**, die Rampen, das Rampenlicht
der **Rand**, die Ränder, der Randstein, randvoll
die **Rangelei**, die Rangeleien
rangieren, er rangierte
die **Ranke**, die Ranken, ranken, sie rankte sich
der **Ranzen**, die Ranzen
ranzig
rapid (sehr schnell)
der **Rappe**, die Rappen
der **Raps**, das Rapsöl
rar, die Rarität
rasant
rasch
rascheln, es raschelte
rasen, sie raste, die Raserei
der **Rasen**, die Rasen, die Rasenfläche, der Rasenmäher
rasieren, er rasierte sich, der Rasierapparat, die Rasierklinge, das Rasiermesser, die Rasur
die **Raspel**, die Raspeln, raspeln
die **Rasse**, die Rassen
die **Rassel**, die Rasseln, rasseln
die **Rast**, rasten, rastlos, die Raststätte
die **Rate** (Teilzahlung), die Raten, ratenweise

ra|ten, du rätst, er riet, sie hat geraten, der Rat, ratlos, ratsam, der Ratschlag, Rat suchen, zu Rate ziehen
das **Rat|haus**, die Rathäuser
das **Rät|sel**, die Rätsel, rätselhaft, rätseln
die **Rat|te**, die Ratten, der Rattenfänger
rat|tern, sie ratterte
rau (1. nicht glatt, 2. grob), die Rauheit, der Raureif
der **Raub**, rauben, der Räuber, das Raubtier
der **Rauch**, rauchen, der Raucher, die Raucherin, räuchern, rauchig, das Rauchverbot
rau|fen, er raufte, der Raufbold, die Rauferei, rauflustig
der **Raum**, die Räume, räumen, die Raumfahrt, räumlich, das Raumschiff, die Räumung
die **Rau|pe**, die Raupen 58
raus (heraus), rauskommen
der **Rausch**, die Räusche, das Rauschgift
rau|schen, es rauschte
sich **räus|pern**, sie räusperte sich
die **Ra|vi|o|li** (Nudelgericht)
die **Raz|zia**, die Razzien
re|a|gie|ren, er reagierte, die Reaktion
re|al (wirklich), die Realität
die **Re|al|schu|le**, die Realschulen, der Realschüler, die Realschülerin
die **Re|be**, die Reben, der Rebensaft, die Reblaus, der Rebstock
der **Re|bell**, die Rebellen
das **Reb|huhn**, die Rebhühner
der **Re|chen** (Harke), die Rechen, rechen

rech|nen, er rechnete, die Rechenaufgabe, der Rechenfehler, die Rechenmaschine, der Rechner, die Rechnung
recht, das ist mir recht, das geschieht dir recht
das **Recht**, die Rechte, Recht haben, im Recht sein, Recht sprechen, zu Recht, der Rechtsanwalt, die Rechtsanwältin
das **Recht|eck**, die Rechtecke, rechteckig, rechtwinklig
rechts, der Rechtsabbieger
recht|schrei|ben, der Rechtschreibfehler, die Rechtschreibung
recht|zei|tig
das **Reck**, die Recks, auch: die Recke
re|cken, er reckte sich
der **Re|cor|der**, auch: Rekorder
das **Re|cyc|ling** (Wiederverwertung), recyceln
re|den, sie redete, die Rede, die Redensart, der Redner, die Rednerin
red|lich, die Redlichkeit
die **Re|form**, die Reformen, die Reformation, reformieren
das **Re|gal**, die Regale
die **Re|gat|ta**, die Regatten
re|ge
die **Re|gel**, die Regeln, regelgerecht, regelmäßig, die Regelmäßigkeit, regeln
re|gen, er regte sich, die Regung, regungslos
der **Re|gen**, regnen, der Regenbogen, der Regenschirm, der Regentropfen,

das Regenwetter, der Regenwurm, regnerisch

re|gie|ren, er regierte, die Regierung

das **Reh**, die Rehe, der Rehbock, die Ricke, das Rehkitz

rei|ben, du reibst, er rieb, sie hat gerieben, die Reibe, die Reibung, reibungslos

reich, der Reiche, reichhaltig, reichlich, der Reichtum, reich geschmückt

das **Reich**, die Reiche

rei|chen, es reichte

reif, reifen, die Reife, die Reifeprüfung

der **Reif**, die Reife (Ring)

der **Reif** (Raureif)

der **Rei|fen**, die Reifen, die Reifenpanne

der **Rei|gen**, die Reigen

die **Rei|he**, die Reihen, reihen, die Reihenfolge, das Reihenhaus, reihenweise

der **Reim**, die Reime, sich reimen

rein, rein machen, ins Reine bringen, die Reinheit, reinigen, die Reinigung, reinlich, die Reinlichkeit

der **Reis**, der Reisbrei, das Reiskorn, die Reissuppe

das **Reis** (Zweiglein), das Reisig, das Reisigbündel

rei|sen, sie reiste, die Reise, das Reisebüro, der Reiseführer, das Reisegepäck, der/die Reisende, der Reisepass

rei|ßen, es reißt, es riss, es ist gerissen, der Riss, das Reißbrett, reißend, reißfest, der Reißverschluss

rei|ten, du reitest, er ritt, sie ist geritten, der Reiter, die Reiterin, das Reitpferd, der Ritt

der **Reiz**, die Reize, reizen, reizend

die **Re|kla|me**, die Reklamen, die Reklamesendung

re|kla|mie|ren, sie reklamierte, die Reklamation

der **Re|kord**, die Rekorde

der **Rek|tor**, die Rektoren, die Rektorin, das Rektorat

re|la|tiv (verhältnismäßig)

die **Re|li|gi|on**, die Religionen, religiös

die **Re|ling**, die Relings

die **Re|li|quie**, die Reliquien

rem|peln, er rempelte, die Rempelei

ren|nen, du rennst, er rannte, sie ist gerannt, das Rennen, der Rennfahrer, die Rennfahrerin, das Rennpferd, das Rennrad

re|no|vie|ren, sie renovierte, die Renovierung

die **Ren|te**, die Renten, der Rentner, die Rentnerin

das **Ren|tier**, die Rentiere

die **Re|pa|ra|tur**, die Reparaturen, reparieren

der **Re|por|ter**, die Reporter, die Reporterin, die Reportage

das **Rep|til**, die Reptilien

die **Re|pub|lik**, die Republiken

die **Re|ser|ve**, die Reserven, das Reserverad, reservieren

der **Res|pekt**, respektieren, respektlos

der **Rest**, die Reste, restlich, restlos

das **Res|tau|rant**, die Restaurants, die Restauration

das **Re|sul|tat**, die Resultate

retten, sie rettete, der Retter, die Retterin, die Rettung, das Rettungsauto
der **Rettich**, die Rettiche
die **Reue**, reuen, es reute mich, reuig, reumütig
das **Revier**, die Reviere, der Revierförster
die **Revolution**, die Revolutionen, der Revolutionär
der **Revolver**, die Revolver
das **Rezept**, die Rezepte
der **Rhabarber**
der **Rhein**, rheinisch
das **Rheinland**, rheinländisch
Rheinland-Pfalz
das **Rheuma**, rheumatisch
der **Rhododendron**
der **Rhythmus**, die Rhythmen, rhythmisch
richten, er richtete
der **Richter**, die Richter, die Richterin
richtig, die Richtigkeit, richtig machen
die **Richtung**, die Richtungen
riechen, du riechst, er roch, sie hat gerochen
die **Riege**, die Riegen
der **Riegel**, die Riegel
der **Riemen**, die Riemen
der **Riese**, die Riesen, die Riesin, riesengroß, das Riesenrad, riesig
rieseln, es rieselte
das **Riff**, die Riffe (Felsenklippen)
die **Rille**, die Rillen
das **Rind**, die Rinder, der Rinderbraten, der Rinderwahnsinn, das Rindfleisch, das Rindvieh
die **Rinde**, die Rinden
der **Ring**, die Ringe [58], der Ringordner
die **Ringelnatter**, die Ringelnattern
ringen, du ringst, er rang, sie hat gerungen, der Ringer, der Ringkampf
rings, ringsumher
die **Rinne**, die Rinnen, rinnen, es rinnt, es rann, es ist geronnen, das Rinnsal, der Rinnstein
die **Rippe**, die Rippen, die Rippenfellentzündung
das **Risiko**, die Risiken, auch: die Risikos, riskant, riskieren
der **Riss**, die Risse, rissig
sie **riss** (Grundform: reißen)
der **Ritt**, die Ritte, rittlings
der **Ritter**, die Ritter, die Ritterburg, ritterlich, der Rittersporn
ritzen, sie ritzte, der Ritz, die Ritze
der **Rivale**, die Rivalen, die Rivalin
die **Robbe**, die Robben
der **Roboter**, die Roboter
robust (kräftig)
röcheln, er röchelte
der **Rock**, die Röcke
der **Rock**, der Rocker, die Rocker, die Rockmusik
rodeln, sie rodelte, der Rodelschlitten
roden, er rodete, die Rodung
der **Roggen**, das Roggenmehl
roh, die Rohheit, die Rohkost, das Rohöl, der Rohstoff
das **Rohr**, die Rohre, die Röhre, das Wasserrohr
röhren, der Hirsch röhrte
die **Rolle**, die Rollen, rollen, der Roller, der Rollladen, der Rollschuh, der Rollstuhl,

die Rolltreppe
die **Rol|ler|blades**
die **Rol|ler|skates**
das **Rol|lo**, die Rollos
Rom, die Römer
der **Ro|man**, die Romane
ro|man|tisch
rönt|gen, er wurde geröntgt, die Röntgenaufnahme, die Röntgenstrahlen, die Röntgenuntersuchung
ro|sa, rosarot, rosig
die **Ro|se**, die Rosen, der Rosenstock
die **Ro|si|ne**, die Rosinen
das **Ross**, die Rosse, oder: die Rösser, das Rosshaar, die Rosskastanie
der **Rost** (rostiges Eisen), rosten, rostfrei, rostig, rostbraun
der **Rost** (Gitter), die Roste, rösten, der Rostbraten, der Röster
rot [3], das Rot, bei Rot, das Rote Kreuz, rothaarig, das Rotkäppchen, das Rotkehlchen, rötlich
die **Rou|te** (Reiseweg), die Routen
der **Row|dy**, die Rowdys
rub|beln, sie rubbelte
die **Rü|be**, die Rüben
der **Ruck**, die Rucke, ruckartig
rü|cken, er rückte
der **Rü|cken**, die Rücken, das Rückenmark, der Rückenwind
die **Rück|fahrt**, die Rückfahrten, die Rückfahrkarte
die **Rück|kehr**
das **Rück|licht**, die Rücklichter
der **Ruck|sack**, die Rucksäcke
die **Rück|sicht**, Rücksicht nehmen, rücksichtslos, rücksichtsvoll

der **Rück|sitz**, die Rücksitze
der **Rück|strah|ler**, die Rückstrahler
rück|wärts, rückwärts gehen
der **Rü|de** (männlicher Hund), die Rüden
das **Ru|del**, die Rudel, rudelweise
das **Ru|der**, die Ruder, rudern, das Ruderboot, der Ruderer
ru|fen, du rufst, er rief, sie hat gerufen, der Ruf, das Rufzeichen
rü|gen, er rügte, die Rüge
die **Ru|he**, ruhen, ruhelos, ruhig, ruhen lassen
der **Ruhm**, rühmen, ruhmreich
die **Ruhr**, das Ruhrgebiet
rüh|ren, er rührte, das Rührei rührend, die Rührung
die **Ru|i|ne**, die Ruinen, ruinieren
rülp|sen, er rülpste, der Rülpser
der **Rum**, der Rumtopf
Ru|mä|ni|en, rumänisch
der **Rum|mel**, der Rummelplatz
ru|mo|ren, der Magen rumort
rum|peln, er rumpelte, die Rumpelkammer, das Rumpelstilzchen
der **Rumpf**, die Rümpfe
rümp|fen, sie rümpfte die Nase
rund, die Runde, die Rundfahrt, der Rundfunk, der Rundgang, rundherum, rundlich, die Rundung
der **Rund|funk**, das Rundfunkprogramm
run|ter (herunter)
die **Run|zel**, die Runzeln, runzeln, er runzelte die Stirn, runzelig, auch: runzlig

A B C D E F G H I J K L M N O P Q R S T U V W X Y Z

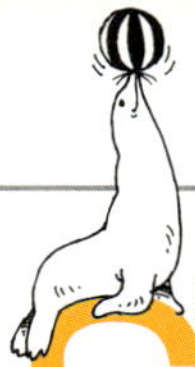

der **Rüpel**, die Rüpel, rüpelhaft
rupfen, er rupfte
der **Ruß**, rußen, es rußte, rußbedeckt, rußig
der **Rüssel**, die Rüssel
Russland, russisch
rüsten, er rüstete, die Rüstung, die Abrüstung, die Aufrüstung, rüstig
die **Rute**, die Ruten
die **Rutsche**, die Rutschen, die Rutschbahn, rutschen, rutschig
rütteln, sie rüttelte

S

der **Saal**, die Säle
das **Saarland**, saarländisch
die **Saat**, die Saaten, das Saatgut
der **Säbel**, die Säbel
die **Sache**, die Sachen, sachlich, der Sachunterricht
Sachsen, sächsisch
Sachsen-Anhalt
der **Sack**, die Säcke, die Sackgasse
säen, er säte, die Sämaschine
die **Safari**, die Safaris
der / das **Safe**, die Safes
der **Saft**, die Säfte, saftig
die **Sage**, die Sagen, sagenhaft (unglaublich)
die **Säge**, die Sägen, das Sägemehl, sägen, das Sägewerk
sagen, er sagte
die **Sahne**, die Sahnetorte, sahnig
die **Saison**, die Saisons
die **Saite**, die Saiten, das Saiteninstrument

das **Sakrament**, die Sakramente
der **Salamander**, die Salamander
die **Salami**, die Salamis
der **Salat**, die Salate
die **Salbe**, die Salben, salben
der **Salbei**, der Salbeitee
der **Salto**, die Saltos, auch: die Salti
das **Salz**, die Salze, salzen, salzig, die Salzkartoffel, das Salzwasser
der **Samen**, auch: der Same, die Samen
sammeln, er sammelte, der Sammler, die Sammlerin, die Sammlung
der **Samstag** (Sonnabend) [1], die Samstage, am Samstagabend, samstagabends, samstags
der **Samt**, die Samthose, samtig
sämtlich, allesamt
das **Sanatorium** (Heilanstalt), die Sanatorien
der **Sand**, der Sandhaufen, sandig, der Sandkasten
die **Sandale**, die Sandalen
der / das **Sandwich**, die Sandwiche, auch: die Sandwiches
sanft, sanftmütig
die **Sänfte**, die Sänften
der **Sänger**, die Sänger, die Sängerin
der **Sanitäter**, die Sanitäter, die Sanitäterin
die **Sardine**, die Sardinen, die Sardinendose
der **Sarg**, die Särge
der **Satan**, satanisch
der **Satellit**, die Satelliten
satt, sättigen, gesättigt
der **Sattel**, die Sättel, sattelfest, satteln, der Sattelschlepper

der **Sa|turn**
der **Satz**, die Sätze, die Satzaussage, der Satzgegenstand, das Satzzeichen
die **Sau**, die Säue, auch: die Sauen
sau|ber, die Sauberkeit, säubern
die **Sau|ce**, die Saucen, auch: Soße
sau|er, das Sauerkraut, säuerlich, der Sauerstoff, die Säure
sau|fen, du säufst, er soff, sie hat gesoffen, der Säufer
sau|gen, du saugst, er saugte, auch: sog, sie hat gesaugt, auch: gesogen
säu|gen, sie säugte, das Säugetier, der Säugling
die **Säu|le**, die Säulen
der **Saum**, die Säume, säumen
die **Sau|na**, die Saunas, auch: die Saunen
die **Säu|re**, die Säuren
der **Sau|ri|er**, die Saurier
sau|sen, er sauste, säuseln
das **Sa|xo|phon**, auch: Saxofon, die Saxophone
die **S-Bahn** (Stadtbahn), die S-Bahnen
scha|ben, sie schabte, schäbig
die **Schab|lo|ne**, die Schablonen
das **Schach**, das Schachbrett, schachmatt, das Schachspiel
der **Schacht**, die Schächte, ausschachten
die **Schach|tel**, die Schachteln
scha|de, das ist schade!
der **Schä|del**, die Schädel
scha|den, er schadete, der Schaden, die Schadenfreude, schadenfroh, schadhaft, schädlich, der Schädling
das **Schaf**, die Schafe, der Schäfer, der Schäferhund, die Schafwolle
schaf|fen, er schaffte
der **Schaff|ner**, die Schaffner, die Schaffnerin
schal (fade), schmeckt das schal!
der **Schal**, die Schals, auch: Schale
die **Scha|le**, die Schalen 58
schä|len, sie schälte
der **Schall**, schalldicht, schallen, es schallte, die Schallmauer, die Schallplatte
schal|ten, er schaltete, der Schalter 58, das Schaltjahr
die **Scham**, sich schämen
die **Schan|de**, der Schandfleck, schändlich
die **Schan|ze**, die Schanzen
die **Schar**, die Scharen, scharenweise
scharf, die Schärfe, schärfen, scharfsinnig
der **Schar|lach**, scharlachrot
das **Schar|nier**, die Scharniere
schar|ren, es scharrte
der / das **Schasch|lik**, die Schaschliks
der **Schat|ten**, die Schatten, die Schattenseite, schattieren, schattig, Schatten spendend
die **Scha|tul|le**, die Schatullen
der **Schatz**, die Schätze, die Schatztruhe
schät|zen, er schätzte, die Schätzung
schau|en, sie schaute, die Schau, das Schaufenster
der **Schau|er**, die Schauer, schauerlich, schauern

A B C D E F G H I J K L M N O P Q R S T U V W X Y Z

A B C D E F G H I J K L M N O P Q R S T U V W X Y Z

die **Schau|fel**, die Schaufeln, schaufeln
die **Schau|kel**, die Schaukeln, schaukeln, das Schaukelpferd
der **Schaum**, das Schaumbad, schäumen, schaumig
schau|rig (gruselig)
das **Schau|spiel**, die Schauspiele, der Schauspieler, die Schauspielerin
der **Scheck**, die Schecks
sche|ckig
die **Schei|be** 58, die Scheiben, der Scheibenwischer
die **Schei|de**, die Scheiden
schei|den, du scheidest, er schied, sie hat geschieden, die Scheidung
schei|nen, die Sonne scheint, sie schien, sie hat geschienen, der Schein, scheinbar, scheinheilig, scheintot, der Scheinwerfer
das **Scheit**, die Scheite, der Scheiterhaufen
der **Schei|tel**, die Scheitel, scheiteln, der Scheitelpunkt
schei|tern, er scheiterte
die **Schel|le**, die Schellen, schellen, es schellte
der **Schelm**, die Schelme, schelmisch
schel|ten, sie schilt, sie schalt, sie hat gescholten
der **Sche|mel**, die Schemel
die **Schen|ke**, auch: die Schänke
der **Schen|kel**, die Schenkel
schen|ken, sie schenkte, die Schenkung, das Geschenk
die **Scher|be**, die Scherben
die **Sche|re**, die Scheren, scheren, du scherst, er schor, sie hat geschoren

die **Sche|re|rei**, die Scherereien
der **Scherz**, die Scherze, scherzen, die Scherzfrage, scherzhaft
scheu, die Pferde scheuen, die Scheu
scheu|chen, er scheuchte
scheu|ern, sie scheuerte, das Scheuertuch
die **Scheu|ne**, die Scheunen
das **Scheu|sal**, die Scheusale
scheuß|lich
der **Schi**, auch: der Ski, die Schier, der Schifahrer, die Schifahrerin, der Schilauf, Schi laufen, das Schispringen
die **Schicht**, die Schichten
schick, auch: chic
schi|cken, sie schickte
das **Schick|sal**, die Schicksale, schicksalhaft, der Schicksalsschlag
schie|ben, du schiebst, er schob, sie hat geschoben, das Schiebefenster, der Schieber, die Schiebetür, die Schiebung
der **Schieds|rich|ter**, die Schiedsrichter, die Schiedsrichterin
schief, schief gehen, stehen, aber: schieflachen
der **Schie|fer**, das Schieferdach
schie|len, er schielte
das **Schien|bein**, die Schienbeine
die **Schie|ne** 58, die Schienen, das Schienbein
schie|ßen, du schießt, er schoss, sie hat geschossen, das Schießpulver, die Schießscheibe, der Schießstand
das **Schiff**, die Schiffe, schiffbar, der Schiffbrüchige,

die Schifffahrt,
die Schiffsschraube
die **Schi|ka|ne**, die Schikanen, schikanieren
der **Schild** 58 (des Ritters), die Schilde
das **Schild** 58 (Hinweistafel), die Schilder, der Schildermaler
schil|dern, er schilderte, die Schilderung
die **Schild|krö|te**, die Schildkröten
das **Schilf**, das Schilfrohr
schil|lern, es schillerte
der **Schim|mel** (1. weißes Pferd, 2. Pilz), die Schimmel
schim|meln, es schimmelte, der Schimmel, schimmelig, auch: schimmlig
schim|mern, es schimmerte, der Schimmer
der **Schim|pan|se**, die Schimpansen
schimp|fen, er schimpfte, das Schimpfwort
die **Schin|del**, die Schindeln, das Schindeldach
sich **schin|den**, du schindest dich, er hat sich geschunden, die Schinderei
der **Schin|ken**, die Schinken
der **Schirm**, die Schirme, die Schirmmütze, der Schirmständer
die **Schlacht**, die Schlachten
schlach|ten, er schlachtete, der Schlachter, der Schlächter
die **Schlä|fe**, die Schläfen
schla|fen 21, du schläfst, er schlief, sie hat geschlafen, der Schlaf, der Schläfer, der Schlafanzug, schlaflos, schläfrig, das Schlafzimmer
schlaff
schla|gen, du schlägst, er schlug, sie hat geschlagen, der Schlag, der Schläger, die Schlägerei, die Schlagsahne, das Schlagzeug
der **Schla|ger**, die Schlager
schlag|fer|tig
der / das **Schla|mas|sel**
der **Schlamm**, das Schlammbad, schlammig
schlam|pig, die Schlamperei
die **Schlan|ge**, die Schlangen, Schlange stehen 5
sich **schlän|geln**, sie schlängelte sich
schlank
schlapp
das **Schla|raf|fen|land**
schlau, die Schläue, die Schlauheit
der **Schlauch**, die Schläuche, das Schlauchboot
die **Schlau|fe**, die Schlaufen
schlecht, schlecht beraten, die Schlechtigkeit
schle|cken, er schleckte, die Schleckereien
schlei|chen, du schleichst, er schlich, sie ist geschlichen
der **Schlei|er**, die Schleier, schleierhaft
die **Schlei|fe**, die Schleifen
schlei|fen, du schleifst, er schliff, sie hat geschliffen, der Schleifstein, der Schliff
der **Schleim**, schleimig
schlem|men, er schlemmte, der Schlemmer
schlen|dern, sie schlenderte, der Schlendrian
schlen|kern, er schlenkerte
schlep|pen, sie schleppte,

die Schleppe, der Schlepper, das Schlepptau
Schle|si|en, schlesisch
Schles|wig-Hol|stein, schleswig-holsteinisch
die **Schleu|der**, die Schleudern, schleudern
schleu|nig, schleunigst
die **Schleu|se**, die Schleusen, schleusen
schlicht
schlich|ten, er schlichtete, die Schlichtung
schlie|ßen, du schließt, er schloss, sie hat geschlossen, das Schließfach
schließ|lich
schlimm, schlimmstenfalls
die **Schlin|ge**, die Schlingen
der **Schlin|gel**, die Schlingel
schlin|gen, du schlingst, er schlang, sie hat geschlungen, die Schlinge, die Schlingpflanze
der **Schlips**, die Schlipse
der **Schlit|ten**, die Schlitten, Schlitten fahren [5], die Schlittenfahrt
schlit|tern, er schlitterte
der **Schlitt|schuh**, die Schlittschuhe, Schlittschuh laufen [5]
der **Schlitz**, die Schlitze
das **Schloss**, die Schlösser (1. Türschloss, 2. Königsschloss)
der **Schlos|ser**, die Schlosser
der **Schlot**, die Schlote
schlot|tern, sie schlotterte
die **Schlucht**, die Schluchten
schluch|zen, er schluchzte
schlu|cken, sie schluckte, der Schluck, der Schluckauf, die Schluckimpfung
schlu|dern, er schluderte
schlum|mern, sie schlummerte, der Schlummer
schlüp|fen, sie schlüpfte, der Schlüpfer, schlüpfrig, der Schlupfwinkel
schlur|fen, sie schlurfte
schlür|fen, er schlürfte
der **Schluss**, die Schlüsse, das Schlusslicht, schlussfolgern
der **Schlüs|sel**, die Schlüssel, der/das Schlüsselbund, das Schlüsselloch
schmäch|tig
schmack|haft
schmä|hen, er schmähte
schmal
das **Schmalz**, das Schmalzbrot
schmat|zen, er schmatzte
schmau|sen, sie schmauste, der Schmaus
schme|cken, es schmeckte, der Geschmack
schmei|cheln, sie schmeichelte, die Schmeichelei, schmeichelhaft, der Schmeichler
schmei|ßen, du schmeißt, er schmiss, sie hat geschmissen
schmel|zen, das Eis schmilzt, es schmolz, es ist geschmolzen, der Schmelz, der Schmelzpunkt, das Schmelzwasser
der **Schmerz**, die Schmerzen, schmerzen, schmerzhaft, schmerzlich, schmerzlos, schmerzstillend
der **Schmet|ter|ling**, die Schmetterlinge

schmet|tern, er schmetterte
der **Schmied**, die Schmiede, schmieden
schmie|gen, sie schmiegte sich an, schmiegsam
schmie|ren, er schmierte, die Schmiere, die Schmiererei, schmierig, der Schmierfink, die Schmierseife, der Schmierzettel
die **Schmin|ke**, schminken
schmir|geln, sie schmirgelte, das Schmirgelpapier
der **Schmö|ker**, die Schmöker, schmökern
schmol|len, sie schmollte
schmo|ren, er schmorte, der Schmorbraten
schmü|cken, sie schmückte, der Schmuck, das Schmuckstück
schmug|geln, er schmuggelte, der Schmuggler
schmun|zeln, sie schmunzelte
schmu|sen, er schmuste
der **Schmutz**, schmutzig
der **Schna|bel**, die Schnäbel
die **Schna|ke**, die Schnaken
die **Schnal|le**, die Schnallen, der Schnallenschuh
schnal|len, er schnallte
schnal|zen, sie schnalzte
schnap|pen, er schnappte, der Schnappschuss
der **Schnaps**, die Schnäpse
schnar|chen, er schnarchte, der Schnarcher
schnat|tern, sie schnatterte
schnau|ben, es schnaubte
schnau|fen, sie schnaufte
die **Schnau|ze**, die Schnauzen, der Schnauzbart

sich **schnäu|zen**, er schnäuzte sich
die **Schne|cke**, die Schnecken, das Schneckentempo
der **Schnee**, der Schneeball, die Schneeflocke, das Schneeglöckchen, der Schneepflug, schneeweiß
schnei|den, du schneidest, er schnitt, sie hat geschnitten
der **Schnei|der**, die Schneider, die Schneiderin, schneidern
schnei|en, es schneite
die **Schnei|se**, die Schneisen
schnell 34, die Schnelligkeit, schnelllebig, die Schnellstraße, der Schnellzug
schnip|pisch
der **Schnip|sel**, die Schnipsel
der **Schnitt**, die Schnitte, der Haarschnitt
die **Schnit|te** (Brot), die Schnitten
der **Schnitt|lauch**
das **Schnit|zel**, die Schnitzel
schnit|zen, er schnitzte, die Schnitzerei
der / die **Schnor|chel**, schnorcheln
der **Schnör|kel**, die Schnörkel
schnüf|feln, er schnüffelte, der Schnüffler, die Schnüffelei
der **Schnup|fen**, schnupfen
schnup|pern, er schnupperte
die **Schnur**, die Schnüre, schnüren, schnurgerade, der Schnürriemen, der Schnürsenkel, schnurstracks
der **Schnurr|bart**,die Schnurrbärte
schnur|ren, sie schnurrte
der **Schock**, die Schocks, schocken, schockieren
die **Scho|ko|la|de**, die Schokoladen, der Schokoladenpudding,

der Schokoriegel
die **Schol|le** (1. Eisscholle, 2. Plattfisch), die Schollen
schon
schön, die Schönheit, das Schönschreiben
scho|nen, er schonte, die Schonkost, die Schonung, schonungslos, die Schonzeit
der **Schopf**, die Schöpfe
schöp|fen, er schöpfte
der **Schöp|fer**, die Schöpfung, das Geschöpf
der **Schorn|stein**, die Schornsteine, der Schornsteinfeger
der **Schoß** (Mutterleib), die Schöße
der **Schoss** (junger Trieb), die Schosse, der Schössling
die **Scho|te**, die Schoten
der **Schot|ter**
schräg, die Schräge
die **Schram|me**, die Schrammen
der **Schrank**, die Schränke, die Schrankwand
die **Schran|ke**, die Schranken, schrankenlos, der Schrankenwärter
die **Schrau|be**, die Schrauben, schrauben, der Schraubenschlüssel, der Schraubenzieher, der Schraubstock, der Schraubverschluss
der **Schreck**, auch: Schrecken, die Schrecken, schreckhaft, schreckensbleich, schrecklich
der **Schrei**, die Schreie, der Schreihals
schrei|ben, du schreibst, er schrieb, sie hat geschrieben, das Schreiben, die Schreibmaschine
schrei|en, du schreist, er schrie, sie hat geschrien
der **Schrei|ner**, die Schreiner
schrei|ten, du schreitest, er schritt, sie ist geschritten
die **Schrift**, die Schriften, schriftlich, der Schriftsteller, die Schriftstellerin
schrill
der **Schritt**, die Schritte
schroff
der **Schrott**, der Schrotthändler, der Schrotthaufen, der Schrottplatz, verschrotten
schrub|ben, er schrubbte, der Schrubber (Scheuerbürste mit langem Stiel)
schrump|fen, er schrumpfte
der **Schub**, die Schübe, die Schubkarre, auch: der Schubkarren, die Schublade
der **Schubs**, schubsen, ich werde geschubst
schüch|tern, die Schüchternheit
der **Schuft**, die Schufte, schuftig
schuf|ten, er schuftete
der **Schuh**, die Schuhe, der Schuhmacher, die Schuhsohle
die **Schuld**, schuld sein, es ist meine Schuld, schuldbewusst, schuldig, der Schuldige, die Schuldige
die **Schul|den**, schuldenfrei, Schulden haben, der Schuldner, die Schuldnerin
die **Schu|le** 48, die Schulen, die Schularbeiten, der Schulbus, schulfrei, der Schulfunk, das Schuljahr, das Schulsparen, der Schultag
der **Schüler**, die Schüler,

die Schülerin, die Schülerinnen
die **Schul|ter**, die Schultern,
die **Schul|ter**, die Schultern, das Schulterblatt, schultern
schum|meln, er schummelte
schun|keln, sie schunkelte, das Schunkeln
die **Schup|pe**, die Schuppen, schuppig
der **Schup|pen**, die Schuppen
die **Schur** (die Schafschur)
schür|fen, er schürfte, die Schürfwunde
der **Schur|ke**, die Schurken
die **Schür|ze**, die Schürzen, schürzen, der Schurz
der **Schuss**, die Schüsse
die **Schüs|sel**, die Schüsseln
der **Schus|ter**, die Schuster
der **Schutt**, der Schutthaufen
schüt|teln, er schüttelte, der Schüttelfrost
schüt|ten, sie schüttete
der **Schüt|ze**, die Schützen, das Schützenfest
schüt|zen, er schützte, der Schutz, die Schutzhütte, der Schützling, der Schutzmann
schwach, die Schwäche, schwächen, schwächlich, schwachsinnig, schwach betont
der **Schwa|den**, die Schwaden
der **Schwa|ger**, die Schwäger, die Schwägerin
die **Schwal|be**, die Schwalben, das Schwalbennest
der **Schwamm**, die Schwämme, schwammig
der **Schwan**, die Schwäne
schwan|ger, die Schwangere, die Schwangerschaft
schwan|ken, er schwankte
der **Schwanz**, die Schwänze
schwän|zen, er schwänzte die Schule
der **Schwarm**, die Schwärme, der Schwärmer, die Schwärmerei, schwärmen
die **Schwar|te**, die Schwarten
schwarz 3, das Schwarz, aus Schwarz Weiß machen, ein schwarzer Tag, schwärzen, schwarzfahren, schwarz gefärbt, schwarzhaarig, schwarz sehen, schwarzweiß, auch: schwarz-weiß malen, der Schwarzwald
schwat|zen, auch: schwätzen, er schwatzte, der Schwatz, der Schwätzer, schwatzhaft
schwe|ben, sie schwebte, die Schwebe, die Schwebebahn, der Schwebebalken
Schwe|den, schwedisch
der **Schwe|fel**, schwefelig, schwefelgelb
der **Schweif**, die Schweife
schwei|gen, du schweigst, er schwieg, sie hat geschwiegen, das Schweigen, schweigsam
das **Schwein**, die Schweine, das Schweinefleisch, die Schweinerei
der **Schweiß**, schweißgebadet, schweißtreibend, der Schweißtropfen
schwei|ßen, er schweißte, der Schweißer
die **Schweiz**, schweizerisch
schwe|len, das Feuer schwelte
die **Schwel|le**, die Schwellen
schwel|len, er schwillt, er schwoll, er ist geschwollen, die Schwellung

schwem|men, er schwemmte
schwen|ken, er schwenkte, schwenkbar, die Schwenkung
schwer 36, schwer beladen, die Schwere, schwerelos, schwer fallen, schwerfällig, schwerhörig
das **Schwert**, die Schwerter
die **Schwes|ter**, die Schwestern, schwesterlich
die **Schwie|ger|el|tern**, die Schwiegermutter, der Schwiegersohn, die Schwiegertochter, der Schwiegervater
die **Schwie|le**, die Schwielen, schwielig
schwie|rig, die Schwierigkeit
schwim|men, du schwimmst, er schwamm, sie ist geschwommen, das Schwimmbad, der Schwimmer, die Schwimmerin, die Schwimmflosse
schwin|deln (lügen), sie schwindelte, der Schwindel, der Schwindler, die Schwindlerin
schwind|lig, auch: schwindelig, schwindelfrei
schwin|den, es schwindet, es schwand, es ist geschwunden
schwin|gen, du schwingst, er schwang, sie hat geschwungen, die Schwingung
schwir|ren, er schwirrte
schwit|zen, er schwitzte, die Schwitzkur
schwö|ren, du schwörst, er schwor, sie hat geschworen
schwül, die Schwüle
der **Schwung**, die Schwünge, das Schwungrad, schwungvoll
der **Schwur**, die Schwüre
sechs, sechzehn, sechzig, sechsmal, ein Sechstel
der **See** (im Land), die Seen, die Seerose, die Seerundfahrt
die **See** (das Meer), der Seehund, seekrank, der Seemann
die **See|le**, die Seelen, seelenruhig, seelisch, der Seelsorger
das **Se|gel**, die Segel, das Segelboot, der Segelflieger, segeln
der **Se|gen**, die Segen, segnen, Segen spendend, segensreich
se|hen 27, du siehst, er sah, sie hat gesehen, sehenswert, die Sehenswürdigkeit
die **Seh|ne**, die Sehnen, die Sehnenzerrung, sehnig
sich **seh|nen**, er sehnte sich, sehnlichst, die Sehnsucht, sehnsüchtig, sehnsuchtsvoll
sehr, sehr gut, sehr viel
seicht (flach)
ihr **seid** (Grundform: sein)
die **Sei|de**, die Seiden, seiden, das Seidenpapier, seidig
die **Sei|fe**, die Seifen, die Seifenblase, seifig
das **Seil**, die Seile, die Seilbahn, seilspringen, der Seiltänzer, die Seiltänzerin
sein, sein Buch
sein, brav sein, ich bin, du bist, er ist, wir sind, ihr seid, sie war, sein lassen, jedem das Seine
seit, sie sind seit gestern da, seitdem, seither
die **Sei|te**, die Seiten, seitenlang, der Seitenweg, seitlich, seitwärts

der **Se|kre|tär**, die Sekretärin, das Sekretariat
der **Sekt**, die Sektflasche
die **Sek|te**, die Sekten
die **Se|kun|de** (s), die Sekunden, der Sekundenzeiger
sel|ber, selber machen
selbst [9], selbstbewusst, der Selbstlaut, selbsttätig, selbstverständlich, das Selbstvertrauen
selb|stän|dig, auch: selbstständig
selbst|ver|ständ|lich
se|lig, die Seligkeit, selig sprechen
der / die **Sel|le|rie**, der Selleriesalat
sel|ten, die Seltenheit
selt|sam
die **Sem|mel** (Brötchen), die Semmeln
der **Se|nat**, die Senate, der Senator
sen|den, du sendest, er sandte, auch: er sendete, sie hat gesandt, auch: er hat gesendet, der Sender, die Sendung
der **Senf**, die Senfgurke
sen|gen, sengende Hitze
sen|ken, sie senkte
senk|recht, die Senkrechte
der **Senn**, die Sennerin, die Sennhütte
die **Sen|sa|ti|on**, die Sensationen, sensationell, sensationslüstern
die **Sen|se**, die Sensen
der **Sep|tem|ber**
die **Se|rie**, die Serien, serienmäßig, serienweise
die **Ser|pen|ti|ne**, die Serpentinen
das **Ser|vice** (Geschirr), die Service
der **Ser|vice** (Kundendienst), die Services

ser|vie|ren, sie servierte, Serviererin, die Serviette
der **Ses|sel**, die Sessel, der Sessellift, sesshaft
der / das **Set**, die Sets
set|zen [22], er setzte sich, der Setzling (junge Pflanze)
die **Seu|che**, die Seuchen, der Seuchenherd, verseucht
seuf|zen, sie seufzte, der Seufzer
das **Sham|poo**, die Shampoos, auch: das Schampun
der **She|riff**, die Sheriffs
der **Shop** (Geschäft), die Shops
die **Shorts** (kurze Hose)
die **Show** (Schau), die Shows, der Showmaster
sich
die **Si|chel**, die Sicheln, sichelförmig
si|cher, die Sicherheit, der Sicherheitsgurt, die Sicherheitsnadel, sicherlich, sichern, die Sicherung
die **Sicht**, sichtbar, sichten, sichtlich, kurzsichtig
si|ckern, es sickerte, die Sickergrube
sie ist schön, sie kommen
das **Sieb**, die Siebe, sieben
sie|ben, siebzehn, siebzig, siebenmal, der Siebte, die sieben Schwaben
sie|den, er siedet, der Siedepunkt, der Tauchsieder
die **Sied|lung**, die Siedlungen, siedeln, der Siedler
der **Sieg**, die Siege, siegen, der Sieger, die Siegerin, die Siegerehrung, siegreich
das **Sie|gel**, die Siegel

das **Sig|nal**, die Signale, signalisieren
die **Sil|be**, die Silben, das Silbenrätsel, silbenweise
das **Sil|ber**, die Silberhochzeit, die Silbermedaille, silbern, silbrig,
der / das **Si|lo**, die Silos
der / das **Sil|ves|ter**, der Silvesterabend
sim|pel (einfach)
wir **sind** froh (Grundform: sein)
die **Sin|fo|nie**, die Sinfonien, auch: Symphonie, das Sinfonieorchester
sin|gen, du singst, er sang, sie hat gesungen, das Singen, der Singvogel
der **Sin|gu|lar** (Einzahl)
sin|ken, es sinkt, es sank, es ist gesunken
der **Sinn**, die Sinne, sinngemäß, sinnlos, sinnvoll
das **Sin|nes|or|gan**, die Sinnesorgane, die Sinnestäuschung
die **Sint|flut**
die **Sip|pe**, die Sippen
die **Si|re|ne**, die Sirenen
der **Si|rup**
die **Sit|te**, die Sitten, sittsam
die **Si|tu|a|ti|on**, die Situationen
sit|zen, du sitzt, er saß, sie hat gesessen, der Sitz, der Sitzplatz, die Sitzung, der/die Vorsitzende, sitzen bleiben [6]
die **Ska|la**, die Skalen, auch: die Skalas
der **Skan|dal**, die Skandale
der **Skat**, der Skatspieler
das **Skate|board**, die Skateboards
das **Ske|lett**, die Skelette
der **Sketsch**, auch: der Sketch, die Sketsche
der **Ski**, auch: Schi, die Skier, der Skilauf, die Skipiste, das Skispringen
die **Skiz|ze**, die Skizzen, skizzenhaft, skizzieren
der **Skla|ve**, die Sklaven, die Sklavin
der **Skru|pel**, die Skrupel, skrupellos
der **Sla|lom**, die Slaloms
der **Slip**, die Slips
der **Sma|ragd**, die Smaragde, smaragdgrün
der **Smog**, der Smogalarm
so, so genannt, so viele
so|bald
die **So|cke**, auch: der Socken, die Socken
der **So|ckel**, die Sockel
so|dann
so|dass, auch: so dass
das **Sod|bren|nen**
so|eben
das **So|fa**, die Sofas
so|fort [41]
das **Soft|eis**
die **Soft|ware**
so|gar
so|gleich
die **Soh|le**, die Sohlen
der **Sohn**, die Söhne
so|lan|ge (während)
die **So|lar|e|ner|gie**
solch, solche
der **Sol|dat**, die Soldaten, die Soldatin
die **So|le** (Salzwasser), die Solen
sol|len, er sollte
das **So|lo**, die Solos, auch: die Soli, der Solist, die Solistin, der Solotänzer, die Solotänzerin

der **Som|mer**, die Sommer, die Sommerferien, sommerlich

son|der, das Sonderangebot, sonderbar, der Sondermüll, der Sonderzug

der **Song**, die Songs

der **Sonn|a|bend** (Samstag) [1], die Sonnabende, sonnabends

die **Son|ne**, die Sonnen, sich sonnen, die Sonnenblume, der Sonnenbrand, die Sonnenuhr, sonnig

der **Sonn|tag** [1], die Sonntage, sonntäglich, sonntags

sonst jemand

so|oft (Sooft du zu mir kommst, ...)

der **So|pran**, die Soprane, die Sopranistin

die **Sor|ge**, die Sorgen, sorgen, sorglos, sorgsam

die **Sorg|falt**, sorgfältig

die **Sor|te**, die Sorten, sortieren

SOS, der SOS-Ruf

die **So|ße**, auch: die Sauce, die Soßen

der **Sound**, die Sounds

so|und|so viel

das **Sou|ve|nir**, die Souvenirs

so viel (so viel Geld, aber: soviel ich weiß)

so|weit (soweit ich weiß, aber: er wirft den Ball so weit)

so|wie (sobald: sowie er kommt)

so|wie|so

so|wohl ... als auch ...

so|zi|al, die Sozialhilfe

der **Spach|tel**, die Spachtel, spachteln

die **Spa|get|ti**, auch: Spaghetti

spä|hen, er spähte, der Späher

der **Spalt**, die Spalte, spalten, die Spaltung

der **Span**, die Späne, die Spanplatte

das **Span|fer|kel**, die Spanferkel

die **Span|ge**, die Spangen

Spa|ni|en, spanisch

span|nen, sie spannte, spannend, die Spannung

spa|ren, er sparte, das Sparbuch, der Sparer, die Sparkasse, sparsam, die Sparsamkeit

spär|lich (dürftig)

der **Spar|gel**, die Spargel

der **Spaß**, die Späße, spaßen, spaßig, der Spaßvogel

spät, spätabends, spätestens, der Spätherbst

der **Spa|ten**, die Spaten, der Spatenstich

der **Spatz**, die Spatzen

spa|zie|ren, sie spazierte, spazieren gehen [6], der Spaziergang, der Spaziergänger, der Spazierstock,

der **Specht**, die Spechte

der **Speck**, speckig

der **Speer**, die Speere

die **Spei|che**, die Speichen, das Speichenrad

der **Spei|chel**, die Speicheldrüse

der **Spei|cher**, die Speicher, speichern, das Wasser wurde gespeichert

spei|en, du speist, er spie, sie hat gespien

die **Spei|se**, die Speisen, die Speisekarte, speisen, der Speisesaal

spen|den, sie spendete, die Spende, der Spender, spendieren

der **Sper|ber**, die Sperber (Greifvogel)

der **Sper|ling** (Spatz), die Sperlinge

A B C D E F G H I J K L M N O P Q R S T U V W X Y Z

sper|ren, er sperrte, sperrangelweit, die Sperre, das Sperrholz, sperrig, der Sperrmüll
der **Spe|zi|a|list**, die Spezialisten, die Spezialistin, spezialisieren, die Spezialität, speziell, im Speziellen
spi|cken (1. Fleisch zum Braten mit Speckstreifen versehen, 2. abschreiben), er spickte, der Spickzettel
der **Spie|gel**, die Spiegel, das Spiegelbild, spiegelblank, das Spiegelei, spiegelglatt, die Spiegelschrift
spie|len, sie spielte, das Spiel, der Spieler, der Spielfilm, der Spielplatz, das Spielzeug
der **Spieß**, die Spieße, der Spießbraten
spie|ßig
der **Spi|nat**
die **Spin|del**, die Spindeln, spindeldürr
die **Spin|ne**, die Spinnen, spinnefeind, das Spinnennetz
spin|nen, du spinnst, er spann, sie hat gesponnen, das Spinnrad
der **Spi|on**, die Spione, die Spionin, die Spionage, spionieren
die **Spi|ra|le**, die Spiralen, die Spiralfeder
der **Spi|ri|tus**
spitz, der Spitz, die Spitze, der Spitzbub, spitzfindig, der Spitzel, der Spitzname
spit|zen, sie spitzte, der Spitzer
der **Split|ter**, die Splitter, splittern
der **Sporn** (Stachel), die Sporne
der **Sport**, die Sportart, der Sportler, die Sportlerin, sportlich, der Sportplatz, die Sportschau, der Sportverein
der **Spot**, die Spots (Werbespots)
spot|ten, er spottete, der Spott, spottbillig, der Spötter, spöttisch
die **Spra|che**, die Sprachen, der Sprachfehler, sprachgewandt, die Sprachlehre, sprachlich, sprachlos
das / der **Spray**, die Spraydose
spre|chen [23], [29], du sprichst, er sprach, sie hat gesprochen, die Sprechblase, der Sprecher, die Sprecherin, die Sprechstunde
sprei|zen, er spreizte die Beine, der Spreizfuß
spren|gen, er sprengte, der Sprengkörper, der Sprengstoff, die Sprengung
die **Spreu**
das **Sprich|wort**, die Sprichwörter, sprichwörtlich
sprie|ßen, es sprießt, es spross, es ist gesprossen, der Spross
sprin|gen, du springst, er sprang, sie ist gesprungen, der Springbrunnen, der Springer, springlebendig
der **Sprit**
sprit|zen, sie spritzte, die Spritze, der Spritzer, spritzig
der **Spross**, die Sprossen, sprossen, der Sprössling
die **Spros|se**, die Sprossen, die Sprossenwand
der **Spruch**, die Sprüche, spruchreif
spru|deln, es sprudelte, der Sprudel

sprü|hen, es sprühte, die Sprühdose, der Sprühregen
der **Sprung**, die Sprünge, das Sprungbrett, die Sprungschanze, das Sprungtuch
spu|cken, er spuckte, die Spucke
der **Spuk**, spuken, es spukte, die Spukgeschichte, spukhaft
die **Spu|le**, die Spulen, spulen
spü|len, er spülte, die Spüle, die Spülmaschine, die Spülung
die **Spur**, die Spuren, spuren, spurlos
spü|ren, sie spürte, spürbar, der Spürhund, die Spürnase
der **Spurt**, die Spurts, spurten
der **Staat**, die Staaten, staatlich, der Staatsbürger, die Staatsbürgerin
der **Stab**, die Stäbe, der Stabhochsprung
sta|bil
der **Sta|chel**, die Stacheln, die Stachelbeere, stachelig
das **Sta|di|on**, die Stadien
die **Stadt**, die Städte, stadtbekannt, städtisch, die Stadtmauer, der Stadtplan, der Stadtrat, die Stadtväter
die **Staf|fel**, die Staffeln, der Staffellauf
der **Stahl**, die Stähle, der Stahlbeton, stählen, er stählt seinen Körper, stählern, die Stahlfeder, stahlhart
der **Stall**, die Ställe, die Stalllaterne, der Stallmist, die Stallung
der **Stamm**, die Stämme, der Stammbaum, das Stammbuch, stammen, stämmig
stam|meln, sie stammelte
stamp|fen, er stampfte, der Stampfer
der **Stand**, die Stände, standfest, standhaft, das Standlicht, der Standort, der Standpunkt
der **Stän|der**, die Ständer
das **Stan|des|amt**, die Standesämter
stän|dig
die **Stan|ge**, die Stangen
der **Stän|gel**, die Stängel
stän|kern, er stänkerte
der **Sta|pel**, die Stapel, der Stapellauf
sta|peln, sie stapelte
stap|fen, er stapfte
der **Star** 58 (Vogel), die Stare
der **Star** 58 (Künstler), die Stars
stark, stark verdünnt, die Stärke, stärken, die Stärkung
starr, starren, der Starrkopf, der Starrsinn
der **Start**, die Starts, startbereit, starten, der Startschuss
die **Sta|ti|on**, die Stationen
das **Sta|tiv**, die Stative
statt, stattdessen, anstatt
statt|fin|den
statt|lich
die **Sta|tue**, die Statuen
der **Stau**, die Staus, der Staudamm, stauen, der Stauraum, der Stausee
der **Staub**, stauben, staubig, staubsaugen, auch: Staub saugen, der Staubsauger
die **Stau|de**, die Stauden, die Staudensellerie
stau|en, er staute

stau|nen, sie staunte, Staunen erregend, staunenswert, erstaunt
das **Steak**, die Steaks
ste|chen, du stichst, er stach, sie hat gestochen, die Stechmücke
ste|cken, sie steckte, stecken bleiben [6], der Steckbrief, die Steckdose, der Stecken, das Steckenpferd, der Stecker, die Stecknadel
der **Steg**, die Stege
ste|hen, du stehst, er stand, sie ist gestanden, auch: sie hat gestanden, stehen lassen [6], die Stehlampe, der Stehplatz
steh|len, du stiehlst, er stahl, sie hat gestohlen
steif
stei|gen, du steigst, er stieg, sie ist gestiegen, das Steigeisen, die Steigung
stei|gern, sie steigerte, die Steigerung
steil, der Steilhang
der **Stein**, die Steine, steinalt, der Steinbruch, steinhart, steinig, die Steinkohle, das Steinobst, steinreich, die Steinzeit
stel|len, er stellte, die Stelle, stellenweise, die Stellung, der Stellvertreter, die Stellvertreterin
die **Stel|ze**, die Stelzen, stelzen
stem|men, er stemmte, der Stemmbogen, das Stemmeisen
der **Stem|pel**, die Stempel, das Stempelkissen, stempeln
die **Ste|no|gra|fie**, stenografieren
die **Step|pe**, die Steppen, das Steppengras
step|pen, sie steppte, die Steppdecke
der **Stepp** (Tanz)
ster|ben, du stirbst, er starb, sie ist gestorben, sterbenskrank, sterblich
die **Ste|re|o|an|la|ge**, die Stereoanlagen
ste|ril (keimfrei, unfruchtbar), sterilisieren
der **Stern**, die Sterne, das Sternbild, sternklar, auch: sternenklar, die Sternschnuppe, die Sternwarte, das Sternzeichen
stets, stetig
das **Steu|er** (zum Lenken), steuern, steuerlos, der Steuermann, das Steuerrad, die Steuerung
die **Steu|er** (Abgabe), die Steuern, der Steuerzahler
der **Ste|ward**, die Stewards, die Stewardess
der **Stich**, die Stiche, sticheln, die Stichflamme, das Stichwort, im Stich lassen
sti|cken, er stickte, die Stickerei
der **Sti|cker**, die Sticker
sti|ckig
der **Stie|fel**, die Stiefel, stiefeln
die **Stief|el|tern**, die Stiefmutter, der Stiefvater
das **Stief|müt|ter|chen**, die Stiefmütterchen
die **Stie|ge** (schmale Treppe), die Stiegen
der **Stiel**, die Stiele
der **Stier**, die Stiere
der **Stift**, die Stifte, der Stiftzahn
das **Stift** (Kloster), die Stifte, die Stiftskirche

stif|ten, er stiftete, der Stifter, die Stiftung
still, still bleiben, die Stille, stillschweigend
stil|len, sie stillt den Säugling
die **Stim|me**, die Stimmen, stimmen, die Stimmgabel, die Stimmung, stimmungsvoll
stin|ken, es stinkt, es stank, es hat gestunken, stinkfaul
die **Stirn**, die Stirnen
stö|bern, sie stöberte
sto|chern, er stocherte
der **Stock** (Stab), die Stöcke
der **Stock** (Etage), das Stockwerk
stock|dun|kel, stockfinster
sto|cken, der Verkehr stockte
der **Stoff**, die Stoffe, das Stofftier
stöh|nen, er stöhnte
der **Stol|len** [58], die Stollen (1. Gebäck, 2. unterirdischer Gang)
stol|pern, er stolperte
stolz sein, der Stolz, stolzieren
STOP (auf Verkehrsschildern), sonst aber: der Stopp (Halt)
stop|fen, er stopfte, die Stopfnadel
der **Stop|fen**, die Stopfen
stop|pen, sie stoppte, der Stopp, das Stopplicht, die Stoppuhr
der **Stöp|sel**, die Stöpsel
der **Storch**, die Störche, das Storchennest
stö|ren, er störte, der Störenfried, die Störung
stör|risch
die **Sto|ry**, die Storys
sto|ßen, du stößt, er stieß, sie hat gestoßen, der Stoß, der Stoßdämpfer, stoßsicher, die Stoßstange
stot|tern, er stotterte, der Stotterer, die Stotterin
die **Stra|fe**, die Strafen, die Strafarbeit, strafbar, straffrei, sträflich, der Sträfling, der Strafraum, der Strafstoß, der Strafzettel
straff
der **Strahl**, die Strahlen, strahlen, die Strahlung
die **Sträh|ne**, die Strähnen, strähnig
stramm, strammziehen
stram|peln, es strampelte
der **Strand**, die Strände, stranden
die **Stra|pa|ze**, die Strapazen, strapazieren, strapazierfähig
die **Stra|ße** [49], die Straßen, die Straßenbahn, der Straßengraben, die Straßenkreuzung, der Straßennamen, der Straßenverkehr
sträu|ben, er sträubte sich
der **Strauch**, die Sträucher
strau|cheln, er strauchelte
der **Strauß** [58], die Sträuße (1. Wiesenblumen, 2. Vogel)
stre|ben, sie strebte, der Streber, die Streberin, strebsam
stre|cken, er streckte sich, die Strecke, streckenweise
der **Streich**, die Streiche
strei|cheln, sie streichelte
strei|chen, du streichst, er strich, sie hat gestrichen, streichfähig, das Streichholz, der Strich
strei|fen, sie streifte durch den Wald, die Streife (Polizei), der Streifen
der **Streik**, die Streiks, streiken
strei|ten [30], du streitest,

er stritt, sie hat gestritten, der Streit, die Streitigkeiten, streitsüchtig
streng, die Strenge
der **Stress**, die Stresssituation
streu|en, er streute, die Streu, der Streusand, die Streusel
der **Strich**, die Striche, stricheln, der Strichpunkt
der **Strick**, die Stricke, die Strickleiter
stri|cken, sie strickte, die Stricknadel
der **Strie|men**, die Striemen
strit|tig
das **Stroh**, der Strohhalm, der Strohhut
der **Strolch**, die Strolche, strolchen
der **Strom** (großer Fluss), die Ströme, stromabwärts, stromaufwärts, strömen, die Strömung
der **Strom** (Elektrizität), der Stromkreis, die Stromleitung
die **Stro|phe**, die Strophen
strot|zen, er strotzte vor Schmutz
strub|be|lig, auch: strubblig
der **Stru|del**, die Strudel
der **Strumpf**, die Strümpfe, die Strumpfhose
strup|pig
der **Struw|wel|pe|ter**
die **Stu|be**, die Stuben, der Stubenhocker
das **Stück**, die Stücke, stückeln, stückweise
stu|die|ren, er studierte, der Student, die Studentin, das Studium
das **Stu|dio**, die Studios
die **Stu|fe**, die Stufen, stufenweise
der **Stuhl**, die Stühle
die **Stul|le** (belegtes Brot), die Stullen
stül|pen, er stülpte
stumm, der Stummfilm
der **Stum|mel**, die Stummel
der **Stüm|per**, die Stümper, stümperhaft
stumpf, der Stumpfsinn, stumpfsinnig
der **Stumpf**, die Stümpfe, der Baumstumpf
die **Stun|de**, die Stunden, stundenlang, der Stundenplan, stündlich
stur, die Sturheit
der **Sturm**, die Stürme, stürmen, der Stürmer, die Sturmflut, stürmisch
stür|zen, er stürzte, der Sturz, der Sturzbach, der Sturzhelm
die **Stu|te**, die Stuten
stut|zen, sie stutzte, stutzig
stüt|zen, er stützte, die Stütze, der Stützpunkt
das **Sty|ro|por**
das **Sub|jekt** (Satzgegenstand), die Subjekte
das **Sub|stan|tiv** (Namenwort), die Substantive
sub|tra|hie|ren, er subtrahierte, der Subtrahend, die Subtraktion
su|chen, sie suchte, die Suche
die **Sucht**, die Süchte, das Suchtgift, süchtig
der **Sü|den**, die Südfrucht, südlich, der Südpol, der Südwind
die **Süh|ne**, sühnen
die **Sül|ze**, die Sülzen
die **Sum|me**, die Summen, der Summand, summieren
sum|men, er summte, der Summton
der **Sumpf**, die Sümpfe, sumpfig
die **Sün|de**, die Sünden,

der Sünder, die Sünderin, sündigen
su|per (hervorragend), das Superbenzin, der Supermarkt, der Superstar
die **Sup|pe**, die Suppen, der Suppenlöffel
sur|fen, sie surfte, das Surfbrett, der Surfer, die Surferin
sur|ren, es surrte
süß, die Süße, süßen, die Süßigkeit, süßlich, süßsauer, das Süßwasser
der **Swim|ming|pool**, die Swimmingpools
das **Sym|bol**, die Symbole, symbolisch
die **Sym|met|rie**, symmetrisch (spiegelbildlich)
die **Sym|pa|thie**, die Sympathien, sympathisch
die **Sym|pho|nie**, auch: Sinfonie, die Symphonien
das **Sys|tem**, die Systeme, systematisch
die **Sze|ne**, die Szenen

T

der **Ta|bak**, die Tabaksdose
die **Ta|bel|le**, die Tabellen, der Tabellenstand
das **Tab|lett**, die Tabletts
die **Tab|let|te**, die Tabletten
der **Ta|cho** (Tachometer), die Tachos
der **Ta|del**, die Tadel, tadellos, tadeln
die **Ta|fel** [58], die Tafeln, tafeln (speisen)
tä|feln, er täfelte, die Täfelung
der **Tag**, die Tage, das Tagebuch, tagelang, das Tageslicht, die Tageszeit, die Tageszeitung, täglich, tagsüber, tagtäglich
der **Takt**, die Takte, das Taktgefühl, taktlos, der Taktstock, taktvoll
das **Tal**, die Täler, die Talfahrt, die Talsohle, die Talsperre
das **Ta|lent**, die Talente, talentiert
der **Ta|ler**, die Taler
der **Talg**, die Talgdrüse
der **Ta|lis|man**, die Talismane
die **Talk|show**, die Talkshows, der Talkmaster, die Talkmasterin
das **Tam|bu|rin** (Handtrommel), die Tamburine
das **Tan|dem** (Fahrrad für 2 Personen), die Tandems
tan|ken, sie tankte, der Tank, der Tanker, die Tankstelle, der Tankwart
die **Tan|ne**, die Tannen, der Tannenbaum, der Tannenzapfen
die **Tan|te**, die Tanten
der **Tanz**, die Tänze, tanzen, tänzeln, der Tänzer, die Tänzerin, der Tanzsaal, die Tanzschule
die **Ta|pe|te**, die Tapeten, der Tapetenkleister, tapezieren
tap|fer, die Tapferkeit
tap|pen, sie tappte im Dunkeln
tar|nen, er tarnte, die Tarnkappe, die Tarnung
die **Ta|sche**, die Taschen, das Taschengeld, die Taschenlampe, das Taschenmesser, der Taschenrechner, das Taschentuch
die **Tas|se**, die Tassen

die **Tas|te**, die Tasten, die Tastatur, der Tastsinn

tas|ten, sie tastete

die **Tat**, die Taten, tatenfroh, tatenlos, der Täter, die Täterin, tatkräftig, der Tatort

tä|tig, die Tätigkeit, das Tätigkeitswort

die **Tat|sa|che**, die Tatsachen, tatsächlich

tät|scheln, sie tätschelte

die **Tat|ze**, die Tatzen

das **Tau** (langes Seil), die Taue, das Tauziehen

der **Tau** (Niederschlag), tauen, der Tautropfen, das Tauwetter

taub (gehörlos), der/die Taube, die Taubheit, taubstumm

die **Tau|be**, die Tauben, taubengrau, das Taubenhaus, der Taubenschlag, der Tauber, auch: Täuberich

tau|chen, er tauchte, der Tauchanzug, der Taucher, die Taucherin, der Tauchsieder

tau|en, es taut, das Tauwetter

die **Tau|fe**, die Taufen, taufen, der Täufling, der Taufname, die Taufpaten

tau|gen, es taugte nichts, der Taugenichts, tauglich

tau|meln, sie taumelte, der Taumel, taumelig

tau|schen, er tauschte, der Tausch

täu|schen, sie täuschte, die Täuschung

tau|send, tausendfach, tausendmal, das erste Tausend Schrauben

der **Tau|send|füß|ler**, die Tausendfüßler

das **Ta|xi**, die Taxis, auch: die Taxe, die Taxen, der Taxifahrer

das **Team**, die Teams, die Teamarbeit

die **Tech|nik**, die Techniken, der Techniker, die Technikerin, technisch

der **Ted|dy**, die Teddys, der Teddybär

der **Tee**, die Tees, der Teebeutel, das Tee-Ei, die Teekanne, der Teelöffel, die Teestube

der **Tee|na|ger** (Teen|a|ger), die Teenager

der **Teer**, die Teerpappe, teeren

der **Teich**, die Teiche

der **Teig**, die Teige, teigig, die Teigwaren

der / das **Teil**, die Teile, zum Teil

tei|len, er teilte, teilbar, der Teiler, die Teilung, teilweise

teil|neh|men, du nimmst teil, er nahm teil, sie hat teilgenommen, die Teilnahme, teilnahmslos, der Teilnehmer, die Teilnehmerin

der **Teint** (Gesichtsfarbe)

das **Te|le|fax**, die Telefaxe

das **Te|le|fon**, die Telefone, telefonieren, telefonisch, die Telefonkarte, die Telefonzelle, das Mobiltelefon

das **Te|le|gramm**, die Telegramme, telegrafieren, telegrafisch

der **Tel|ler**, die Teller

der **Tem|pel**, die Tempel

das **Tem|pe|ra|ment**, die Temperamente, temperamentvoll

die **Tem|pe|ra|tur**, die Temperaturen

das **Tem|po**, die Tempos, auch: die Tempi

die **Ten|ne** (der Dreschboden), die Tennen
das **Ten|nis**, der Tennisball, der Tennisschläger, das Tennisspiel, Tennis spielen
der **Te|nor**, die Tenöre
der **Tep|pich**, die Teppiche, der Teppichboden, die Teppichstange
der **Ter|min**, die Termine
die **Ter|ras|se**, die Terrassen
der **Ter|ri|er**, die Terrier
die **Ter|ri|ne** (Suppenschüssel), die Terrinen
der **Ter|ror**, terrorisieren, der Terrorist, die Terroristin, der Terrorismus
der **Test**, die Tests, auch: Teste, testen, das Testbild
das **Tes|ta|ment**, die Testamente
teu|er, die Teuerung
der / die **Teu|fel**, teuflisch
der **Text**, die Texte
die **Tex|ti|li|en**
das / die **The|a|ter**, die Theaterkarte, das Theaterstück
die **The|ke** (Schanktisch), die Theken
das **The|ma**, die Themen, auch: die Themata
die **The|o|rie**, die Theorien
die **The|ra|pie** (Heilbehandlung)
das **Ther|mal|bad,** die Thermalbäder
das / die **Ther|mo|me|ter**
die **Ther|mos|fla|sche**, die Thermosflaschen
der **Thron**, die Throne
der **Thun|fisch**, auch: Tunfisch, die Thunfische
Thü|rin|gen, thüringisch
der **Thy|mi|an** (Gewürzpflanze)
der **Tick**, die Ticks
ti|cken, die Uhr tickte
das **Ti|cket**, die Tickets
der / das **Tie|break**, auch: Tie-Break (Spielregel beim Tennis)
tief, das Tief, die Tiefe, die Tiefgarage, tiefgefroren, tiefgekühlt, die Tiefkühltruhe
das **Tier**, die Tiere, der Tierarzt, die Tierärztin, tierlieb, die Tierquälerei, der Tierschutz
der **Ti|ger**, die Tiger
til|gen, er tilgte seine Schulden
die **Tin|te**, die Tinten, der Tintenfisch, der Tintenklecks
der **Tipp**, die Tipps, der Tippzettel
tip|pen, sie tippte einen Brief, der Tippfehler, tipptopp
der **Tisch**, die Tische, die Tischdecke, das Tischtennis
der **Tisch|ler**, die Tischler, die Tischlerei, tischlern
der / die **Ti|tel**, das Titelbild, das Titelblatt
der **Toast**, die Toaste, auch: Toasts, toasten, der Toaster
to|ben, er tobte, die Tobsucht, tobsüchtig
die **Toch|ter**, die Töchter
der **Tod**, todernst, der Todesfall, der Todfeind, todkrank, tödlich, todsicher
die **Toi|let|te**, die Toiletten, das Toilettenpapier
to|le|rant sein (duldsam)
toll, die Tollkirsche, tollkühn
tol|len (herumspringen), sie tollte
der **Toll|patsch**, die Tollpatsche, tollpatschig
die **Toll|wut**, tollwütig
der **Töl|pel**, die Tölpel, tölpelhaft
die **To|ma|te**, die Tomaten, der Tomatensaft
die **Tom|bo|la**, die Tombolas
der **Ton**, die Töne (Laute), die Tonart, das Tonband, tönen,

die Tonleiter
der **Ton** (Lehm), die Tone, das Tongefäß
die **Ton|ne** (t), die Tonnen, tonnenweise
der **Topf**, die Töpfe, die Topfpflanze
töp|fern, sie töpferte, der Töpfer, die Töpferin, die Töpferei
das **Tor** 58, die Tore, der Torlauf, der Torwart
der **Tor** (Narr), die Toren, die Torheit, töricht
der **Torf**, das Torfmoor, der Torfmull
tor|keln, er torkelte
der **Tor|nis|ter**, die Tornister
der **Tor|na|do** (Wirbelsturm), die Tornados
die **Tor|te**, die Torten
to|sen, der Fluss toste
tot, tot sein, der Tote, die Tote, töten, totenblass, der Totengräber, sich tot lachen, totenstill, die Tötung
to|tal, der Totalschaden
das / der **To|to**, der Totogewinn, der Tototreffer
die **Tour** (Fahrt), die Touren
der **Tou|rist**, die Touristen, die Touristin, der Tourismus
tra|ben, es trabte, der Trab
die **Tracht**, die Trachten, der Trachtenanzug, das Trachtenfest, das Trachtenkleid
trach|ten, sie trachtete
träch|tig
die **Tra|di|ti|on**, die Traditionen, traditionell
der **Tra|fo** (Transformator), die Trafos
trä|ge, die Trägheit
tra|gen, du trägst, er trug, sie hat getragen, tragbar, der Träger, tragfähig, die Tragfläche
tra|gisch, die Tragik
trai|nie|ren, sie trainierte, der Trainer, die Trainerin, das Training, der Trainingsanzug
der **Trak|tor** (Zugmaschine), die Traktoren
die **Tram** (Straßenbahn), die Trams
tram|peln, er trampelte
tram|pen, sie trampte, der Tramper, die Tramperin
das **Tram|po|lin**, die Trampoline
die **Trä|ne**, die Tränen, tränen, das Auge tränt
trän|ken, er tränkte, die Tränke
der **Tran|sis|tor**, die Transistoren
das **Trans|pa|rent**, die Transparente
der **Trans|port**, die Transporte, transportieren
das **Tra|pez**, die Trapeze, der Trapezkünstler
die **Tras|se** (Verlauf eines Verkehrsweges), die Trassen
die **Trau|be**, die Trauben, der Traubensaft, der Traubenzucker
trau|en, er traut mir (glaubt mir)
trau|en (verheiraten), der Pfarrer traut das Brautpaar, dieTrauung, der Trauzeuge
trau|ern, er trauerte, die Trauer, traurig, die Traurigkeit
der **Traum**, die Träume, träumen, träumerisch, traumhaft, das Traumpaar
der **Tre|cker**, die Trecker
tref|fen, du triffst, er traf, sie hat getroffen, das Treffen,

treffend, der Treffer, der Treffpunkt, treffsicher

trei|ben, du treibst, er trieb, sie hat getrieben, das Treiben, der Treiber, die Treibjagd, der Treibstoff

tren|nen, sie trennte, die Trennung, die Trennwand

die **Trep|pe**, die Treppen, treppauf, treppab, das Treppengeländer, das Treppenhaus

der **Tre|sor**, die Tresore

tre|ten, du trittst, er trat, sie hat getreten

treu, die Treue, treu ergeben, treuherzig, treulos

die **Tri|an|gel**, die Triangeln

die **Tri|bü|ne**, die Tribünen

der **Trich|ter**, die Trichter, trichterförmig, eintrichtern

der **Trick**, die Tricks, der Trickfilm

der **Trieb**, die Triebe, der Triebwagen, das Triebwerk

trif|tig (stichhaltig)

das **Tri|kot**, die Trikots

tril|lern, sie trillerte, der Triller, die Trillerpfeife

trim|men, er trimmte sich, der Trimm-dich-Pfad

trin|ken [28], du trinkst, er trank, sie hat getrunken, der Trank, trinkbar, das Trinkgeld, das Trinkwasser

trip|peln, er trippelte

der **Tritt**, die Tritte, das Trittbrett

der **Tri|umph**, die Triumphe, triumphieren

tro|cken, die Trockenheit, trocknen

der **Trö|del**, trödeln, der Trödelmarkt, der Trödler

der **Trog**, die Tröge

die **Trom|mel**, die Trommeln, das Trommelfell, trommeln, der Trommler

die **Trom|pe|te**, die Trompeten, trompeten, der Trompeter, die Trompeterin

die **Tro|pen**, tropisch

trop|fen, er tropfte, der Tropfen, tropfnass, die Tropfsteinhöhle

der **Trost**, trösten, tröstlich, trostlos

der **Trot|tel** (Dummkopf), die Trottel

trot|ten, er trottete

trotz, trotzdem

der **Trotz**, zum Trotz, der Trotzkopf

trot|zen, sie trotzte, trotzig

trüb, betrübt, trüben, das Wasser trübte sich, trübselig, trübsinnig

der **Tru|bel**

trü|gen, er trügt, trügerisch

die **Tru|he**, die Truhen

die **Trüm|mer**, der Trümmerhaufen

der **Trumpf**, die Trümpfe

der **Trut|hahn**, die Truthähne

Tsche|chi|en, tschechisch

tschüs, auch: tschüss

das **T-Shirt**, die T-Shirts

die **Tu|be**, die Tuben

die **Tu|ber|ku|lo|se**, tuberkulös

das **Tuch**, die Tücher

tüch|tig, die Tüchtigkeit

die **Tü|cke**, die Tücken, tückisch

die **Tu|gend**, tugendhaft

die **Tul|pe**, die Tulpen

sich **tum|meln**, er tummelte sich

der **Tüm|pel**, die Tümpel

der **Tu|mult**, die Tumulte

tun, du tust, er tat, sie hat getan, das Tun

der **Tun|fisch**, auch: Thunfisch, die Tunfische

tun|ken, er tunkte, die Tunke

der **Tun|nel**, die Tunnel, auch: die Tunnels
das **Tun|wort** (Verb), auch: Tuwort, die Tunwörter
tup|fen, er tupfte, der Tupfer
die **Tür**, die Türen, die Türklinke, das Türschloss
der **Tur|ban**, die Turbane
die **Tur|bi|ne**, die Turbinen
tur|bu|lent (stürmisch, ungestüm)
die **Tür|kei**, türkisch
der **Turm**, die Türme, turmhoch
tur|nen, sie turnte, der Turner, die Turnerin, die Turnhalle
das **Tur|nier**, die Turniere
die **Tu|sche**, die Tuschen
tu|scheln, er tuschelte
die **Tü|te**, die Tüten
der **Typ**, die Typen, typisch
der **Ty|rann**, die Tyrannen, tyrannisieren

U

die **U-Bahn** (Untergrundbahn), die U-Bahnen
ü|bel, übel gelaunt, übel nehmen, das Übel, die Übelkeit, der Übeltäter
ü|ben, sie übte, die Übung
ü|ber
ü|ber|all
das **Ü|ber|bleib|sel**, die Überbleibsel
der **Ü|ber|blick**, überblicken
ü|ber|drüs|sig, der Überdruss
ü|ber|ei|nan|der (ü|ber|ein|an|der) legen
ü|ber|emp|find|lich

der **Ü|ber|fall**, die Überfälle, überfallen
der **Ü|ber|fluss**, überflüssig
ü|ber|flu|ten
ü|ber|for|dern
die **Ü|ber|ga|be**, die Übergaben, übergeben
der **Ü|ber|gang**, die Übergänge, übergehen
ü|ber|glück|lich
ü|ber|haupt
ü|ber|heb|lich
ü|ber|ho|len, sie überholte
ü|ber|le|gen, er überlegte, die Überlegenheit, die Überlegung
ü|ber|lis|ten, er überlistete
ü|ber|mor|gen, übermorgen früh
ü|ber|mü|det, die Übermüdung
der **Ü|ber|mut**, übermütig
ü|ber|nach|ten, sie übernachtete, die Übernachtung
ü|ber|que|ren, er überquerte
ü|ber|ra|schen, er überraschte, die Überraschung
ü|ber|re|den, die Überredung
ü|ber|rei|chen, sie überreichte
ü|ber|reif
die **Ü|ber|schrift**, die Überschriften
der **Ü|ber|schuss**, die Überschüsse, überschüssig
der **Ü|ber|schwang**, überschwänglich
ü|ber|schwem|men, die Überschwemmung
ü|ber|set|zen, die Übersetzung
die **Ü|ber|sicht**, übersichtlich
ü|ber|sie|deln, der Übersiedler, die Übersiedlung
ü|ber|trei|ben, die Übertreibung

über|wäl|ti|gen, er überwältigte, überwältigend
über|wei|sen, du überweist, er überwies, sie hat überwiesen, die Überweisung
über|zeu|gen, sie überzeugte, die Überzeugung
der **Über|zug**, die Überzüge
üb|lich
das **U-Boot** (das Unterseeboot), die U-Boote
üb|rig, übrig bleiben, lassen
üb|ri|gens, im Übrigen
die **Übung**, die Übungen, die Übungsstunde
das **U|fer**, die Ufer, die Uferböschung, uferlos
das **U|fo**, die Ufos
die **Uhr**, die Uhren, der Uhrmacher, die Uhrzeit
der **U|hu**, die Uhus
der **UKW-Sen|der** (Ultrakurzwelle)
der **Ulk**, ulken, ulkig
die **Ul|me** (Laubbaum), die Ulmen
um, um ein Uhr
um|än|dern, sie änderte um
um|ar|men, er umarmte mich
der **Um|bau**, die Umbaue, auch: die Umbauten
um|dre|hen, die Umdrehung
der **Um|fang**, die Umfänge, umfangen, umfangreich
die **Um|fra|ge**, die Umfragen
der **Um|gang**, die Umgänge, umgänglich
um|ge|ben, die Umgebung
um|hän|gen, der Umhang
um|keh|ren, die Umkehr
der **Um|laut**, die Umlaute
um|lei|ten, sie leitete um, die Umleitung
der **Um|riss**, die Umrisse
der **Um|schlag**, die Umschläge
um|so, umso besser, umso mehr, umso weniger
um|sonst
der **Um|stand**, die Umstände, umständlich
der **Um|tausch**, umtauschen
der **Um|weg**, die Umwege
die **Um|welt**, umweltfreundlich, der Umweltschutz, die Umweltverschmutzung
um|zie|hen, du ziehst um, er zog um, sie ist umgezogen
der **Um|zug**, die Umzüge
un|ab|än|der|lich
un|ab|hän|gig, die Unabhängigkeit
un|an|ge|nehm
un|auf|hör|lich
un|aus|steh|lich
un|barm|her|zig
un|be|dingt
un|be|kannt
un|be|liebt
un|be|quem
un|be|schreib|lich
un|be|zahl|bar
und
un|ei|nig, uneins
un|end|lich
un|ent|behr|lich
un|ent|schie|den
un|er|mess|lich
un|er|müd|lich
un|er|war|tet
un|fair
der **Un|fall**, die Unfälle, die Unfallgefahr, die Unfallstation
der **Un|fug**
Un|garn, ungarisch
un|ge|fähr
das **Un|ge|heu|er**, die Ungeheuer
un|ge|nü|gend

un|ge|ra|de
un|ge|recht, die Ungerechtigkeit
das **Un|ge|tüm**, die Ungetüme
un|ge|wiss, die Ungewissheit, im Ungewissen lassen
das **Un|ge|zie|fer**
un|ge|zo|gen
un|glaub|lich
das **Un|glück**, die Unglücke, unglücklich
un|gül|tig
das **Un|heil**, Unheil verkünden, unheilbar, unheilvoll
un|heim|lich
un|höf|lich, die Unhöflichkeit
die **U|ni|form**, die Uniformen, uniformiert
die **U|ni|ver|si|tät**, die Universitäten
un|klar, im Unklaren sein
das **Un|kraut**, die Unkräuter
un|mög|lich
un|nö|tig
un|par|tei|isch
un|päss|lich
das **Un|recht**, Unrecht haben, aber: sie hat unrecht gehandelt
die **Un|ru|he**, unruhig
uns, unser, unsere
die **Un|schuld**, unschuldig
un|si|cher, die Unsicherheit
un|sicht|bar
der **Un|sinn**, unsinnig
un|tä|tig
un|ten
un|ter, unter anderem (u. a.)
der **Un|ter|arm**, die Unterarme
un|ter|bre|chen, die Unterbrechung
un|ter|ei|nan|der (un|ter|ein|an|der)
die **Un|ter|füh|rung**, die Unterführungen
der **Un|ter|gang**, untergehen
un|ter|halb
un|ter|hal|ten, die Unterhaltung, unterhaltsam
das **Un|ter|hemd**, die Unterhemden
die **Un|ter|ho|se**, die Unterhosen
un|ter|ir|disch
die **Un|ter|kunft**, die Unterkünfte
die **Un|ter|la|ge**, die Unterlagen
die **Un|ter|mie|te**, der Untermieter
das **Un|ter|neh|men**, die Unternehmen, etwas unternehmen, der Unternehmer, die Unternehmerin, die Unternehmung, unternehmungslustig
die **Un|ter|re|dung**
der **Un|ter|richt**, unterrichten, die Unterrichtsstunde
der **Un|ter|satz**, die Untersätze
un|ter|schei|den, du unterscheidest, er unterschied, sie hat unterschieden, die Unterscheidung, der Unterschied
die **Un|ter|schrift**, die Unterschriften, unterschreiben
un|ter|stüt|zen, die Unterstützung
un|ter|su|chen, die Untersuchung
die **Un|ter|tas|se**, die Untertassen
die **Un|ter|wä|sche**
un|ter|wegs
un|ter|wer|fen, die Unterwerfung, unterwürfig
die **Un|tie|fe**, die Untiefen
un|treu, die Untreue
un|ver|dau|lich
un|ver|gess|lich

un|ver|nünf|tig, die Unvernunft
un|ver|schämt, die Unverschämtheit
un|ver|ständ|lich
un|ver|zeih|lich
das **Un|wet|ter**, die Unwetter
un|wis|send
un|wohl, das Unwohlsein
un|zäh|lig, Unzählige kamen
un|zer|trenn|lich
üp|pig
ur|alt
der **U|ra|nus**
die **Ur|auf|füh|rung**, die Uraufführungen
die **Ur|groß|el|tern**, die Urgroßmutter, der Urgroßvater
der **U|rin** (Harn)
die **Ur|kun|de**, die Urkunden
der **Ur|laub**, die Urlaube, der Urlauber, die Urlauberin
die **Ur|ne**, die Urnen
die **Ur|sa|che**, die Ursachen
der **Ur|sprung**, die Ursprünge, ursprünglich
das **Ur|teil**, die Urteile, urteilen
der **Ur|wald**, die Urwälder
ur|wüch|sig
die **USA** (die Vereinigten Staaten von Amerika)

V

der **Va|ga|bund**, die Vagabunden
die **Va|nil|le**, das Vanilleeis, der Vanillepudding
die **Va|se**, die Vasen
der **Va|ter**, die Väter, Vati, das Vaterland, väterlich, vaterlos, das Vaterunser

die **Ve|ge|ta|ti|on**, die Vegetationen, der Vegetarier, vegetarisch
das **Veil|chen**, die Veilchen, veilchenblau
die **Ve|ne**, die Venen, die Venenentzündung
das **Ven|til**, die Ventile
der **Ven|ti|la|tor**, die Ventilatoren
die **Ve|nus**
ver|ab|re|den, die Verabredung
ver|ab|schie|den, er verabschiedete sich, die Verabschiedung
ver|ach|ten, verächtlich, die Verachtung
die **Ve|ran|da**, die Veranden
ver|än|dern, veränderlich, die Veränderung
ver|an|stal|ten, er veranstaltete, die Veranstaltung
ver|ant|wor|ten, die Verantwortung, verantwortlich
das **Verb** (Tuwort, Tunwort, Zeitwort), die Verben
der **Ver|band**, die Verbände, das Verbandszeug
ver|ber|gen, du verbirgst, er verbarg, sie hat verborgen, im Verborgenen
ver|bes|sern, die Verbesserung
sich **ver|beu|gen**, er verbeugte sich, die Verbeugung
ver|beu|len, verbeult
ver|bie|ten, sie verbot, das Verbot
ver|bin|den, er verband, sie hat verbunden, die Verbindung
ver|blü|hen, die Blume ist verblüht

der **Ver|brauch**, verbrauchen, der Verbraucher, die Verbraucherin
das **Ver|bre|chen**, die Verbrechen, der Verbrecher
ver|bren|nen, die Verbrennung
ver|brü|hen, sie verbrühte sich
der **Ver|dacht**, verdächtig, verdächtigen, die Verdächtigung
ver|dau|en, er verdaute, die Verdauung, verdaulich
das **Ver|deck**, die Verdecke, verdecken
ver|der|ben, es verdirbt, es verdarb, es ist verdorben, das Verderben, verderblich
ver|die|nen, er verdiente, der Verdienst (Einkommen, Lohn)
ver|dop|peln, sie verdoppelte, die Verdoppelung
ver|drie|ßen, es verdross mich, verdrießlich, der Verdruss
ver|dün|nen, er verdünnte, die Verdünnung
ver|duns|ten, es verdunstete, die Verdunstung
ver|dutzt (verblüfft)
ver|eh|ren, die Verehrung
der **Ver|ein**, die Vereine
ver|ein|ba|ren, er vereinbarte, die Vereinbarung, vereinbar
ver|ei|ni|gen, die Vereinigung, vereint
ver|ein|zelt
sich **ver|fah|ren**
ver|fas|sen, sie verfasste, der Verfasser, die Verfasserin, die Verfassung
ver|fol|gen, er verfolgte, der Verfolger, die Verfolgung
die **Ver|gan|gen|heit**, vergänglich
ver|ge|ben, sie vergab, vergeblich, die Vergebung
ver|ges|sen, du vergisst, er vergaß, sie hat vergessen, vergesslich, die Vergesslichkeit
ver|gif|ten, die Vergiftung
das **Ver|giss|mein|nicht**
ver|glei|chen, du vergleichst, er verglich, sie hat verglichen, der Vergleich, vergleichbar
das **Ver|gnü|gen**, sich vergnügen, vergnügungssüchtig
ver|grö|ßern, sie vergrößerte, die Vergrößerung, das Vergrößerungsglas
ver|haf|ten, sie verhaftete, die Verhaftung
das **Ver|hal|ten**, sich verhalten
das **Ver|hält|nis**, die Verhältnisse, verhältnismäßig
das **Ver|hält|nis|wort** (Präposition)
ver|han|deln, er verhandelte, die Verhandlung
ver|hasst
ver|heim|li|chen, er verheimlichte
ver|hei|ra|tet, die Verheiratung
ver|hin|dern, die Verhinderung
ver|höh|nen, sie verhöhnte
das **Ver|hör**, verhören
ver|hü|ten, er verhütete, die Verhütung
sich **ver|ir|ren**, er verirrte sich
ver|kau|fen, sie verkaufte, der Verkauf, der Verkäufer, die Verkäuferin, verkäuflich
der **Ver|kehr**, die Verkehrserziehung, verkehrssicher, der Verkehrsunfall, verkehrswidrig, das Verkehrszeichen
ver|kehrt
sich **ver|klei|den**, sie verkleidete sich, die Verkleidung

der **Ver|lag**, die Verlage
ver|lan|gen, er verlangte, das Verlangen
ver|län|gern, sie verlängerte, die Verlängerung
ver|las|sen, du verlässt, er verließ, sie hat verlassen
ver|läss|lich
sich **ver|lau|fen**, er verläuft sich
ver|le|gen, die Verlegenheit
ver|lei|hen, sie verlieh, der Verleih, die Verleihung
ver|let|zen, er verletzte sich, der Verletzte, die Verletzung
sich **ver|lie|ben**, sie verliebte sich, die Verliebten
ver|lie|ren, du verlierst, er verlor, sie hat verloren, verloren gehen
die **Ver|lo|bung**, die Verlobungen, sich verloben, die Verlobten
ver|lo|sen, er verloste, die Verlosung
der **Ver|lust**, die Verluste
sich **ver|mäh|len**, sie vermählten sich, die Vermählung, die Vermählten
ver|mei|den, vermeidbar
ver|mie|ten, der Vermieter, die Vermieterin
ver|mis|sen, er vermisste, der Vermisste, die Vermisste
das **Ver|mö|gen**, die Vermögen, vermögend
ver|mu|ten, sie vermutete, vermutlich, die Vermutung
ver|nach|läs|si|gen, er vernachlässigte sie
ver|nich|ten, er vernichtete, die Vernichtung
die **Ver|nunft**, vernünftig
ver|ord|nen, die Verordnung
ver|pa|cken, sie verpackte, die Verpackung
ver|pas|sen, sie verpasste den Bus
ver|pet|zen, er verpetzte ihn
ver|pfle|gen, die Verpflegung
ver|ra|ten, du verrätst, er verriet, sie hat verraten, der Verrat, der Verräter, die Verräterin
sich **ver|rech|nen**
ver|rei|sen, sie verreiste
ver|ren|ken, er verrenkte sich, die Verrenkung
ver|ros|ten, es verrostete
ver|rückt, der Verrückte, die Verrücktheit
der **Vers**, die Verse
ver|sam|meln, sie versammelte, die Versammlung
der **Ver|sand**, das Versandhaus, versenden
ver|säu|men, er versäumte, das Versäumnis
ver|schie|den, verschiedenartig, die Verschiedenheit
ver|schla|fen, er verschlief
ver|schlei|ßen, du verschleißt, er verschliss, auch: verschleißte, sie hat verschlissen, auch: verschleißt
ver|schlie|ßen, sie verschloss, der Verschluss, die Verschlüsse
ver|schwen|den, er verschwendete, verschwenderisch, die Verschwendung
ver|schwin|den, du verschwindest, er verschwand, sie ist verschwunden
das **Ver|se|hen**, aus Versehen
ver|set|zen, die Versetzung

ver|si|chern, er versicherte, der/die Versicherte, die Versicherung
ver|si|ckern, das Wasser versickert
ver|söh|nen, sie versöhnte sich, die Versöhnung
ver|sor|gen, er versorgte, die Versorgung
ver|spä|ten, er verspätete sich, die Verspätung
ver|spre|chen, du versprichst, er versprach, sie hat versprochen, das Versprechen
der **Ver|stand**
ver|stän|di|gen, sie verständigte ihn, die Verständigung, verständlich, das Verständnis
ver|stau|chen, er verstauchte, die Verstauchung
das **Ver|steck**, die Verstecke, verstecken, das Versteckspiel
ver|ste|hen, du verstehst, er verstand, sie hat verstanden
der **Ver|such**, die Versuche, versuchen, die Versuchung, versuchsweise
ver|tei|di|gen, er verteidigte, die Verteidigung
ver|tei|len, die Verteilung
der **Ver|trag**, die Verträge
ver|tra|gen, du verträgst dich, er vertrug sich, sie hat sich vertragen
ver|trau|en, sie vertraute, das Vertrauen, vertrauenswürdig, vertraulich
ver|tre|ten, du vertrittst, er vertrat, sie hat vertreten, der Vertreter, die Vertretung
ver|trei|ben, die Vertreibung, der Vertriebene

ver|un|glü|cken, er verunglückte, der/die Verunglückte
ver|ur|tei|len, sie verurteilte, die Verurteilung
ver|viel|fäl|ti|gen, er vervielfältigte
ver|wah|ren, sie verwahrte
ver|wahr|lo|sen, die Verwahrlosung
ver|wal|ten, er verwaltete, die Verwaltung
sich **ver|wan|deln**, er verwandelte sich, die Verwandlung
ver|wandt, der Verwandte, die Verwandte, die Verwandtschaft, verwandtschaftlich
ver|wech|seln, er verwechselte, die Verwechslung
der **Ver|weis**, die Verweise, verweisen
ver|wen|den, sie verwendete, verwendbar, die Verwendung
ver|wir|ren, verwirrt, die Verwirrung
ver|wit|tern, verwittert, die Verwitterung
ver|wöh|nen, er verwöhnte
ver|wun|den, sie ist verwundet, der Verwundete, die Verwundete, die Verwundung
ver|zau|bern, verzaubert
das **Ver|zeich|nis**, die Verzeichnisse
ver|zei|hen, du verzeihst, er verzieh, sie hat verziehen; verzeihlich, die Verzeihung
ver|zich|ten, sie verzichtete, der Verzicht

ver|zie|ren, du verzierst, die Verzierung
ver|zwei|feln, sie verzweifelte, die Verzweiflung
ves|pern, sie vesperte, das/die Vesper, das Vesperbrot
der **Vet|ter**, die Vettern
das **Vi|deo**, die Videos, die Videokamera, die Videokassette, der Videorekorder, die Videothek
das **Vieh**, die Viehherde, die Viehzucht
viel, mehr, am meisten, viel Glück, viel befahren, vielerlei
viel|fach
viel|leicht
viel|mals
vier, vierzehn, vierzig, das Viereck, viereckig, vierfach, viermal, das Viertel, die Viertelstunde
die **Vil|la**, die Villen
vi|o|lett
die **Vi|o|li|ne**, die Violinen, Violine spielen [5]
der / das **Vi|rus** (Krankheitserreger), die Viren, die Virusgrippe
das **Vi|sum**, die Visa
das **Vi|ta|min**, die Vitamine
der **Vo|gel**, die Vögel, das Vogelhäuschen
die **Vo|ka|bel**, die Vokabeln (einzelne Wörter)
der **Vo|kal** (Selbstlaut), die Vokale
das **Volk**, die Völker, die Volksmusik, der Volkstanz, volkstümlich
voll, völlig, vollkommen, das Vollkornbrot, die Vollmilch, der Vollmond, vollzählig
der **Vol|ley|ball**
vom (von dem)
von, voneinander
vor, vor der Schule
vo|ran (vor|an), vorangehen
vo|raus (vor|aus), im Voraus, vorausfahren, die Voraussage
vo|raus|sicht|lich (vor|aus|sicht|lich)
vor|bei, vorbeikommen
vor|be|rei|ten, er bereitete vor, die Vorbereitung
das **Vor|bild**, die Vorbilder, vorbildlich
vor|de|re, der vordere Wagen, der Vordergrund, der Vordermann, das Vorderrad, die Vorderseite
vor|ei|lig
die **Vor|fahrt**, das Vorfahrtszeichen
der **Vor|fall**, die Vorfälle
vor|ges|tern
der **Vor|hang**, die Vorhänge
vor|her, die Vorhersage
vor|hin
vo|ri|ge, vorige Woche
vor|läu|fig
vor|laut
vor|lieb, vorlieb nehmen
der **Vor|mit|tag** [2], die Vormittage, am Vormittag, heute Vormittag, vormittags
der **Vor|mund**, die Vormunde die Vormundschaft
vorn, vorne, von vorn
der **Vor|na|me**, die Vornamen
vor|nehm
der **Vor|ort**, die Vororte
der **Vor|rat**, die Vorräte, vorrätig, die Vorratskammer
die **Vor|run|de**, die Vorrunden
vor|sa|gen, sie sagte vor

A B C D E F G H I J K L M N O P Q R S T U V W X Y Z

A B C D E F G H I J K L M N O P Q R S T U V W X Y Z

der **Vor|satz**, die Vorsätze
der **Vor|schlag**, die Vorschläge, vorschlagen
die **Vor|schrift**, die Vorschriften, vorschriftsmäßig
die **Vor|schu|le**, die Vorschulen
die **Vor|sicht**, vorsichtig, vorsichtshalber
die **Vor|sil|be**, die Vorsilben
die **Vor|spei|se**, die Vorspeisen
der **Vor|sprung**, die Vorsprünge
der **Vor|stand**, die Vorstände
die **Vor|stel|lung**, die Vorstellungen, vorstellen
der **Vor|teil**, die Vorteile, vorteilhaft
der **Vor|trag**, die Vorträge, vortragen
vor|treff|lich
vo|rü|ber (vor|ü|ber), vorübergehen, vorübergehend
der **Vor|ver|kauf**, die Vorverkäufe
die **Vor|wahl**, die Vorwahlen
vor|wärts
vor|wie|gend
der **Vor|wurf**, die Vorwürfe, vorwerfen, vorwurfsvoll
vor|zie|hen, er zieht ihn vor
das **Vor|zim|mer**, die Vorzimmer
der **Vor|zug**, die Vorzüge, vorzüglich
der **Vul|kan**, die Vulkane, vulkanisch, vulkanisieren

W

die **Waa|ge**, die Waagen, waagerecht, auch: waagrecht, die Waagschale
die **Wa|be**, die Waben
wa|chen, er wachte, wach, wachsam, die Wacht, der Wächter
das **Wachs**, die Wachskerze, der Wachsmalstift, wachsweich
wach|sen, du wächst, er wuchs, sie ist gewachsen, das Wachstum, der Wuchs
wa|ckeln, er wackelte, wackelig, auch: wacklig, der Wackelkontakt
die **Wa|de**, die Waden
die **Waf|fe**, die Waffen, waffenlos, der Waffenstillstand
die **Waf|fel**, die Waffeln, das Waffeleisen
wa|gen, er wagte, wagemutig, waghalsig, das Wagnis
der **Wa|gen**, die Wagen, die Wagenladung, das Wagenrad
der **Wag|gon**, auch: Wagon, die Waggons
die **Wahl**, die Wahlen, wählen, der Wähler, die Wählerin, wählerisch, wahllos
der **Wahn|sinn**, wahnsinnig
wahr, die Wahrheit, wahrsagen, wahrscheinlich, die Wahrscheinlichkeit
wäh|rend
wahr|neh|men, er nimmt wahr, die Wahrnehmung
wahr|sa|gen, er wahrsagte, der Wahrsager, die Wahrsagerin
wahr|schein|lich
die **Wäh|rung**, die Währungen
das **Wahr|zei|chen**, die Wahrzeichen
die **Wai|se**, die Waisen, das Waisenhaus, das Waisenkind

der **Wal**, die Wale, das Walross
der **Wald**, die Wälder, der Waldbrand, der Waldrand, das Waldsterben
der **Walk|man**, die Walkmans, auch: die Walkmen
der **Wall**, die Wälle
die **Wall|fahrt**, die Wallfahrten, wallfahren, der Wallfahrtsort
die **Wal|nuss**, die Walnüsse
das **Wal|ross**, die Walrosse
die **Wal|ze**, die Walzen, walzen
wäl|zen, er wälzte sich im Dreck
der **Wal|zer**, die Walzer
die **Wand**, die Wände, die Wandkarte, die Wandtafel, die Wanduhr
der **Wan|del**, wandeln, die Wandlung
wan|dern, er wanderte, der Wanderer, die Wanderin, die Wanderkarte, die Wanderschuhe, der Wandertag, die Wanderung
die **Wan|ge**, die Wangen
wan|ken, er wankte
wann
die **Wan|ne**, die Wannen
das **Wap|pen**, die Wappen, das Wappentier
es **war**, es wäre (Grundform: sein)
die **Wa|re**, die Waren, das Warenhaus
warm, warm halten, die Wärme
wär|men, sie wärmte, die Wärmflasche, warmherzig
war|nen, er warnte, das Warndreieck, das Warnlicht, die Warnung
war|ten, er wartete, der Wartesaal, das Wartezimmer
der **Wär|ter**, die Wärter, die Wärterin

wa|rum (war|um)
die **War|ze**, die Warzen
was, was ist das?
wa|schen, du wäschst, er wusch, sie hat gewaschen, die Wäsche, die Wäscherei, der Wäschetrockner, der Waschlappen, die Waschmaschine, das Waschpulver
das **Was|ser** 24, 54, wasserdicht, der Wasserdampf, der Wasserfall, der Wasserhahn, die Wasserleitung, wasserscheu, wässrig, die Wasserverschmutzung, die Wasserwaage
wa|ten, er watete
wat|scheln, sie watschelte
das **Watt** (1. Glühbirne von 60 Watt, 2. Land, das bei Flut überspült wird), das Wattenmeer
die **Wat|te**, der Wattebausch, wattieren
das **WC** (Toilette), die WCs
we|ben, sie webte, auch: sie wob, der Weber, die Weberin, der Webrahmen, der Webstuhl
wech|seln, er wechselte, der Wechsel, das Wechselgeld, wechselhaft, der Wechselstrom
we|cken, sie weckte, der Wecker, aufwecken
der **We|cken** (Weizenbrötchen), auch: Weck, die Wecken, auch: die Wecke
we|deln, er wedelte
we|der, weder … noch …
weg, wegfahren, weggehen, wegnehmen, wegwerfen
der **Weg**, die Wege, der Wegweiser

A B C D E F G H I J K L M N O P Q R S T U V W X Y Z

we|gen, wegen des Sturmes
weh, es tut weh, wehleidig, wehmütig
die **We|he** (Schneewehe)
die **We|hen** (bei der Geburt)
we|hen, der Wind wehte
sich **weh|ren**, sie wehrte sich, das Wehr (Stauwerk), wehrlos, die Wehrpflicht
das **Weib**, die Weiber (früher Bezeichnung für Frau), weiblich
weich, weich gekocht
die **Wei|che**, die Weichen
wei|chen, du weichst, er wich, sie ist gewichen
die **Wei|de**, die Weiden (1. Baum, Strauch, 2. Platz, auf dem das Vieh weidet), weiden, der Weidenbaum, die Weidenkätzchen
sich **wei|gern**, sie weigerte sich, die Weigerung
wei|hen, er weihte, der Weihrauch, das Weihwasser
der **Wei|her** (kleiner Teich), die Weiher
Weih|nach|ten, auch: Weihnacht, weihnachtlich, der Weihnachtsabend, der Weihnachtsbaum, das Weihnachtsfest
weil
die **Wei|le**, ein Weilchen
der **Wein**, die Weine, der Weinberg, der Weinkeller, der Weinstock, die Weintraube
wei|nen [31], er weinte, weinerlich
wei|se (klug), der Weise, die Weisheit, der Weisheitszahn
die **Wei|se**, die Weisen (1. Melodie, 2. die Art und Weise)
weiß, das Weißbrot, weißhaarig, der Weiße Sonntag
der **Weiß|kä|se** (Quark)
weit, von weitem, die Weite, das Weite suchen, weitläufig, weitsichtig, weit springen, der Weitsprung
wei|ter, ohne weiteres, weitersagen
der **Wei|zen**, das Weizenmehl
wel|cher, welche, welches
welk, welken, sie welkte
die **Wel|le**, die Wellen, das Wellblech, die Wellenlinie, die Wellpappe
der **Wel|len|sit|tich**, die Wellensittiche
die **Welt**, die Welten, das Weltall, weltfremd, der Weltmeister, der Weltraum, der Weltrekord, weltweit, die Dritte Welt
wem, wem glaubst du?
der **Wem|fall** (3. Fall, Dativ)
wen, wen hörst du?
wen|den, du wendest, er wendete, auch: wandte, sie hat gewendet, auch: gewandt, die Wende, die Wendeltreppe, der Wendepunkt, wendig, die Wendung
der **Wen|fall** (4. Fall, Akkusativ)
we|nig, wenigstens, wenig befahren
wenn, wenn du willst ...
wer, wer ruft mich?
wer|ben, du wirbst, er warb, sie hat geworben, die Werbung
wer|den, du wirst, er wurde, sie ist geworden
der **Wer|fall** (1. Fall, Nominativ)

wer|fen, du wirfst, er warf, sie hat geworfen
die **Werft**, die Werften
das **Werk**, die Werke, werken, die Werkstatt, der Werktag, werktags, werktätig, das Werkzeug
der **Wert**, die Werte, wert sein, werten, wertlos, wertvoll
we|sent|lich, im Wesentlichen
die **We|ser** (Fluss)
der **Wes|fall** (2. Fall, Genitiv)
wes|halb
die **Wes|pe**, die Wespen, das Wespennest
wes|sen
die **Wes|te**, die Westen, die Westentasche
der **Wes|ten**, der Western, westlich, der Westwind, der Wilde Westen
West|fa|len, westfälisch
wes|we|gen
wet|ten, sie wettete, der Wettbewerb, die Wette, der Wettkampf, wettlaufen, das Wettrennen
das **Wet|ter** 55, der Wetterbericht, wetterfest, die Wettervorhersage
wet|zen, er wetzte das Messer
der **Wicht**, die Wichte
wich|tig, die Wichtigkeit, der Wichtigtuer
wi|ckeln, er wickelte, der Wickel
wi|der (gegen), der Widerhaken, der Widerhall, widerlegen, widerlich, widerrufen, der Widersacher, widerspenstig, widersprechen, der Widerstand, der Widerwille
wid|men, sie widmete, die Widmung
wie, wie viel, wie viele, wie viele Mal, wie weit
wie|der (noch einmal)
wie|der|ho|len, die Wiederholung
wie|der|se|hen, das Wiedersehen
die **Wie|ge**, die Wiegen, das Wiegenlied
wie|gen, du wiegst, er wog, sie hat gewogen
wie|hern, es wieherte
die **Wie|se**, die Wiesen
das **Wie|sel**, die Wiesel, wieselflink
wie|so
der **Wi|kin|ger**, die Wikinger
wild, wildern, der Wilderer, wildfremd, die Wildnis, das Wildschwein, wild wachsend
der **Wil|le**, willensstark, willig
will|kom|men
wim|meln, es wimmelte, das Gewimmel
wim|mern, das Baby wimmerte
der **Wim|pel**, die Wimpel
die **Wim|per**, die Wimpern
der **Wind**, die Winde, windig, die Windjacke, die Windmühle, die Windschutzscheibe, windstill
die **Win|del**, die Windeln
win|den, du windest, er wand, sie hat gewunden, die Windung
der **Win|kel**, die Winkel, der Winkelmesser, winklig
win|ken, sie winkte, der Wink
win|seln, er winselte
der **Win|ter**, die Winter, winterlich, der Wintermantel, der Winterschlaf, der Wintersport, die Winterzeit
der **Win|zer**, die Winzer, die Winzerin

A B C D E F G H I J K L M N O P Q R S T U V W X Y Z

win|zig, der Winzling
der **Wip|fel**, die Wipfel
die **Wip|pe**, die Wippen, wippen
wir
der **Wir|bel**, die Wirbel, die Wirbelsäule
wir|beln, er wirbelte, der Wirbelsturm
wir|ken, sie wirkte, wirksam, die Wirkung
wirk|lich, die Wirklichkeit
die **Wirk|wa|ren**
wirr, der Wirrwarr
der **Wirt**, die Wirte, die Wirtin, die Wirtschaft, wirtschaften, das Wirtshaus
wi|schen, er wischte, der Wisch, der Wischer
wis|pern, er wisperte
wis|sen, du weißt, er wusste, sie hat gewusst, wissbegierig, das Wissen, die Wissenschaft, der Wissenschaftler, die Wissenschaftlerin, wissenswert
wit|tern, es witterte, die Witterung
die **Wit|we**, die Witwen
der **Wit|wer**, die Witwer
der **Witz**, die Witze, der Witzbold, witzeln, witzig, witzlos
wo, wo bist du? woanders, wobei
die **Wo|che**, die Wochen, das Wochenende, wochenlang, der Wochenmarkt, der Wochentag, wöchentlich
wo|durch
wo|für
die **Wo|ge**, die Wogen, wogen
wo|her, wohin
wohl, sich wohl fühlen, das Wohl, zum Wohl, wohlauf, das Wohlbefinden, wohlhabend, die Wohltat
woh|nen 46, er wohnte, wohnhaft, das Wohnhaus, wohnlich, der Wohnort, die Wohnung, das Wohnzimmer
der **Wolf**, die Wölfe
die **Wol|ke**, die Wolken, der Wolkenbruch, der Wolkenkratzer, wolkenlos, wolkig
die **Wol|le**, die Wolldecke, die Wolljacke, das Wollknäuel
wol|len, du willst, er wollte, sie hat gewollt
wo|mit
wo|mög|lich
wo|ran, worauf, woraus, worin
der **Work|shop**, die Workshops
das **Wort**, die Wörter, auch: die Worte, die Wortart, das Wörterbuch, die Wortfamilie, wörtlich, wortlos, der Wortschatz
wo|rü|ber (wor|ü|ber)
wo|rum (wor|um)
wo|von
wo|vor
wo|zu
das **Wrack**, die Wracks
wrin|gen, du wringst, er wrang, sie hat gewrungen
wu|chern, es wucherte
die **Wucht**, wuchtig
wüh|len, er wühlte
die **Wun|de**, die Wunden, wund sein, der Wundstarrkrampf
das **Wun|der**, die Wunder, wunderbar, wunderschön
sich **wun|dern**, er wunderte sich

der **Wunsch**, die Wünsche,
der Wunschtraum,
der Wunschzettel
wün|schen, sie wünschte,
wünschenswert
die **Wür|de**, die Würden,
würdig
der **Wurf**, die Würfe [58]
der **Wür|fel**, die Würfel, würfeln,
das Würfelspiel,
der Würfelzucker
wür|gen, er würgte
der **Wurm**, die Würmer,
wurmstichig
die **Wurst**, die Würste,
das Würstchen
Würt|tem|berg,
württembergisch
die **Wür|ze**, würzen, würzig
die **Wur|zel**, die Wurzeln, wurzeln,
der Wurzelstock
die **Wüs|te**, die Wüsten, wüst
die **Wut**, der Wutanfall, wüten,
wütend

X

die **X-Bei|ne**, x-beinig
x-beliebig (irgendein)
x-fach (vielfach)
x-mal (sehr oft)
zum **x-ten** Mal
das **Xy|lo|phon**, auch: Xylofon,
die Xylophone

Y

die **Yacht**, auch: die Jacht,
die Yachten
der **Yak**, auch: Jak, die Yaks,
(Grunzochse oder Hausrind aus Asien)
der **Ye|ti**, die Yetis
das / der **Yo|ga**, auch: Joga
das **Yo-Yo**, auch: das Jo-Jo
das **Yp|si|lon**, die Ypsilons

Z

die **Za|cke**, auch:
der Zacken, die Zacken,
zackig, gezackt
zag|haft
zäh, zähflüssig, die Zähigkeit
die **Zahl**, die Zahlen,
die Zahlenreihe, zahllos,
zahlreich, das Zahlwort
zah|len, er zahlte,

die Zahlkarte, die Zahlung
zäh|len 25, sie zählte, zählbar, der Zähler, die Zählung
zahm, zähmen, die Zähmung
der **Zahn** 58, die Zähne, der Zahnarzt, die Zahnärztin, die Zahnbürste, die Zahnpasta, das Zahnrad, die Zahnschmerzen
die **Zan|ge**, die Zangen
zan|ken, er zankte, der Zank, zänkisch
der **Zap|fen**, die Zapfen, das Zäpfchen, zapfen, die Zapfsäule
zap|peln, sie zappelte, zappelig, auch: zapplig
zart, zärtlich, die Zärtlichkeit
zau|bern, er zauberte, der Zauber, die Zauberei, der Zauberer, die Zauberin, das Zauberkunststück
der **Zaum**, die Zäume, das Zaumzeug
der **Zaun**, die Zäune, der Zaunkönig, der Zaunpfahl
das **Ze|bra**, die Zebras, der Zebrastreifen
die **Ze|che**, die Zechen
die **Ze|cke**, die Zecken
die **Ze|he**, auch: der Zeh, die Zehen, die Zehenspitze
zehn, die Zehn, der Zehner, zehnfach, zehnmal, ein Zehntel
zeh|ren, er zehrte
das **Zei|chen**, die Zeichen, die Zeichensetzung, die Zeichensprache
zeich|nen, sie zeichnete, der Zeichenblock, die Zeichnung
zei|gen, er zeigte, der Zeigefinger, der Zeiger
die **Zei|le**, die Zeilen, zeilenweise
die **Zeit**, die Zeiten, eine Zeit lang, das Zeitalter, die Zeitform, zeitgemäß, zeitig, zeitraubend, zeitweise
die **Zeit|schrift**, die Zeitschriften
die **Zei|tung**, die Zeitungen, der Zeitungsartikel
das **Zeit|wort** (Tuwort, Tunwort, Tätigkeitswort, Verb)
die **Zel|le**, die Zellen
das **Zelt**, die Zelte, zelten, das Zeltlager
der **Ze|ment**, zementieren
die **Zen|sur**, die Zensuren, zensieren
der **Zen|ti|me|ter** (cm), die Zentimeter
der **Zent|ner** (50 kg), die Zentner, zentnerschwer
zen|tral, die Zentrale, die Zentralheizung
das **Zen|trum**, die Zentren
der **Zep|pe|lin**, die Zeppeline
zer|bre|chen, du zerbrichst, er zerbrach, sie hat zerbrochen, zerbrechlich
der **Zer|fall**, zerfallen
zer|klei|nern, er zerkleinerte
zer|knül|len, sie zerknüllte
zer|le|gen, er zerlegte, die Zerlegung
zer|lumpt
zer|quet|schen, er zerquetschte
zer|rei|ben
zer|rei|ßen, zerrissen
zer|ren, sie zerrte, die Zerrung
zer|stö|ren 32, er zerstörte, die Zerstörung
zer|streu|en, zerstreut, die Zerstreuung
zer|zaust

der **Zet|tel**, die Zettel
das **Zeug**, das Werkzeug
der **Zeu|ge**, die Zeugen, die Zeugin, die Zeugenaussage
zeu|gen, die Zeugung
das **Zeug|nis**, die Zeugnisse
die **Zi|cke** (Ziege)
im **Zick|zack** laufen
die **Zie|ge**, die Ziegen, der Ziegenbock, der Ziegenkäse
der **Zie|gel**, die Ziegel, die Ziegelei, der Ziegelstein
zie|hen, du ziehst, er zog, sie hat gezogen, der Ziehbrunnen, die Ziehharmonika, die Ziehung
das **Ziel**, die Ziele, zielbewusst, zielen, ziellos, die Zielscheibe, zielsicher
ziem|lich
die **Zier** (Zierde), sich zieren, zierlich
die **Zif|fer**, die Ziffern, das Zifferblatt
die **Zi|ga|ret|te**, die Zigaretten
die **Zi|gar|re**, die Zigarren
der **Zi|geu|ner**, die Zigeuner, die Zigeunerin
das **Zim|mer**, die Zimmer, der Zimmermann, zimmern
zim|per|lich
der **Zimt**, die Zimtstange
das **Zink**, das Zinkblech
das **Zinn**, das Zinngeschirr, der Zinnsoldat
der **Zins**, die Zinsen
der **Zip|fel**, die Zipfel, die Zipfelmütze
zir|ka (ca.), auch: circa
der **Zir|kel**, die Zirkel
die **Zir|ku|la|ti|on**, zirkulieren
der **Zir|kus**, die Zirkusse
zir|pen, die Grille zirpte

zi|schen, er zischte
die **Zi|ther**, die Zithern
die **Zi|tro|ne**, die Zitronen, der Zitronenfalter, zitronengelb
zit|tern, sie zitterte, zittrig
die **Zit|ze**, die Zitzen
zi|vil, der Zivilist, der Zivildienst
der **Zoll**, die Zölle, das Zollamt, der Zöllner, verzollen
der **Zoll|stock**, die Zollstöcke
der **Zoo**, die Zoos
der **Zopf**, die Zöpfe
der **Zorn**, zornig
zot|te|lig, auch: zottlig
zu
zu|al|ler|erst, zuallerletzt
das **Zu|be|hör**
zu|be|rei|ten, die Zubereitung
züch|ten, er züchtete, die Zucht, das Zuchtvieh
zu|cken, der Blitz zuckte
der **Zu|cker**, zuckerkrank, zuckern, das Zuckerrohr, die Zuckerrübe, zuckersüß
zu|de|cken, sie deckte zu
zu|dring|lich
zu|ei|nan|der (zu|ein|an|der) finden, kommen
zu|erst
die **Zu|fahrt**, die Zufahrten, die Zufahrtsstraße
der **Zu|fall**, die Zufälle, zufällig
die **Zu|flucht**, der Zufluchtsort
zu|flüs|tern, er flüsterte mir zu
zu|frie|den, die Zufriedenheit
zu|frie|ren, es friert zu
der **Zug**, die Züge, der Zugführer, die Zugführerin, das Zugunglück
der **Zug**, die Zugluft, zugig
die **Zu|ga|be**, die Zugaben
der **Zü|gel**, die Zügel, zügeln
zu|gleich

A B C D E F G H I J K L M N O P Q R S T U V W X Y Z

zu|guns|ten, auch: zu Gunsten
das **Zu|hau|se**, zu Hause sein, auch: zuhause sein
der **Zu|hö|rer**, die Zuhörer, die Zuhörerin, zuhören
zu|klap|pen
zu|kle|ben
zu|knöp|fen, zugeknöpft
die **Zu|kunft**, zukünftig
zu|las|sen, er lässt zu, zulässig
zu|letzt
zu|lie|be, dir zuliebe
zum (zu dem), zum Beispiel (z. B.)
zu|ma|chen (schließen), aber: Es ist nichts zu machen.
zu|meist
zu|min|dest
zu|nächst
die **Zu|nah|me**, zunehmen
der **Zu|na|me** (Familienname), die Zunamen
zün|den, er zündete, das Zündholz, die Zündkerze, die Zündung
die **Zu|nei|gung**
die **Zunft**, die Zünfte
die **Zun|ge**, die Zungen
zün|geln, sie züngelte
zup|fen, er zupfte
zur (zu der)
zu|recht, sich zurechtfinden
zür|nen, er zürnte
zu|rück, zurückgeben, zurückkehren, zurückkommen
der **Zu|ruf**, die Zurufe
zur|zeit (gerade jetzt), aber: zur Zeit (z. Z.) Goethes
die **Zu|sa|ge**, die Zusagen
zu|sam|men, zusammen sein
zu|sam|men|ar|bei|ten, die Zusammenarbeit
der **Zu|sam|men|bruch**, die Zusammenbrüche
zu|sam|men|fas|sen, er fasste zusammen, die Zusammenfassung
der **Zu|sam|men|hang**, die Zusammenhänge, zusammenhängen
zu|sam|men|schrei|ben, die Zusammenschreibung
zu|sam|men|sto|ßen, der Zusammenstoß
zu|sätz|lich
zu|schau|en, der Zuschauer, die Zuschauerin
die **Zu|schrift**, die Zuschriften
der **Zu|stand**, die Zustände, zustande bringen, zuständig
zu|stim|men 39, die Zustimmung
die **Zu|tat**, die Zutaten
das **Zu|trau|en**, zutrauen, er traute mir etwas zu, zutraulich
zu|tref|fen, es traf zu
zu|ver|läs|sig, die Zuverlässigkeit
die **Zu|ver|sicht**, zuversichtlich
zu viel, zu viele
zu|vor, zuvorkommen
der **Zu|wachs**
die **Zu|wen|dung**, die Zuwendungen
zu we|nig, zu wenige
zu|wi|der
zu|zie|hen, du ziehst zu, er zog zu, sie hat zugezogen
der **Zwang**, die Zwänge, zwängen, zwanglos
zwan|zig, die Zwanzig, zwanzigfach, zwanzigjährig, auch: 20-jährig
zwar
der **Zweck**, die Zwecke, zwecklos, zweckmäßig

zwei, die Zwei, zweierlei, zweifach, zweifarbig, zweimal, zweiteilig

der **Zwei|fel**, die Zweifel, zweifelhaft, zweifellos, zweifeln, der Zweifler

der **Zweig**, die Zweige

der **Zwerg**, die Zwerge, zwergenhaft

die **Zwet|sche**, auch: die Zwetschge, die Zwetschen, auch: die Zwetschgen

zwi|cken, es zwickte, der Zwickel, die Zwickmühle

der **Zwie|back**, die Zwiebäcke, auch: Zwiebacke

die **Zwie|bel**, die Zwiebeln

der **Zwil|ling**, die Zwillinge, das Zwillingspaar

zwin|gen, du zwingst mich, er zwang mich, sie hat mich gezwungen, zwingend

der **Zwin|ger**, die Zwinger

zwin|kern, er zwinkerte

der **Zwirn**, die Zwirne, der Zwirnsfaden

zwi|schen, zwischendurch, der Zwischenfall, der Zwischenraum, der Zwischenruf

der **Zwist** (Streit), die Zwistigkeit

zwit|schern, er zwitscherte

zwölf, die Zwölf, zwölffach, zwölfmal, ein Zwölftel

der **Zy|lin|der**, die Zylinder, der Zylinderhut, zylindrisch

die **Zy|pres|se**, die Zypressen

Hinweise zum vierten Teil des Wörterbuches

Manchmal fällt die Entscheidung schwer! Wird ein Wort groß- oder kleingeschrieben? Wird eine Wortgruppe getrennt oder zusammengeschrieben? Du findest zehn Beispiele zu diesen beiden Problemen im vierten Teil des Wörterbuches. Sie sollen dir bei deiner Entscheidung helfen.

Was sind Wortfamilien?

Wörter haben den **gleichen Wortstamm**. Dann sind sie miteinander verwandt und gehören zu einer **Wortfamilie**.
Beispiel: Sturm – stürmen – stürmisch.
Du findest in diesem vierten Teil 15 Beispiele für Wortfamilien. Wenn du auf den Wortstamm achtest, kannst du besser richtig schreiben.

Verwandte Wörter: **danken**, der **Dank**, **dank**bar, die **Dank**barkeit, be**danken**

Suche folgende Wörter: rechnen, kaufen, kennen, helfen, die Nummer, das Märchen, der Mensch.
Schreibe die Wortfamilie zu diesen Wörtern und notiere die Seite.
Schreibe so: danken, er dankte, der Dank, die Dankbarkeit, dankbar = Seite ☐

Wenn dir zu einer Wortfamilie noch weitere Wörter einfallen, schreibe sie auch zu der Wortgruppe.

Hinweise zum vierten Teil des Wörterbuches

Was sind Wortfelder?

Wörter haben eine **ähnliche Bedeutung**. Dann gehören sie zu einem **Wortfeld**.
Beispiel: Krach – Geräusch – Gepolter – Geschrei – Unruhe
Du findest 17 Beispiele für Wortfelder in diesem vierten Teil des Wörterbuches.
Wenn du selbstständig Texte schreibst, helfen dir diese Wortfelder bei der Auswahl von treffenden Wörtern.

Wetterbericht

Man braucht verschiedene Wörter, wenn man das Wetter beschreiben will.
Wortfeld: wolkenlos, heiter, eisig, warm, heiß, kalt, kühl, heiter, bewölkt, wolkig, sonnig, trübe, nebelig, regnerisch, windig, stürmisch, diesig, klar, gewitterig, windstill, schwül, trocken ...
Wähle aus diesem Wortfeld die Wörter aus, die das augenblickliche Wetter beschreiben.
Beispiel: heiter bis wolkig, warm und trocken – oder: nebelig, trüb und für die Jahreszeit zu kühl.

Wörter zu sachkundlichen Themen

Hier findest du umfangreiche **Wortsammlungen** für den Sachkunde-Unterricht.
Wenn du für Sachkunde selbstständig Texte verfassen willst, kannst du hier nachschlagen. Die Sammlung von „Spezialwörtern" hilft dir bei Rechtschreibschwierigkeiten. Du brauchst dann nicht jedes Wort einzeln im Wörterbuch zu suchen.

Hinweise zum vierten Teil des Wörterbuches

Wortschatz wird größer

Suche dir die Überschrift **Straße**. Lies alle Wörter dieser Wortsammlung aufmerksam. Schreibe die Tunwörter (Tuwörter) und die Wiewörter. Schreibe mit einigen dieser Wörter selbstständig Sätze.
Suche dir einen Partner und diktiert euch abwechselnd die Namenwörter.

Wörter mit zwei Bedeutungen

der Kamm

Manche Wörter haben **verschiedene Bedeutung**. Einige dieser Wörter sind bei der Nummer 58 bildlich dargestellt. So kannst du die Wortbedeutungen besser verstehen.

mein Teekesselchen ...

- Ihr kennt das Ratespiel „Teekesselchen“. Dabei wird immer ein Wort mit zwei Bedeutungen gesucht.
  Spielt das Spiel auch mit folgenden Wörtern:
  Äpfel (Pferdeapfel, Apfel zum Essen), Nadel (Tannennadel, Nähnadel), Blatt (Blatt vom Baum, Briefblatt)
- Denke dir selbst noch weitere Wörter mit zweierlei Bedeutung aus. Du kannst auch zu jeder Bedeutung ein Bild malen und dann deinen Partner raten lassen, wie das Wort heißt.

Groß- und Kleinschreibung

1 Dienstag

Dienstag wird **großgeschrieben**, wenn ein Wort darauf hinweist: an einem Dienstag, nächsten Dienstag, eines Dienstagabends, jeden Dienstagabend. **Dienstag** wird **kleingeschrieben**, wenn etwas immer am Dienstag stattfindet. Dann wird an das Wort ein Ⓢ angehängt: Wir wollen uns immer dienstags treffen. Wir spielen immer dienstagabends Tischtennis.

Groß- und Kleinschreibung

2 Morgen

Morgen wird **großgeschrieben**, wenn die Wörter gestern, heute, vorgestern davor stehen: Ich fühle mich heute Morgen krank. Wir haben uns gestern Morgen auf dem Schulweg getroffen.
Morgen wird **kleingeschrieben**, wenn der Zeitpunkt immer morgens liegt. Dann wird ein Ⓢ angehängt: Das Training findet immer morgens statt.
Diese Regeln gelten für alle Tageszeiten.

Groß- und Kleinschreibung

3 rot

Rot wird **großgeschrieben**, wenn es als Namenwort (Substantiv) gebraucht wird: die Farbe Rot, Rot steht ihr gut. Rot (Spielkarte) ist Trumpf. Du musst bei Rot (Ampel) halten!
Rot wird **kleingeschrieben**, wenn es als **Eigenschaftswort** (Adjektiv) verwendet wird: Vom Weinen bekam er rote Augen. Der rote Pulli steht ihr besonders gut.
Diese Regeln gelten für alle Farben.

Groß- und Kleinschreibung – Getrennt- oder Zusammenschreibung

4 Mal

Mal wird **großgeschrieben**, wenn es als Namenwort (Substantiv) gebraucht wird: das erste Mal, das zweite Mal, kein einziges Mal, zum ersten Mal, das nächste Mal, ein paar Mal, dieses Mal, manches Mal, mehrere Male, viele Male.
Mal wird in Zusammensetzungen **kleingeschrieben**: einmal, zweimal, dreimal, hundertmal …, diesmal, keinmal, manchmal, erstmals, mehrmals, vielmals, ein paarmal.

Besondere Rechtschreibschwierigkeiten

Getrennt- oder Zusammenschreibung

5 Rad fahren

Wortgruppen aus **Namenwort** (Substantiv) und **Tunwort** (Verb) werden **getrennt** geschrieben: **Auto** fahren, **Flöte, Klavier, Trompete, Klarinette** spielen, **Rad** fahren, **Rad** schlagen.

Wenn die Verbindung aber als **Namenwort** (Substantiv) gebraucht wird, schreibt man sie **zusammen und groß**: das Radfahren, vom Radfahren.

Ich will heute Nachmittag Rad fahren.
Wir freuen uns schon morgens auf das Radfahren am Nachmittag.

Getrennt- oder Zusammenschreibung

6 kennen lernen

Wortgruppen aus **Tunwort** (Verb) und **Tunwort** (Verb) werden getrennt geschrieben: **fallen** lassen, **kennen** lernen, **liegen** lassen, **sitzen** bleiben, **spazieren** gehen.

Bei dem Fest haben wir uns kennen gelernt.
Bei der Passkontrolle konnten wir im Bus sitzen bleiben.
Vor Schreck hat er die Tasse fallen lassen.

Groß- und Kleinschreibung

7 erste

Erste wird **großgeschrieben**, wenn es als Namenwort (Substantiv) gebraucht wird: Sie war als Erste im Ziel. Er wollte immer der Erste sein. Sie war die Erste, die mich besuchte.

Erste wird **kleingeschrieben**, wenn es als Eigenschaftswort (Adjektiv) gebraucht wird: das erste Mal, das erste Fahrzeug in der Kolonne, erste Hilfe leisten, die beiden ersten Häuser in der Straße.

Diese Regeln gelten für alle Ordnungszahlen.

Getrennt- oder Zusammenschreibung

8 gleich

Gleich wird mit dem nachfolgenden Eigenschaftswort (Adjektiv) **zusammengeschrieben**, da es nicht erweitert oder gesteigert werden kann: gleichzeitig, gleichmäßig, gleichgültig, gleichartig, gleichbedeutend, gleichberechtigt, gleichaltrig, gleichfalls.

Gleich wird vom nachfolgenden Eigenschaftswort (Adjektiv) **getrennt** geschrieben, wenn der Vergleich gemeint ist: gleich groß, gleich stark, gleich schnell, gleich alt, gleich breit, gleich schwer.

Gleich kann auch als Namenwort (Substantiv) verwendet werden. Es wird dann **großgeschrieben**: das Gleiche tun, auf das Gleiche hinauskommen, es ist das Gleiche, Gleiches mit Gleichem vergelten.

Getrennt- oder Zusammenschreibung

9 selbst

Selbst wird mit dem nachfolgenden Eigenschaftswort (Adjektiv) **zusammengeschrieben**: selbstsicher, selbstgefällig, selbstgenügsam, selbstgerecht, selbstherrlich, selbstsüchtig.

Selbst wird **getrennt** geschrieben, wenn ein Mittelwort (Partizip) folgt: selbst erbaut, selbst gebacken, selbst geflochten, selbst gemacht, selbst ernannt, selbst gestrickt.

Groß- und Kleinschreibung

10 neu

Neu wird **kleingeschrieben**, wenn es als Eigenschaftswort (Adjektiv) gebraucht wird: das neue Haus, im neuen Jahr, seit neuestem, von neuem.

Neu wird **großgeschrieben**, wenn es als Namenwort (Substantiv) verwendet wird. Man kann den **Begleiter** (Artikel) oder **etwas, manches, nichts, viel** davor schreiben: das Neue löst das Alte ab, aufs Neue, etwas Neues, manches Neue, nichts Neues, was gibt es Neues?

Auch in **Eigennamen** wird **neu großgeschrieben**: das Neue Testament, die Neue Welt, Neuer Markt.

Diese Regeln gelten für alle Eigenschaftswörter.

Wortfamilien

11 **ackern**
der Acker wird gepflügt
die Äcker sind bestellt
Ackerbau betreiben
den Boden beackern
das Ackerland
der Ackerrain
die Ackerwinde

12 **bauen**
baufällig
bausparen
sich etwas verbauen
das Gebäude
der Bau des Fuchses
Kartoffeln anbauen
der Ackerbau
der Straßenbau
der Bauer
der Altbau
die Neubauwohnung
eine Fläche mit Häusern bebauen

13 **binden**
die Binde
die Bindung
der Bindestrich
der Bindfaden
verbinden
der Verband
das geflochtene Band
die Räuberbande
Der Vertrag ist verbindlich.
der Tierbändiger
die Augenbinde
die Entbindung (Geburt)
ein Bund Petersilie
ein Bündel Kleider
Das Stroh wird gebündelt.
die Verbündeten
das Bündnis zweier Parteien

14 **brechen**
der Bruch
der Wortbruch
der Wolkenbruch
der Schiffbruch
die Schiffbrüchigen
Die Mauer ist brüchig.
sich erbrechen
einen Stab brechen
eine Rede unterbrechen
schwere Brecher auf See
der Verbrecher
die Gebrechen alter Leute
Alte Leute sind gebrechlich.
Das Land liegt brach.
die Bruchstelle
die Brechstange
das Verbrechen

15 **fahren**
fahrbereit
die Fahrbahn
die Fähre
der Fahrer
der Fahrplan
das Fahrrad
die Fahrt
das Fahrzeug
die Fahrkarte
die Fahrspur
der Fahrstuhl
fahrlässig
die Fahrtrichtung
Der Weg ist befahrbar.
die Vorfahrt
gefährlich
die Fährte im Sand
der Fuhrmann
die Fuhre
das Fuhrwerk
die Müllabfuhr

das Fahrgestell
fahrtüchtig

16 **fallen**
der Abfall
der Fallschirm
der Fall
das Gefälle
der Holzfäller
ebenfalls
zufällig
Die Miete ist fällig.
die Mausefalle
Er tut mir einen Gefallen.
Er ist mir gefällig.
der Durchfall
das Theaterstück fällt durch
auffällig

17 **fliegen**
der Flieger
der Papierflieger
der Flug
das Flugzeug
die Fliegerei
der Flugplatz
der Fluglehrer
der Sturzflug
der Gleitflug
ein Ziel anfliegen
das Dorf überfliegen
der Fliegerhorst

18 **kaufen**
der Käufer
der Verkäufer
der Kaufladen
der Kaufmann
die Kaufleute
käuflich
der Kauf
kauflustig
die Verkäuferin
einkaufen
verkaufen
die Kauffrau
der Kaufpreis
der Schlussverkauf
der Ausverkauf
die Einkaufstasche

19 **lehren**
die Lehre
der Lehrling
der Lehrmeister
der Lehrer
die Lehrerin
das Lehramt
der Gelehrte
lehrreich
das Lehrmädchen
der Lehrvertrag
gelehrig
die Lehrwerkstatt
ein Lehrgeld zahlen
das Lehrbuch

20 **nehmen**
abnehmen
zunehmen
etwas übelnehmen
sich zusammennehmen
an etwas teilnehmen
etwas unternehmen
der Unternehmer
Geld einnehmen
eine Aufnahme machen
die Ausnahme
ausnahmsweise
unternehmungslustig
etwas annehmen

21 **schlafen**
der Schlaf

der Schläfer
schlaflos
schläfrig
schlaftrunken
verschlafen
einschlafen
das Schlafzimmer
die Schlafmütze
der Schlafsack
der Winterschlaf
schlafwandeln
die Schlaflosigkeit
das Schlafmittel

22 **setzen**
sich auf einen Stuhl setzen
einen Motor in Gang setzen
der Setzer
die Setzerei
der Setzling (junge Pflanze)
mit der Fähre übersetzen
das Gesetz
unersetzlich
entsetzlich
ein Satz im Buch
der Aufsatz
besetzt
die Versetzung
einen Platz besetzen

23 **sprechen**
der Sprecher
die Sprechstunde
das Gespräch
die Sprache
der Spruch
die Ansprache
die Aussprache
miteinander sprechen
etwas besprechen
etwas versprechen
sprachlos
das Sprichwort
er widerspricht
der Freispruch
große Ansprüche stellen
anspruchslos

24 **Wasser**
wasserdicht
wasserscheu
wässerig, auch: wässrig
etwas wässern
der Wasserfall
die Wasserleitung
das Wasserrohr
die Wasserwaage
der Wassertropfen
das Wasserschutzgebiet
der Wasserhahn
das Hochwasser
das Niedrigwasser
der Wasserdampf
das Regenwasser
das Gewässer
die Wasserkraft
der Wasserlauf
das Trinkwasser
das Abwasser

25 **zählen**
erzählen
die Erzählung
zahllos
zahlreich
der Zähler
die Zählung
die Zahl
zahlungsfähig
sich verzählen
der Zählerstand
das Zahlwort

26

	gehen
gehen	– Die Kinder gehen in die Schule.
eilen	– Vater eilt zur Bushaltestelle.
bummeln	– Wir bummeln durch die Stadt und betrachten Schaufensterauslagen.
flitzen	– Die Autos flitzen über die Autobahn.
flüchten	– Das Reh flüchtet ins Dickicht.
laufen	– Wir laufen Schlittschuh.
hinken	– Der verletzte Fußballspieler hinkt vom Platz.
marschieren	– Die Soldaten marschieren im Gleichschritt.
rennen	– So schnell sie kann, rennt sie zum Telefon.
schlendern	– Wir schlendern über den Kirmesplatz.
spazieren gehen	– Wir gehen im Park spazieren.
springen	– Die Katze springt vom Dach.
stapfen	– Wir stapfen durch den hohen Schnee.
schreiten	– Das Brautpaar schreitet zum Altar.
schleichen	– Der Räuber schleicht um das Haus.
huschen	– Die Maus huscht ins Loch.
waten	– Wir waten durch den Bach.
hüpfen	– Der Frosch hüpft in den Teich.

27

	sehen
sehen	– Opa kann ohne Brille noch gut sehen.
anstarren	– Die Kinder starren den Zauberkünstler an.
beobachten	– Der Jäger beobachtet durch das Fernglas ein Reh.
betrachten	– Anke betrachtet sich im Spiegel.
entdecken	– Klaus entdeckt im Blumenkasten ein Vogelnest.
bemerken	– Die Kinder bemerken den Lehrer nicht.
besichtigen	– Die Klasse 3a besichtigt den Dom.
blinzeln	– Sie blinzelt in die Sonne.
gucken	– Heike guckt durch das Schlüsselloch.
schauen	– Vater schaut dem Fußballspiel zu.
gaffen	– Viele Leute gaffen an der Unfallstelle.
erblicken	– Beim Spaziergang erblickt Hans ein Reh am Waldrand.
erkennen	– Das kranke Kind erkennt seine Mutter nicht.

28

	essen, trinken
essen	– Wir essen die Suppe mit dem Esslöffel.

fressen	– Mein Hund und meine Katze fressen aus einem Napf.
futtern	– Beim Picknick futtern die Kinder ihr Butterbrot.
knabbern	– Der Hamster knabbert an den Holzstäben.
kosten	– Der Koch kostet den Kuchen.
schmausen	– Bei der Hochzeit schmausen alle aufs Beste.
speisen	– Heute speisen wir im Restaurant.
frühstücken	– Wir frühstücken morgens gemeinsam.
probieren	– Mutter probiert das Gemüse, ob es gar ist.
löffeln	– Das Kind löffelt seine Suppe ohne zu kleckern.
verzehren	– Wir verzehren unser Frühstück ohne Hast.
trinken	– Mutter trinkt gern ein Glas Sekt.
schlürfen	– Das Kind schlürft die heiße Suppe.
nippen	– Mutter nippt am Weinglas.
saufen	– Die Kuh säuft einen Eimer mit Wasser leer.

29 **sprechen**

sprechen	– Die Ansagerin spricht sehr deutlich.
sagen	– Klaus sagt die Wahrheit.
reden	– Lass ihn doch reden!
rufen	– Der Kuckuck ruft im Wald.
erwähnen	– Im Gespräch erwähnt Klaus seine Eltern.
plappern	– Das Kind plappert vor sich hin.
sich unterhalten	– Wir unterhalten uns über den Film.
meinen	– Klaus meint: „Das lassen wir uns nicht gefallen."
erzählen	– Oma erzählt uns ein Märchen.
antworten	– „Ich werde dich wieder anrufen", antwortet Mutter.
befehlen	– „Hört auf zu streiten!", befiehlt Mutter.
bemerken	– „Das ist ein schönes Gedicht", bemerkt die Lehrerin.
berichten	– Der Augenzeuge berichtet dem Polizisten vom Unfall.
fragen	– „Was kostet das Buch?", fragt das Kind.
beschreiben	– Der Schüler beschreibt die Blume.
erwidern	– Er erwidert den Gruß.
jammern	– Das Kind jammert über Schmerzen.
schwatzen	– Die Kinder schwatzen in der Pause.
murren	– Die Arbeiter murren über den geringen Lohn.
flüstern	– Mutter flüstert beruhigend: „Habt keine Angst!"

30	**lachen**	
lachen	– Über diese Witze kann man nicht lachen.	
grinsen	– „Ich habe die Luft aus dem Reifen gelassen", grinst Tom.	
jauchzen	– Er jauchzt vor Freude.	
jubeln	– „Wir haben gesiegt", jubeln die Fußballspieler.	
kichern	– Die Mädchen kichern.	
lächeln	– Ruth lächelt heimlich ihrem Freund zu.	
scherzen	– Die Gäste scherzen miteinander.	
schmunzeln	– Opa schmunzelt über den Scherz.	
strahlen	– Die Kinder strahlen über die Schokolade.	
31	**weinen**	
weinen	– Uwe weint, weil er traurig ist.	
schluchzen	– Ute schluchzt vor Kummer.	
heulen	– Die Wölfe heulen in der Nacht.	
jammern	– Das Kind jammert vor Hunger.	
jaulen	– Der Hund jault vor seiner Hütte.	
klagen	– Die Trauernden klagen über den Toten.	
kreischen	– Die Kinder kreischen, wenn sie wütend sind.	
schreien	– Die Leute schreien vor Zorn.	
wimmern	– Der Kranke wimmert, weil er Schmerzen hat.	
32	**zerstören**	
zerstören	– Der Sturm zerstört die Telefonleitung.	
kaputtmachen	– Du sollst mein Buch nicht kaputtmachen.	
zerschmettern	– Vater zerschmettert vor Wut die Vase.	
abreißen	– Das alte Haus soll abgerissen werden.	
zertreten	– Das Kind zertritt die Blumen.	
zerreißen	– Mutter zerreißt den Brief.	
vernichten	– Das Feuer vernichtet die Wohnung.	
zerbrechen	– Die Freundschaft zerbricht.	
zerplatzen	– Der Luftballon zerplatzt in großer Höhe.	
33	**arbeiten**	
arbeiten	– Vater arbeitet 8 Stunden in seiner Firma.	
sich beschäftigen	– Am Abend beschäftigt sich Vater mit Malen.	
sich anstrengen	– Hans strengt sich beim Turnen an.	
sich quälen	– Der Radfahrer quält sich den Berg hinauf.	
schuften	– Der Arbeiter schuftet im Steinbruch.	

schaffen – Der Bildhauer schafft eine Skulptur.
basteln – Vater bastelt einen Drachen.
werken – Das Kind werkt mit Holz.
Hausaufgaben machen – Der Schüler macht eine Stunde Hausaufgaben.
graben – Vater gräbt den Garten um.
fischen – Der Seemann fischt auf hoher See.

34 **schnell, langsam**

schnell – In Ortschaften darf nicht schnell gefahren werden.
hastig – Das Kind spricht sehr hastig.
flink – Mutter und Vater deckten flink den Tisch.
blitzschnell – Er duckte sich blitzschnell vor dem Schlag.
geschwind – Das Eichhörnchen verschwand geschwind in seinem Kobel.
rasch – Er fasste einen raschen Entschluss.
flott – In diesem Geschäft wird man flott bedient.
langsam – Der Zug setzt sich langsam in Bewegung.
bedächtig – Opa raucht bedächtig seine Pfeife.
sacht – Mutter streichelt sacht ihr Kind.
gemächlich – Wir gingen gemächlich zur Kirche.
träge – Bei der großen Hitze bewegten wir uns nur träge.
schwerfällig – Die Ente watschelt schwerfällig zum Wasser.

35 **laut, leise**

leise – Sprich bitte nicht so leise!
gedämpft – Aus dem Haus klang gedämpfte Musik.
still – Es war ganz still in der Klasse, weil alle gespannt zuhörten.
schwach – Der Kranke sprach mit schwacher Stimme.
lautlos – Die Katze schlich lautlos durch das Gras.
laut – Seid nicht so laut, wenn ihr durch den Wald geht.
geräuschvoll – Er putzte sich geräuschvoll die Nase.
schallend – Alle brachen in schallendes Gelächter aus.
gellend – Mitten in der Nacht hörten wir einen gellenden Schrei.
schrill – Ihre Stimme klang schrill vor Erregung.
krachend – Die Tür fiel krachend ins Schloss.
ohrenbetäubend – Die Maschine macht einen ohrenbetäubenden Lärm.

36

schwer, leicht

schwer	– Der Kartoffelsack ist schwer.
gewichtig	– Er hat ein gewichtiges Wort mitzureden.
mühevoll	– Der Weg war steinig und mühevoll.
schwierig	– Die Mathematikaufgabe war schwierig.
unerträglich	– Heute ist eine unerträgliche Hitze.
leicht	– Der Brief ist leicht.
einfach	– Die Aufgabe war einfach zu lösen.
erträglich	– Die Reise war erträglich.
federleicht	– Der Wollpullover ist federleicht.
mühelos	– Er stieg mühelos den Berg hinauf.

37

komisch

komisch	– Er erzählte die Geschichte sehr komisch.
eigenartig	– Er hatte einen eigenartigen Gesichtsausdruck.
eigentümlich	– Mir war ganz eigentümlich zu Mute.
lächerlich	– Er machte sich lächerlich.
lachhaft	– Die Geschichte ist doch wirklich lachhaft.
lustig	– Auf dem Fest ging es lustig zu.
merkwürdig	– Du hast merkwürdige Angewohnheiten.
seltsam	– Das war ein seltsamer Anblick.
sonderbar	– Es war ein sonderbarer Zufall.
ulkig	– Er hat ulkige Einfälle.

38

ablehnen

ablehnen	– Der Antrag wird abgelehnt.
abschlagen	– Vater schlägt dem Kind den Wunsch ab.
untersagen	– Der Lehrer untersagt den Schülern in der Pause im Klassenzimmer zu bleiben.
verneinen	– Der Redner verneint die Frage.
verweigern	– Der Polizist verweigert die Auskunft.
zurückweisen	– Der Angeklagte weist den Vorwurf zurück.

39

zustimmen

zustimmen	– Die Schüler stimmen dem Vorschlag des Lehrers zu.
befürworten	– Der Rektor befürwortet den Antrag.
bejahen	– Der Lehrer bejaht die Frage.
bekräftigen	– Mutter bekräftigt die Meinung des Vaters.
einverstanden sein	– Vater ist mit dem Ferienvorschlag einverstanden.

unterstützen	– Der Klassenlehrer unterstützt den Wunsch seiner Klasse.
40	**streiten**
streiten	– Auf dem Schulhof streiten sich zwei Schüler.
aneinander geraten	– Zwei Fußballspieler geraten aneinander.
sich in die Wolle geraten	– Die Geschwister geraten sich beim Spiel in die Wolle.
sich kabbeln	– Die Freunde kabbeln sich während der Busfahrt.
auseinander setzen	– In dem Streitgespräch sollen sich die Parteien auseinander setzen.
	– „Ich werde euch auseinander setzen, wenn ihr weiterhin miteinander schwätzt“, sagt der Lehrer.
sich trennen	– Hier trennen sich die Meinungen.
sich überwerfen	– Die Nachbarn haben sich überworfen.
sich verfeinden	– Die Klassenkameraden sind verfeindet.
sich verkrachen	– Warum müsst ihr euch wegen dieser Kleinigkeit verkrachen?
zanken	– Die beiden Geschwister zanken sich nur selten.
zürnen	– Mutter kann ihrem Kind nicht zürnen.
41	**sofort**
sofort	– Ich komme sofort.
auf der Stelle	– Er machte auf der Stelle kehrt.
augenblicklich	– Augenblicklich schaltete er das Licht an.
gleich	– Das Kaninchen kam gleich an den Futternapf.
im Moment	– Im Moment lässt sich da nichts ändern.
im Nu	– Im Nu war der Koffer gepackt.
sogleich	– Sogleich ließ er das Seil los.
42	**plötzlich**
plötzlich	– Plötzlich ging ihm ein Licht auf.
nun	– Nun wollen wir den Streit beenden.
auf einmal	– Auf einmal ging das Licht aus.
in diesem Augenblick	– In diesem Augenblick sprang die Ampel auf Rot.
jetzt	– Jetzt ist der Spaß vorbei.
unversehens	– Unversehens änderte sich seine Laune.

43 **Körper**

- Kopf, Hinterkopf, Stirn, Schläfe, Hals, Gesicht, Auge, Ohr, Nase, Mund, Kinn, Wange
- Rumpf, Leib, Schulter, Achsel, Brust, Bauch, Rücken, Popo, Gesäß, Scheide, Glied, Hoden, Bauchnabel, After
- Arm, Unterarm, Oberarm, Ellbogen, Hand, Finger, Daumen
- Bein, Oberschenkel, Unterschenkel, Gelenk, Knie, Ferse, Knöchel, Fuß, Zeh(e)
- Skelett, Knochen, Wirbelsäule, Wirbel, Rippe, Schienbein, Schlüsselbein
- Magen, Darm, Herz, Lunge, Niere, Leber, Galle, Blase, Urin, Kot
- Blut, Ader, Arterie, Vene, Fleisch, Fett, Muskel, Sehne, Nerv, Drüse, Haut, Haar, Fingernagel, Zehennagel
- Lippe, Gebiss, Zunge, Gaumen, Zahn, Speichel, Spucke, Speiseröhre, Luftröhre
- atmen, essen, trinken, hören, riechen, schmecken, fühlen, sehen, gehen, sitzen, stehen, liegen, schlafen, schwitzen, weinen, lachen, frieren, zittern
- klein, groß, dick, dünn, stark, schwach, gesund, krank, müde, munter, schön, hässlich, zart, muskulös

44 **Kleidung**

- Hose, Hemd, Jacke, Rock, Kleid, Arbeitsanzug, Badeanzug, Badehose, Ballkleid, Schuhe, Gummistiefel, Hausschuhe, Hut, Mütze, Handschuhe, Mantel, Pullover, Schal, Schürze, Strümpfe
- anziehen, aufsetzen, ausziehen, klemmen, überziehen, zuziehen, umlegen, zubinden, wärmen, anprobieren, schützen
- angenehm, angezogen, barfuß, elegant, liederlich, sauber, schmutzig, ordentlich, leicht, schwer, nützlich, warm, sportlich, unpassend, passend
- draußen, drinnen, innen, außen, oben, unten

45 **Nahrung**
- Frühstück, Mittagessen, Abendessen, Kaffeepause, Picknick
- Esswaren, Nahrungsmittel, Genussmittel, Futter, Kost, Nahrung, Lebensmittel
- Milcherzeugnisse, Milchwaren, Milch, Käse, Butter, Quark, Joghurt (Jogurt), Sahne, Kakaogetränk
- Mehlprodukte, Mehl, Brot, Brötchen, Kuchen, Torte, Nudeln, Graupen, Grieß, Haferflocken
- Getreide, Reis, Mais, Roggen, Weizen, Hafer, Gerste
- Gemüse, Bohne, Kohl, Mohrrübe, Erbse, Kartoffel, Gurke
- Salat, Feldsalat, Endiviensalat, Eisbergsalat, Kopfsalat
- Obst, Früchte, Apfel, Birne, Pflaume, Kirsche, Beere, Banane, Zitrone, Apfelsine
- Fleisch, Wurst, Braten, Schinken, Geflügel
- Fisch, Hering, Ölsardine, Räucherfisch, Makrele, Aal
- Gewürz, Salz, Zucker, Pfeffer, Zimt, Zwiebel, Petersilie, Schnittlauch
- Fett, Margarine, Öl, Butter
- Süßwaren, Konfekt, Praline, Schokolade, Bonbon, Marmelade, Gelee, Honig
- Getränk, Milch, Saft, Tee, Kaffee, Kakao, Mineralwasser, Bier, Wein, Limonade

Wörter zu sachkundlichen Themen

- essen, speisen, frühstücken, schmausen, schlingen, fressen, trinken, schlürfen, schlucken, schmecken, kosten, probieren, nippen, naschen, beißen, kauen, rülpsen, schlemmen, schlabbern, hungern, fasten, verhungern
- salzen, süßen, pfeffern, würzen, versalzen
- schmackhaft, lecker, gesund, frisch, würzig, herzhaft, süß, sauer, salzig, bitter, kalt, warm, heiß, satt, hungrig, durstig, nüchtern, vollgefressen, ausgehungert

46 **Wohnen**

- Einfamilienhaus, Mietwohnung, Reihenhaus, Hochhaus, Hütte, Villa, Bungalow, Eigentumswohnung, Baracke, Wohnwagen, Mehrfamilienhaus
- Miete, Mietvertrag, Kündigung, Hausordnung, Mieter, Vermieter, Hausmeister, Nachbar, Nachbarschaft
- Zimmer, Raum, Stube, Kammer, Küche, Diele, Bad, Keller, Dachboden, Speicher, Toilette, Besenkammer, Balkon, Terrasse, Garage
- Möbel, Schrank, Tisch, Stuhl, Regal, Spiegel, Sessel, Sofa, Lampe, Bett, Teppich, Gardine, Schreibtisch, Klavier, Radio, Fernseher, Heizung, Waschmaschine, Herd
- wohnen, einziehen, ausziehen, lesen, sich unterhalten, plaudern, fernsehen, musizieren, spielen, schlafen, essen, feiern, kochen, backen, waschen, abtrocknen, Staub saugen, aufräumen, putzen, fegen, bügeln
- wohnlich, heimelig, gemütlich, warm, kalt, kahl, geschmackvoll

47 **Familie**

- Eltern, Vater, Mutter, Bruder, Schwester, Kind, Geschwister, Sohn, Tochter, Stiefeltern, Opa, Oma, Großmutter, Urgroßmutter, Ahnen, Verwandte, Tante, Onkel, Nichte, Neffe, Vetter, Base, Schwager, Schwägerin, Schwiegermutter, Schwiegervater, Enkel, Großvater, Urgroßvater
- Verlobung, Trauung, Vermählung, Hochzeit, Ehe, Scheidung, Brautleute, Brautpaar, Braut, Bräutigam, Mann, Ehemann, Frau, Ehefrau, Witwe, Witwer, Waise
- Geburt, Taufe, Konfirmation, Kommunion, Tod, Beerdigung, Bestattung, Geburtstag
- Jugend, Alter, Baby, Säugling, Kleinkind, Schulkind, Jugendlicher, Erwachsener, Senior, Erbe
- verloben, heiraten, vermählen, sich scheiden lassen, erben, vererben, streiten, zanken, sich ärgern, lieben, verzeihen, vertrauen, feiern, trösten, schenken, jemanden pflegen, spielen
- verwandt, verschwägert, verliebt, verlobt, verheiratet, geschieden, verwitwet, ledig

48 **Schule**

- Schüler, Schülerin, Klassenkamerad, Mitschüler, Lehrer, Lehrerin, Schulleiter, Rektor, Rektorin, Konrektor, Konrektorin, Sekretärin, Hausmeister, Putzfrau, Freund, Freundin, Klassensprecher
- Klassenraum, Leseecke, Flur, Schulhof, Toilette, Lehrerzimmer, Turnhalle, Aula, Werkraum
- Unterrichtszeit, Stundenplan, Pause, Aufsicht, Schulschluss, Ferien
- Buch, Tafel, Kreide, Tinte, Füller, Bleistift, Buntstift, Filzstift, Radiergummi, Anspitzer, Lineal, Etui, Schultasche, Tornister
- Unterricht, Stillarbeit, Freiarbeit, Partnerarbeit, Hausaufgaben, Klassenarbeit, Diktat, Zeugnis, Zensur, Berichtigung, Klassenfeier
- Lob, Strafe, Anerkennung, Tadel, Belohnung, Ablehnung
- lesen, schreiben, rechnen, malen, zeichnen, singen, turnen, forschen, musizieren, beten, basteln, werken, schwimmen, tanzen, stricken
- lernen, lehren, schwatzen, aufpassen, zuhören, mitarbeiten, Rücksicht nehmen, sitzen, stehen, abschreiben, loben, schimpfen, tadeln, fragen, antworten, reden, vertrauen, schreien, gehorchen
- fleißig, faul, fröhlich, lustig, traurig, ungerecht, gerecht, interessant, spannend, gehorsam, frech, lieb, pünktlich, beliebt, streng

49 **Straße**

- Auto, Fahrzeug, Personenkraftwagen, Lastkraftwagen, Krankenwagen, Polizeiauto, Tankwagen, Taxi, Autobus, Bus
- Panne, Unfall, Blechschaden, Zusammenstoß, Polizei, Bußgeld, Verwarnung, Fahrer, Beifahrer, Insassen
- Verkehrsregeln, Vorfahrt, Bundesstraße, Landstraße, Autostraße, Autobahn, Fahrbahn, Kreuzung, Kurve, Ortsschild, Straßenkarte
- Ampel, Haltelinie, Verkehrsschild, Stoppschild, Einbahnstraße, Geschwindigkeit, Tempo, Vorfahrt, Fracht, Ladung, Last
- starten, anlassen, schalten, fahren, rasen, rollen, schleudern, lenken, wenden, überholen, einordnen, abbiegen, bremsen, halten, parken, rasten, verladen, transportieren
- schnell, flott, gemächlich, langsam, vorsichtig, aufmerksam, rücksichtsvoll

50 **Fußgänger, Fahrradfahrer**

- Verkehrsteilnehmer, Verkehrspartner, Fahrrad, Fahrradfahrer, Schülerlotse
- Straße, Gehweg, Bürgersteig, Schulweg, Fußgängerüberweg, Überweg, Zebrastreifen, Unterführung, Überführung, Radfahrweg, Fahrradweg, Landstraße, Kreuzung, Rinnstein, Bordstein, Verkehrsinsel, Haltestelle, Engpass
- Ampel, Fußgängerampel, Lichtzeichenanlage, Druckampel, Zeichen, Signal
- Beleuchtung, Scheinwerfer, Dynamo, Bremse, Handbremse, Gangschaltung, Kette, Klingel, Glocke, Lenkung, Gepäckträger, Tretstrahler, Rückstrahler, Rücklicht, Reifen, Schutzblech, Sattel, Ventil, Luftpumpe
- Handzeichen, Blickkontakt, Aufmerksamkeit, Fahrverhalten, Radfahrtraining, Radfahrprüfung, Rad fahren
- beobachten, überholen, heranfahren, abbiegen, anfahren, anhalten, bremsen, einordnen
- verkehrsgerecht, rücksichtsvoll, verkehrstüchtig, verkehrssicher, zügig, unsicher, leichtsinnig, aufmerksam

51 **Krankenhaus**

- Arzt, Ärztin, Krankenschwester, Pfleger, Patient
- Krankenzimmer, Krankenhaus, Bett, Nachttisch, Spielzimmer, Operationsraum
- Bruch, Operation, Fieberthermometer, Heftpflaster, Salbe, Schlinge, Narkose, Schmerz, Spritze, Verband, Tablette, Wasserglas
- besuchen, eingipsen, erschrecken, liegen, Quatsch machen, schmerzen, trösten, weinen, lachen, verbinden, weh tun, operieren, untersuchen, gesund werden, hoffen, erschrecken, fiebern
- blass, ängstlich, traurig, heiter, fröhlich, mutig, zuversichtlich

52 **Arbeit**

- Arbeit, Beschäftigung, Ausbildung, Beruf, Dienst, Arbeitsplatz
- Feierabend, Arbeitspause, Freizeit, Urlaub, Erholung
- Lehrling, Meister, Geselle, Chef, Angestellter, Mitarbeiter, Arbeiter, Hilfsarbeiter
- Kollege, Kollegin, Arbeitnehmer, Arbeitgeber, Arbeitslose, Kurzarbeiter
- Arbeitsamt, Streik, Gewerkschaft, Aussperrung
- Arbeitsgerät, Maschine, Handwerkszeug, Material, Fertigware, Erzeugnis, Rohstoff
- Lohn, Gehalt, Stundenlohn, Verdienst, Einkommen, Steuer, Rente, Pension
- arbeiten, schaffen, sich beschäftigen, werken, Hand anlegen, vollbringen, sich quälen, schuften, sich anstrengen
- faulenzen, trödeln, bummeln, ausruhen, herumlungern, streiken
- fleißig, emsig, geschäftig, tätig
- faul, lässig, nachlässig, unlustig, arbeitsscheu, gleichgültig
- arbeitslos, stellungslos
- gründlich, sorgfältig, ordentlich, zuverlässig, flüchtig, gedankenlos, gleichgültig, liederlich, oberflächlich, schlampig, ausdauernd

53 Post

- Brief, Briefpapier, Adresse, Absender, Antwort, Briefbogen, Briefmarke, Briefkasten, Briefumschlag, Briefträger, Empfänger
- Paket, Päckchen, Eilbrief
- Post, Posthorn, Postkutsche, Postleitzahl, Postgeheimnis, Postbus
- Telekom, Telefon, Telefonhörer, Telefonzelle, Telefonbuch, Telefonnummer, Telegramm
- Faxgerät, Telefongebühren, Internet, Telefonkarte
- Postbank, Postsparbuch, Zinsen, Einzahlung, Auszahlung, Überweisung
- abschicken, absenden, austragen, sortieren, transportieren, antworten, öffnen, zustellen, schließen, schreiben, einwerfen, empfangen, senden, zukleben, grüßen, wiegen, telefonieren, verbinden
- schwer, leicht, leserlich, unleserlich, eilig, vertraulich, zustellbar, verschlossen, offen, öffentlich

54 **Wasser**

- Fluss, Strom, Bach, Rinnsal, Quelle, Mündung, Kanal, Graben
- Wasser, Regen, Überschwemmung, Gewässer, Hochwasser, Tau, Schnee, Hagel, Reif, Nässe, Nebel
- Teich, See, Stausee, Meer, Pfütze, Tropfen, Tümpel, Talsperre
- ablaufen, bewässern, fließen, planschen, plantschen, plätschern, regnen, schwimmen, spritzen, sprühen, strömen, tröpfeln, tropfen, überfluten, überschwemmen, austrocknen
- wässerig, nass, verschmutzt, sauber, klar, rein, vereist, warm, kalt, lauwarm, bewegt, stürmisch, regnerisch, trüb, ruhig

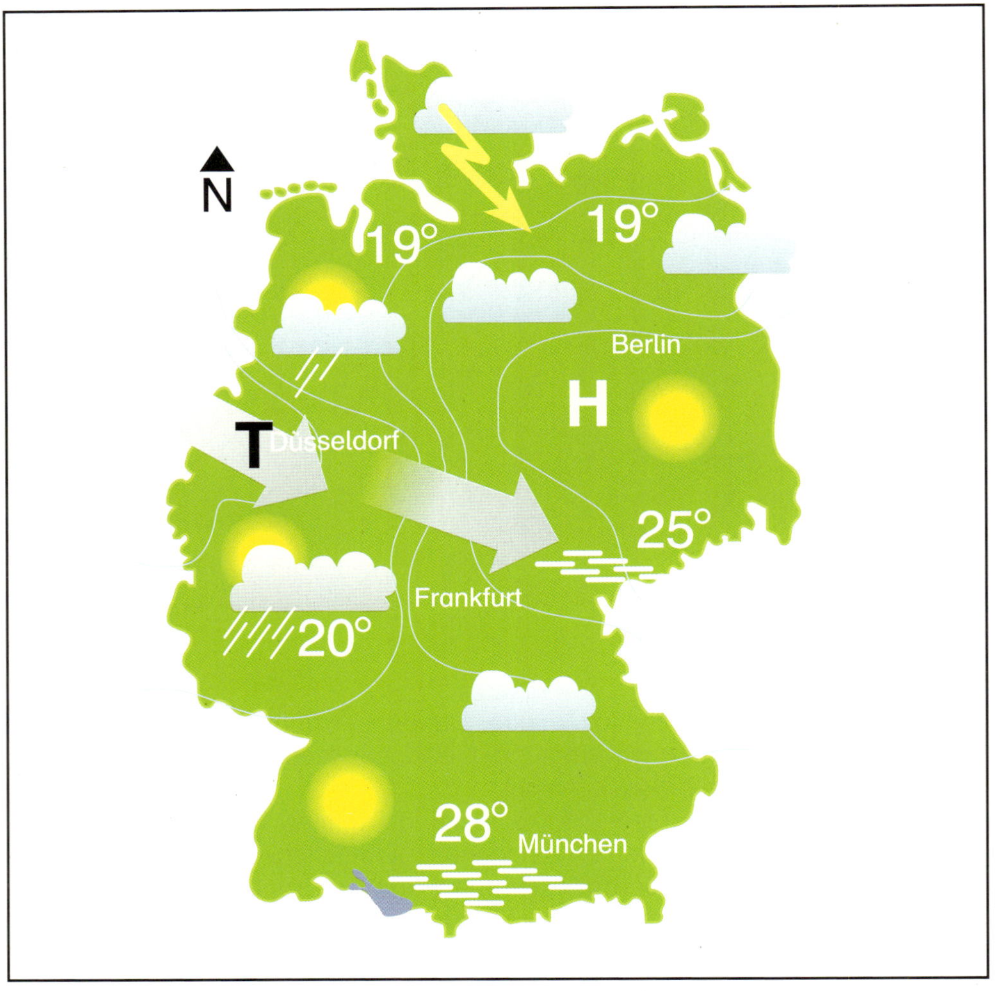

55 **Wetter**

- Wetterkarte, Wettervorhersage, Wetterstation
- Wind, Sturm, Orkan, Wirbelwind, Hauch, Lüftchen, Westwind
- wehen, stürmen, bewegen, blasen, hauchen, fauchen, sausen, toben, brausen, pfeifen, heulen, flüstern
- windig, stürmisch, böig, zugig
- Wärme, Frost, Temperatur, Hitze, Kälte, Schwüle
- wärmen, kühlen, erhitzen, erkalten, vereisen
- mild, warm, heiß, schwül, drückend, kühl, kalt
- Gewitter, Unwetter, Blitz, Donner, Donnerrollen, Einschlag
- blitzen, donnern, rollen, wetterleuchten, grollen, krachen, einschlagen

- Sonne, Sonnenschein, Schatten, Sonnenstrahl
- Wolken, Bewölkung, Wolkenwand, Federwolken, Haufenwolken, Schäfchenwolken, Gewitterwolken
- wolkig, bewölkt, heiter, sonnig, bedeckt, wolkenlos
- Regen, Nebel, Schauer, Niederschlag, Dunst, Tau, Wolkenbruch, Landregen, Hagel, Graupel, Reif, Regenbogen, Nieselregen
- regnen, gießen, strömen, hageln, nieseln, schütten
- regnerisch, trüb, diesig, neblig, nass, feucht, trocken
- Schnee, Schneeflocke, Schneeschauer, Schneesturm, Schneewehe, Lawine, Eis, Glatteis, Eiszapfen, Tauwetter, Frost
- schneien, tauen, frieren, vereisen
- winterlich, vereist, frostig

56 Medien

- Zeitung, Flugblatt, Fernseher, Radio, Zeitschrift, Film, Illustrierte, Buch, Bilderbuch, Schulbuch, Tageszeitung, Information, Videorekorder, Videotext, Tonband, Kassettenrekorder, Schallplatte, Display, Lautsprecher, Postwurfsendung, Computer, Internet
- Sport, Politik, Wirtschaft, Reklame, Kultur, Theater, Film, Konzert, Schule, Fußball, Tennis, Schwimmen, Leichtathletik, Umweltschutz, Mode, Interview
- Redaktion, Redakteur, Moderator, Ansager, Sprecher, Lokalredakteur, Sänger, Schauspieler, Schlagersänger, Chor, Band, Musikgruppe, Kabarett, Tänzer, Ballett, Reporter, Interviewer, Berichterstatter, Gesprächspartner, Showmaster
- lesen, schreiben, sprechen, setzen, illustrieren, bebildern, singen, tanzen, ansagen, moderieren, diskutieren, meinen, unterhalten, fragen, beantworten, zeigen, glauben, hinweisen, annehmen, behaupten, beweisen, entdecken, ausfindig machen, nachforschen, spielen, malen
- laut, leise, groß, klein, viel, wenig, umfangreich, scharf, begründet, unbegründet, flexibel, spontan, eigenwillig, neu, alt, modern, aufrichtig, falsch, richtig, bunt, schnell, gestern, heute, morgen, beliebt, interessant, abwechslungsreich, kritisch, treffend

57 **Müll**

- Müll, Müllberg, Müllbehälter, Mülleimer, Autofriedhof, Abfälle, Müllauto, Sperrmüll, Kompost, Mülldeponie, Müllverbrennungsanlage, Kompost, Wiederverwertung, Müllcontainer, Abfalleimer, Umweltverschmutzung, Umweltschutz, Recycling, Schuttabladeplatz, Mülltonne, Müllsack
- sammeln, verbrennen, wieder verwerten, kompostieren, ordnen, wegwerfen, vernichten, lagern, sortieren, beseitigen, abladen
- bewusst, unbewusst, ordentlich, unordentlich, lebend, gefährlich, bedrohlich, schmutzig, dreckig, gesund, verbrannt, verseucht, umweltbewusst, umweltfreundlich, umweltfeindlich, verschmiert, sauber, gelb, braun, blau
- Autowracks, Bauschutt, Haushaltsabfälle, Einwegflaschen, Gläser, Dosen, Schachteln, Altpapier, Plastiktüten, Papiertüten, Packpapier, Tuben, Getränketüten, Batterien, Medikamente, Farben, Büchsen, Verpackungen, Kunststoff, Styropor, Lacke, Rückgabeflasche, Sondermüll

58 Wortbedeutungen unterscheiden

der Absatz 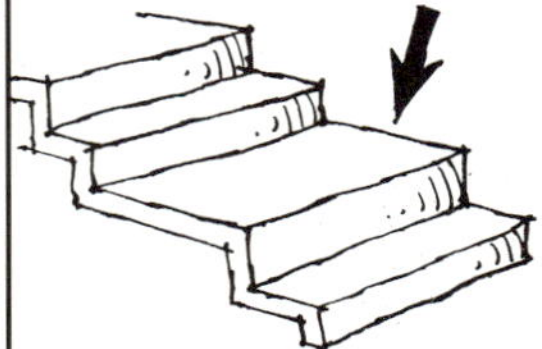 	der Bock  
der Ball  	der Bogen 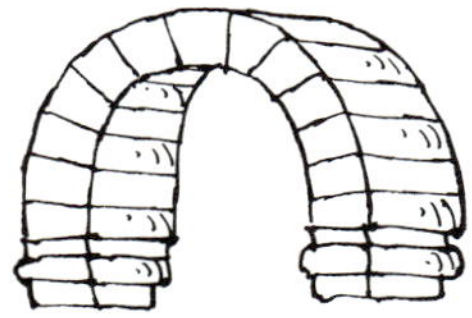 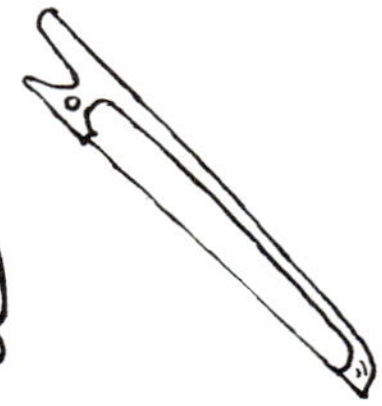
die Bank 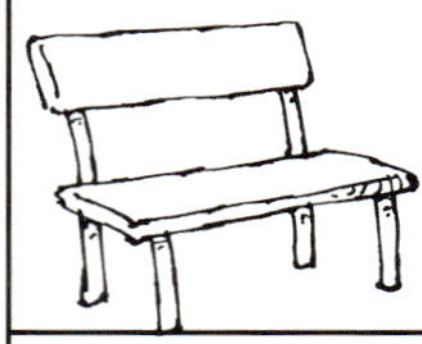 	der Boxer  
der Bart  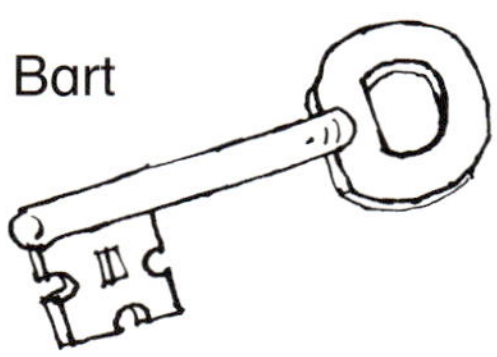	der Chor  
der Bauer  das Bauer 	die Decke  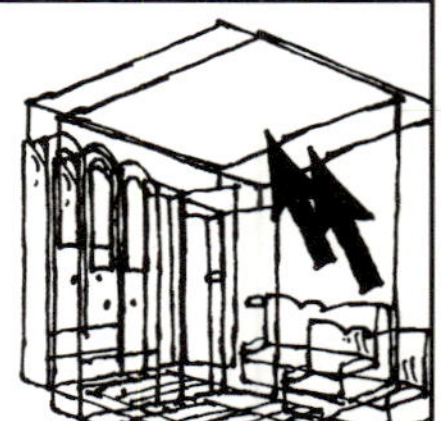
die Birne  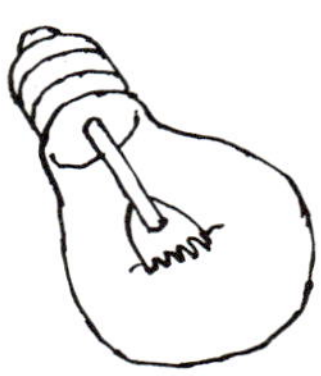	der Drache  der Drachen 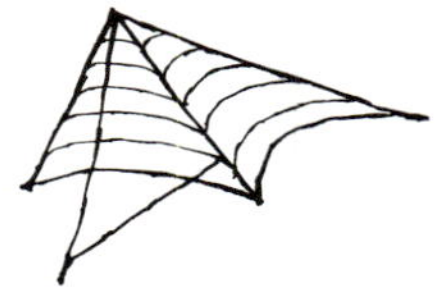

die Feder 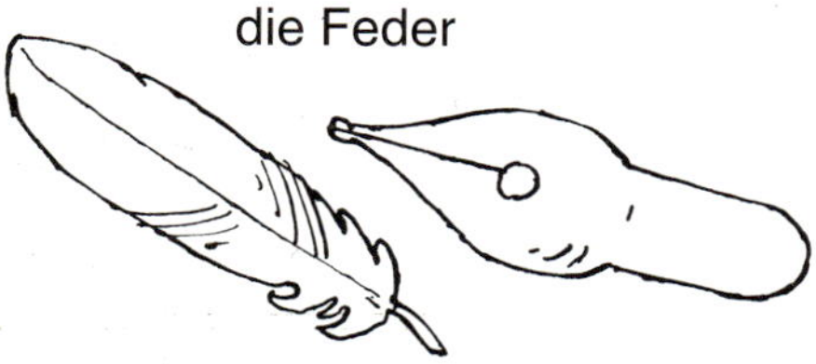	das Geschirr 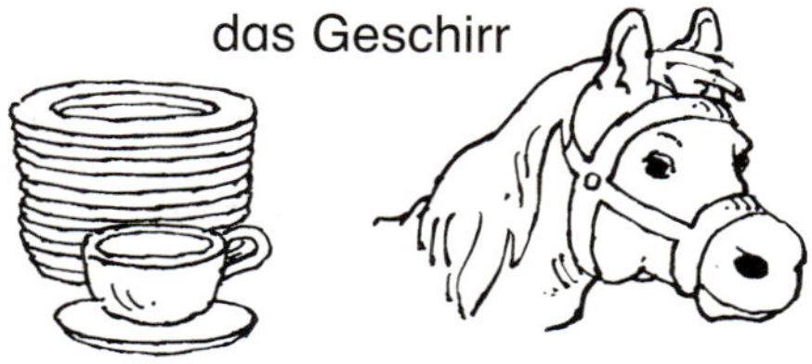
der Fingerhut 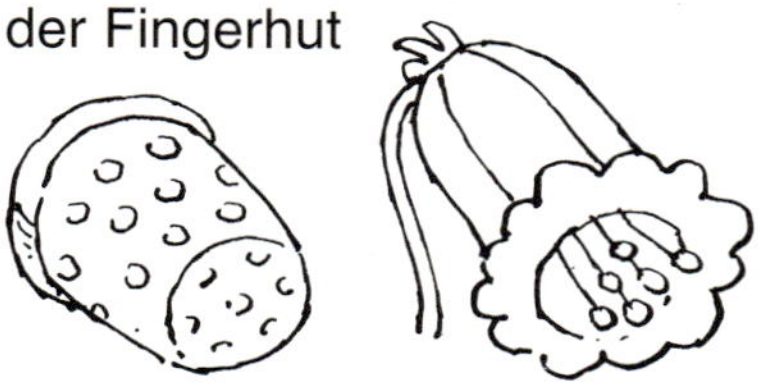	der Hahn 
die Fliege 	das Horn 
der Flügel 	der Kamm 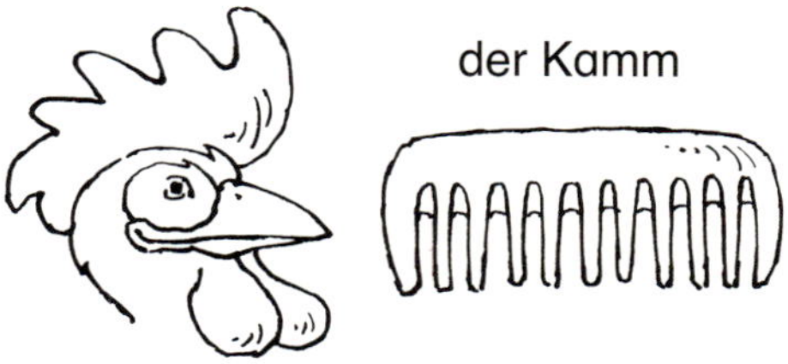
der Fuchsschwanz 	die Kapelle 
das Gericht 	der Kiefer die Kiefer 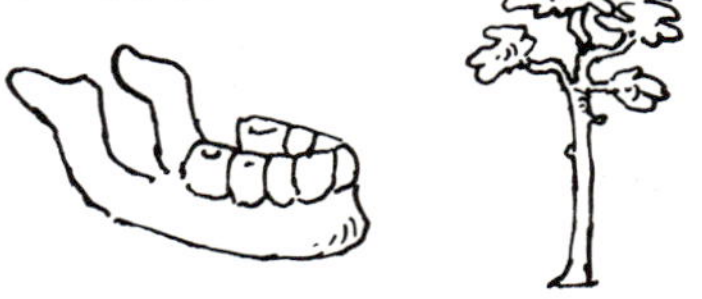

58 Wortbedeutungen unterscheiden

der Schalter

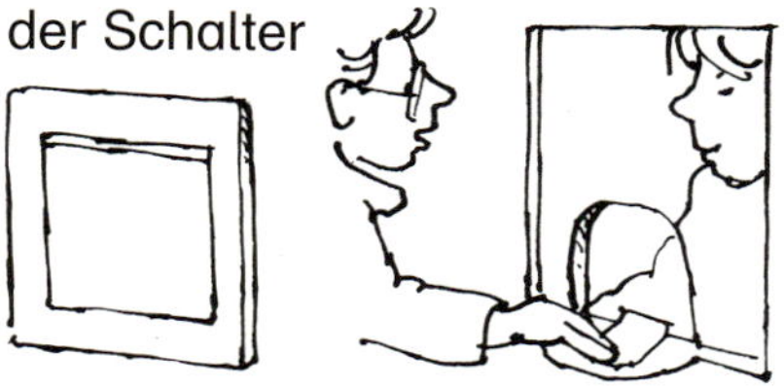

der Stollen

die Scheibe

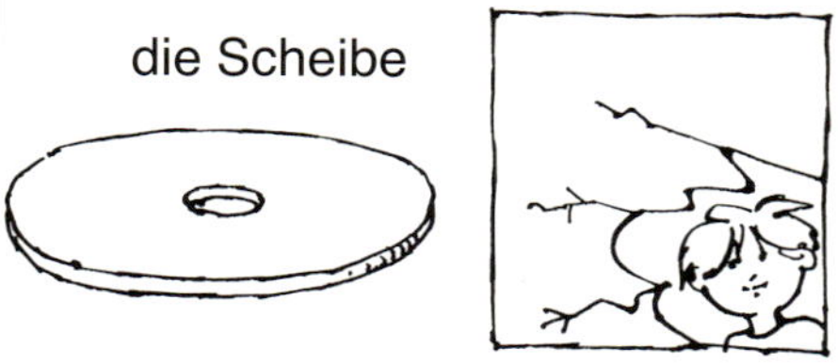

der Strauß

die Schiene

die Tafel

der Schild das Schild

das Tor

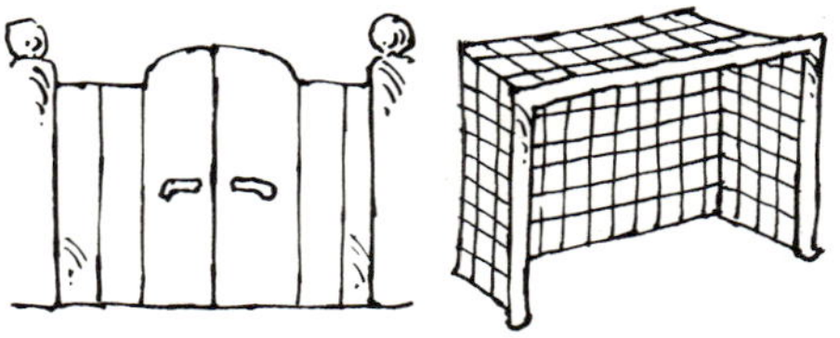

das Schloss

der Wurf

der Star

der Zahn

Rechtschreibregeln
Übungen zur Rechtschreibung

Wörter mit kurzem oder langem Selbstlaut (Vokal)

a e i o u

Merke: a, e, i, o, u sind die Selbstlaute (Vokale).

Wörter: der Wal, der Teller, das Tal, das Kind, der Fisch, die Nadel, die Tonne, die Regel, die Wand, der Wind, die Puppe, die Hose, der Magen, die Dose, der Pudel, die Hand, die Suppe, der Keller, die Sonne, der Kegel

1. Der 2. Buchstabe in jedem Wort ist ein Selbstlaut (Vokal).
   Entscheide, ob dieser Selbstlaut (Vokal) kurz oder lang gesprochen wird.
   Ordne die Wörter in zwei Gruppen.
   Schreibe so: kurzer Selbstlaut (Vokal) – langer Selbstlaut (Vokal).
2. Jeweils zwei Wörter reimen sich.
   Schreibe jedes Reimwortpaar untereinander.
   Lass darunter immer eine Reihe frei.
3. Überlege dir zu jedem Reimpaar noch ein drittes Reimwort.
   Schreibe: Hose, Dose, Rose

Wörter mit kurz gesprochenem Selbstlaut (Vokal)

Mehrere Mitlaute folgen auf einen Selbstlaut

Merke: Wenn ein Selbstlaut (Vokal) kurz gesprochen wird, folgt stets eine Mitlauthäufung.

Wörter: der Knopf, das Feld, der Stift, die Sorte, die Luft, der Duft, der Lift, der Kranz, der Rand, der Topf, der Kopf, das Geld, die Torte, der Schuft, der Tanz, die Wand, die Worte, der Schwanz, das Gift, der Held, das Kind, die Hand, der Wind, das Rind

1. Jeweils drei Wörter reimen sich.
   Schreibe die drei Reimwörter untereinander.
2. Schreibe dann die drei Reimwörter in der ABC-Folge daneben.
3. Schreibe mit einem Wort aus jeder Reimgruppe einen Satz.
   Im Zweifel nachschlagen!

Wörter mit kurz gesprochenem Selbstlaut (Vokal)

tt ll nn pp

Merke: Nach kurz gesprochenem Selbstlaut (Vokal) wird der folgende Mitlaut (Konsonant) meistens verdoppelt. Diese Regel gilt nicht, wenn auf den kurz gesprochenen Selbstlaut (Vokal) mehrere verschiedene Mitlaute (Konsonanten) folgen.

Wörter: satt, hell, dünn, schlapp, kaputt, die Ratte, die Quelle, die Kanne, der Lappen, fett, still, toll, nett, schrill, schnell, glatt, voll, prall, wetten, fallen, rennen, wippen, retten, knallen, kennen, klappen, kippen, schnappen, die Welle, die Wanne, die Watte, die Suppe, die Mutter, das Wetter, die Puppe, der Retter, der Stall, die Butter, der Schall, die Pappe, die Sonne, der Keller, die Tonne, der Teller, die Spinne, die Lippe, das Bett, die Rinne, die Rippe, das Kinn, die Treppe, der Gewinn, die Schleppe, knapp, das Brett

1. Ordne die Wörter in vier Gruppen.
   Ordne so: Wörter mit **tt**, mit **ll**, mit **nn**, mit **pp**
2. Unterstreiche in allen vier Gruppen die Namenwörter (Nomen) rot, die Tunwörter (Verben) blau und die Wiewörter (Adjektive) grün.
3. Schreibe die Wörter mit **tt**, die sich reimen, untereinander.
4. Schreibe die Wörter mit **ll**, die sich reimen, untereinander.
5. Schreibe die Wörter mit **nn**, die sich reimen, untereinander.
6. Schreibe die Wörter mit **pp**, die sich reimen, untereinander.
7. Schreibe die Wörter, in denen **all, ell, ett, inn** oder **app** vorkommt.

Wörter mit kurz gesprochenem Selbstlaut (Vokal)

ss ff mm

Merke: Nach kurz gesprochenem Selbstlaut (Vokal) wird der folgende Mitlaut (Konsonant) meistens verdoppelt. Diese Regel gilt nicht, wenn auf den kurz gesprochenen Selbstlaut (Vokal) mehrere verschiedene Mitlaute (Konsonanten) folgen.

Wörter: nass, offen, dumm, schlimm, blass, krumm, die Tasse, das Schiff, der Kummer, der Schwamm, die Nummer, die Klasse, der Pfiff, der Kessel, der Affe, der Himmel, die Waffe, der Schimmel, der Fluss, der Hammer, die Nessel, die Klammer, schaffen, summen, der Kuss, brummen, essen, küssen, gaffen, fressen, müssen, das Zimmer, der Schwimmer

Rechtschreibregeln
Übungen zur Rechtschreibung

1. Ordne die Wörter in drei Gruppen.
   Ordne so: Wörter mit **ss**, mit **ff**, mit **mm**
2. Unterstreiche in allen drei Gruppen die Namenwörter (Nomen) blau, die Tunwörter (Verben) rot, die Wiewörter (Adjektive) grün.
3. Schreibe die Wörter mit **mm**, die sich reimen, untereinander.
4. Schreibe die Wörter mit **ff**, die sich reimen, untereinander.
5. Schreibe die Wörter mit **ss**, die sich reimen, untereinander.
6. Schreibe alle Wörter, in denen **ass, aff, umm** vorkommt.
7. Partnerdiktat: Alle Wörter mit **ss**. Der Diktierer spricht mit dem Wort einen Satz. Der Schreiber schreibt aber nur das Wort mit **ss**.

Wörter mit kurz gesprochenem Selbstlaut (Vokal)

ss

Merke: Man schreibt ein Wort mit **ss**, wenn der s-Laut hinter einem kurz gesprochenen Selbstlaut (Vokal) oder zwischen zwei kurz gesprochenen Selbstlauten (Vokalen) steht.

Wörter: der Fluss, das Schloss, der Rüssel, die Tasse, die Gasse, die Nuss, die Gosse, die Schüssel, die Flosse, der Hass, der Kuss, der Biss, das Fass, der Riss, der Schuss, das Ross, der Guss, nass, küssen, blass, müssen, lassen, fressen, die Nessel, hassen, essen, die Fessel

1. Ordne die Wörter in drei Gruppen.
   Ordne so: Namenwörter (Nomen), Tunwörter (Verben), Wiewörter (Adjektive)
2. Jeweils zwei Wörter reimen sich. Schreibe die Reimpaare untereinander.
3. Schreibe die Namenwörter (Nomen) in der Einzahl und in der Mehrzahl nebeneinander.
   Schreibe so: der Fluss – die Flüsse
4. Schreibe die Tunwörter (Verben) in der Grundform, der er-Form und der du-Form.
   Schreibe so: müssen – er muss – du musst
5. Schreibe alle Namenwörter (Nomen) in der Mehrzahl auch getrennt.
   Schreibe so: die Flüsse – die Flüs-se, ...

Wörter mit kurz gesprochenem Selbstlaut (Vokal)

ck

Merke: Der Mitlaut (Konsonant) **k** wird nicht verdoppelt. Aus **k** wird nach einem kurz gesprochenen Selbstlaut (Vokal) **ck**.

Wörter: die Brücke, die Decke, der Fleck, der Sack, der Trick, der Speck, der Lack, die Mücke, die Schnecke, dick, schmecken, schlecken, der Rock, lecken, der Stock, das Glück, lecker, drucken, der Wecker, rücken, die Jacke, pflücken, das Stück, die Backe

1. Jeweils zwei Wörter reimen sich. Schreibe die Reimwörter nebeneinander. Vielleicht findest du zu einigen Reimwortpaaren noch ein drittes Reimwort. Schreibe es neben die Reimwortpaare.
   Schreibe so: die Brücke – die Mücke – die Lücke
2. Schreibe die Namenwörter (Nomen) in der Einzahl und in der Mehrzahl.
3. Schreibe die Mehrzahlwörter auch getrennt.
   Schreibe so: die Brücken – die Brü-cken, ...
4. Schreibe die Tunwörter (Verben) in der Grundform, der er-Form und der du-Form.
   Schreibe so: schmecken – er schmeckt – du schmeckst
5. Schreibe mit jedem Wiewort (Adjektiv) drei Sätze.
6. Partnerdiktat: Der eine schreibt alle Wörter mit **eck**, der andere alle Wörter mit **ick**. Jedes Wort soll mit einem kurzen Satz diktiert werden. Geschrieben wird aber nur das Wort.

Wörter mit kurz gesprochenem Selbstlaut (Vokal)

tz

Merke: Der Mitlaut (Konsonant) **z** wird nicht verdoppelt. Aus **z** wird nach kurz gesprochenem Selbstlaut (Vokal) **tz**.

Wörter: der Blitz, der Platz, die Mütze, die Hitze, der Satz, die Pfütze, der Witz, die Katze, die Spitze, die Tatze, spitz, kratzen, schwitzen, platzen, setzen, sitzen, der Schutz, verletzen, der Sitz, der Schmutz

1. Jeweils zwei Wörter reimen sich. Schreibe die Reimpaare nebeneinander.

2. Vielleicht findest du zu einigen Reimpaaren noch ein drittes Reimwort. Schreibe es neben das Reimpaar.
   Schreibe: der Blitz – der Witz – der Sitz, ...
3. Partnerdiktat: Der eine schreibt alle Wörter mit **itz**, der andere alle Wörter mit **atz**. Jedes Wort soll mit einem kurzen Satz diktiert werden. Geschrieben wird aber immer nur das Wort mit **atz** oder **itz**.
4. Schreibe die Tunwörter (Verben) in der Grundform, der er-Form und der ich-Form.
   Schreibe so: kratzen – er kratzt – ich kratze

Wörter mit lang gesprochenem Selbstlaut (Vokal)

ß

Merke: Man schreibt ein Wort mit **ß**, wenn der s-Laut hinter einem lang gesprochenen Selbstlaut (Vokal) steht oder auf einen Zwielaut folgt.

Wörter: der Gruß, das Maß, der Stoß, der Spaß, das Floß, der Schweiß, die Straße, süß, groß, fleißig, rußig, der Strauß, der Ruß, der Kloß, schießen, grüßen, beißen, stoßen, reißen, gießen, spaßen, fließen, süßen, der Fuß, der Fleiß

1. Ordne die Wörter in drei Gruppen.
   Ordne so: Namenwörter (Nomen), Tunwörter (Verben), Wiewörter (Adjektive)
2. Schreibe die Namenwörter (Nomen) in der Einzahl und in der Mehrzahl.
3. Schreibe die Tunwörter (Verben) in der Grundform, der ich-Form und in der er-Form.
   Schreibe so: schießen – ich schieße – er schießt
4. Schreibe Wörter nebeneinander, die sich reimen.
   Schreibe: der Gruß – der Ruß – der Fuß, ...

Wörter mit lang gesprochenem Selbstlaut (Vokal)

h nach langem Selbstlaut

Merke: Das Zeichen für die Dehnung kann ein **h** sein.

Wörter mit **h**: die Kohle, der Lohn, der Zahn, das Rohr, die Bahn, der Mohr, die Sahne, der Schuh, die Sohle, der Kahn, die Kuh, die Zahl, hohl, die Fahne, der Kohl, nah, kahl, wahr, wohnen, bohren, zahlen, lehren, fahren, strahlen, froh, der Draht, das Reh, der Zeh, der Sohn, die Naht, die Uhr

1. Ordne die Wörter in drei Gruppen.
   Ordne so: Namenwörter (Nomen), Tunwörter (Verben), Wiewörter (Adjektive)
2. Viele Wörter reimen sich. Schreibe möglichst viele Reimpaare.
   Schreibe: die Kohle – die Sohle, ...
3. Schreibe die Tunwörter (Verben) in der Grundform, in der du-Form und in der er-Form.
   Schreibe: wohnen – du wohnst – er wohnt
4. Schreibe mit jedem Wiewort (Adjektiv) einen Satz.

Wörter mit lang gesprochenem Selbstlaut (Vokal)

aa ee oo

Merke: Dehnungszeichen kann auch die Verdopplung des Selbstlautes (Vokals) sein.

Wörter mit doppeltem Selbstlaut (Vokal): das Haar, der See, das Meer, der Schnee, der Teer, der Klee, das Paar, der Tee, der Zoo, das Boot, die Beere, das Beet, leer, die Leere

1. Suche dir fünf Wörter aus und schreibe mit jedem Wort einen Satz.
2. Partnerdiktat: Diktiere einen kurzen Satz, in dem eines der Wörter mit doppeltem Selbstlaut (Vokal) vorkommt. Schreibe aber nur das Wort und wechsle vom Diktierer zum Schreiber.
3. Schreibe die Wörter, die sich reimen, untereinander.

Wörter mit lang gesprochenem Selbstlaut (Vokal)

ie

Merke: Das Dehnungs-e kann nach dem lang gesprochenen **i** stehen.

Wörter mit lang gesprochenem i: die Fliege, der Sieg, der Dieb, das Bier, der Krieg, das Sieb, die Ziege, das Spiel, die Wiege, der Hieb, das Tier, die Wiese, das Ziel, der Riese, die Biene, der Brief, die Schiene, schief, schwierig, tief, niedlich, lieb, liegen, frieren, spielen, fliegen, fließen, die Zwiebel, niedrig, wiegen, riechen

Rechtschreibregeln
Übungen zur Rechtschreibung

1. Schreibe vier Sätze, in denen viele Wörter mit **ie** vorkommen.
2. Ordne die Wörter in drei Gruppen.
   Ordne so: Namenwörter (Nomen), Tunwörter (Verben), Wiewörter (Adjektive)
3. Schreibe viele Reimpaare.
   Schreibe: die Fliege – die Ziege – die Wiege, ...
4. Ordne die Wiewörter (Adjektive) nach dem ABC.
5. Schreibe die Tunwörter (Verben) in der Grundform, der du-Form und der er-Form.
   Schreibe so: liegen – du liegst – er liegt, ...

Schreibung nach dem Stammwort

äu – au, eu

Merke: **äu** kommt von **au**.

Wörter: der Traum, das Haus, der Schlauch, die Laus, der Bauch, der Baum, die Maus, die Braut, die Faust, das Kraut, der Saum, der Brauch, die Haut

1. Schreibe die Wörter in der Einzahl und in der Mehrzahl.
2. Ordne die Wörter nach dem Alphabet.
3. Schreibe die Wörter, die sich reimen, nebeneinander.

Wörter: läuten, häufig, träumen, der Verkäufer, der Räuber, das Gebäude, das Geräusch, aufräumen, schäumen, der Läufer, säubern, räuchern, bläulich, die Fäulnis

4. Schreibe alle Wörter mit **äu** und zu jedem Wort ein verwandtes Wort mit **au**.
   Schreibe so: läuten – der Laut
5. Partnerdiktat: Diktiere einen Satz mit einem Wort, das mit **äu** geschrieben wird. Der Partner schreibt aber nur das Wort. Nach jedem Wort wechseln.

Merke: Wörter werden mit **eu** geschrieben, wenn sie sich nicht von einem Wort mit **au** ableiten lassen.

Wörter: die Beule, die Freude, der Freund, das Heu, das Feuer, die Eule, die Leute, die Schleuder, leuchten, heulen, freuen, schleudern, deuten, teuer, neu, treu, die Scheune, die Beute, anfeuchten, die Keule

6. Ordne die Wörter in drei Gruppen.
   Ordne so: Namenwörter (Nomen), Wiewörter (Adjektive), Tunwörter (Verben)
7. Ordne die Namenwörter (Nomen) nach dem Alphabet.
8. Partnerdiktat: Alle Wörter mit eu abwechselnd diktieren. Dabei jedes Wort in einem Satz diktieren, aber nur das Wort mit **eu** schreiben.
9. Schreibe die Wörter, die sich reimen, nebeneinander.

Schreibung nach dem Stammwort

ä – a

Merke: Wörter mit **ä** lassen sich meistens von Wörtern mit **a** ableiten.

Wörter: die Räder, die Hände, die Gläser, die Äpfel, die Mäntel, die Bälle, die Plätze, die Gräber, die Särge, die Wände, die Bänke, die Schränke, die Gärten

1. Schreibe jedes Wort in der Mehrzahl und in der Einzahl.
2. Ordne die Wörter nach dem ABC.

Wörter: mächtig, kränklich, jährlich, täglich, schwächlich, ärmlich, ängstlich, kräftig, nähen, gefährlich, glänzen, zählen, wählen, quälen, schälen, die Hälfte, der Jäger, der Bäcker, der Gärtner, schätzen

3. Schreibe alle Wörter mit **ä** und zu jedem Wort ein verwandtes Wort, das mit **a** geschrieben wird.
4. Suche dir fünf Wörter aus und schreibe damit je einen Satz.

Merke: Viele Wörter, die mit **ä** geschrieben werden, lassen sich von keinem Wort mit **a** ableiten.

Wörter: der Käfig, die Säge, der Käfer, der Käse, der Bär, der Ärger, erzählen, das Märchen, der März

5. Diese Wörter lassen sich von keinem verwandten Wort, das mit **a** geschrieben wird, ableiten. Schreibe diese Wörter nach dem ABC.
6. Schreibe mit jedem Wort einen Satz.
7. Bilde mit jedem Wort zusammengesetzte Namenwörter (Nomen).
   Beispiel: Vogelkäfig, Käsekuchen, ...
8. Partnerdiktat: Alle Wörter abwechselnd diktieren. Dabei jedes Wort in einem Satz diktieren, aber nur das Wort schreiben.

Rechtschreibregeln
Übungen zur Rechtschreibung

Schreibung nach dem Stammwort

d – t b – p g – k s – z

Merke: Bei Auslautverhärtungen verlängere das Wort, damit du den Endlaut hören kannst.

Wörter mit d oder t: das Hemd, fremd, breit, blind, gesund, das Zelt, das Kleid, die Nacht, der Wald, das Beet, laut, bunt, rund, das Rad, der Duft, der Bart, hart, das Bad

1. Schreibe alle Namenwörter (Nomen) und schreibe die Mehrzahl daneben. Durch diese Verlängerung hörst du den Auslaut deutlich.

2. Verlängere alle Wiewörter (Adjektive).
   Schreibe so: das fremde Kind

Wörter mit g oder k: schlank, mutig, flink, blank, schräg, klug, lang, krank, stark, jung, der Tank, der Dank, der Klang, der Gesang, der Abhang, der Gestank, der Fang

3. Schreibe alle Namenwörter (Nomen) und schreibe das verwandte Tunwort (Verb) daneben.
   Schreibe so: der Tank – tanken
4. Schreibe alle Wiewörter (Adjektive) und schreibe die Steigerungsformen daneben.
   Schreibe so: schlank – schlanker – am schlanksten

Wörter mit b: der Dieb, das Grab, der Korb, das Sieb, der Stab, der Hieb

5. Ordne diese Wörter nach dem Alphabet.

6. Schreibe alle Wörter in der Einzahl und in der Mehrzahl.

Wörter mit s oder z: die Gans, der Tanz, das Glas, das Herz, der Schmerz, das Gras, der Preis, der Pilz, der Kreis, der Hals, das Holz, das Gewürz, der Beweis, stolz, der Glanz, das Eis, der Greis, kurz

7. Schreibe alle Namenwörter (Nomen) in der Einzahl und in der Mehrzahl. Zwei Namenwörter (Nomen) haben keine Mehrzahl.

8. Schreibe zu einigen Wörtern das verwandte Tunwort (Verb) oder Wiewort (Adjektiv).

9. Verlängere die Wiewörter (Adjektive).
   Schreibe so: ein stolzer Mann, ...

Wie kann ein Wort getrennt werden?

Mehrsilbige Wörter werden nach Silben getrennt, die beim langsamen Sprechen hörbar werden: Hand-ball-spie-ler, wer-fen, Sei-fe.

Aufgabe:

a) Ordne die folgenden Wörter in drei Gruppen nach ein-, zwei- oder dreisilbigen Wörtern! Sonne, Mond, Stern, Regen, Fingerhut, Fußballtor, Hand, Tafel, Lawine.

b) Suche zu jeder Gruppe selbst noch Wörter hinzu.

c) Schreibe die mehrsilbigen Wörter getrennt.

Beachte auch folgende Regeln beim Trennen:

1. **Ein einzelner Mitlaut kommt auf die nachfolgende Silbe**: Ta-fel, Bie-ne, Le-ben.

   Aufgabe: Suche aus dem Wörterverzeichnis Wörter wie das Beispiel oben zeigt und trenne sie.

2. **Bei mehreren Mitlauten kommt der letzte Mitlaut zur nachfolgenden Silbe:** Lam-pe, Stim-me, Hoff-nung.

   Aufgabe: Suche im Wörterverzeichnis unter dem Buchstaben A Wörter mit mehreren Mitlauten, zwischen denen getrennt werden kann. Schreibe die Wörter in Silben getrennt auf.

3. **Die folgenden Buchstabengruppen – ck, ch, sch, th, ph, ß – gelten als ein Laut und werden nicht getrennt**: Brü-cke, La-chen, Men-schen, Zi-ther, Stro-phe, Fü-ße.

Aufgabe:

a) Ordne die folgenden Wörter in drei Gruppen nach **ch, sch, ß**: Kirche, Flasche, Größe, Becher, Buße, Wäsche, Büchse, Rutsche, Grüße, Großeltern, Kirsche, Kuchen, Maschendraht, Tischler, reißen, schließen, Knochen, Lerche.

b) Schreibe die Wörter nun nach Silben getrennt.

c) Schreibe auch folgende Wörter getrennt nach Silben. Achte darauf, dass du **ck** nicht trennen darfst.
Schreibe so: Dackel – Da-ckel,
der Wecker, backen, das Backblech, necken, die Strecke, die Fackel, die Stockschläge, der Bäcker, der Druckknopf, die Locke, kleckern, das Taufbecken, der Trecker, die Socken, die Tischdecke, die Stecknadel.

Wie kann ein Wort getrennt werden?

Achte auf Besonderheiten beim Trennen!

1. Silben, die nur aus einem einzigen Vokal bestehen, dürfen auch abgetrennt werden:
   Efeu = E-feu, Igel = I-gel, Ahorn = A-horn.

   Aufgabe: Alle Wörter beginnen mit einem Vokal. Trenne diese Wörter.

   Amsel, Ameise, Ampel, Affe, Abend, Alarm, Insel, Igel, Ahorn, Esel, Erde, Ofen, Oma, Onkel, Opa, Orgel, Ufer, Urwald, Uhu, Unglück, Echo.

2. **Zwei oder mehr Vokale, die eine Klangeinheit bilden, dürfen nicht getrennt werden**. Sie können höchstens zusammen abgetrennt werden:

   Auge – Au-ge, sich äußern – sich äu-ßern.

   Aufgabe: Schreibe folgende Wörter nach Silben getrennt: Auto, Eiche, Eisen, Eimer, Eule, Eiter, Euter, Eichhörnchen, Auge, Aufgabe, Eidotter.

3. Die Buchstabengruppe **st** muss bei der Silbentrennung auseinander geschrieben werden: Schwes-ter, Wüs-te.

   Aufgabe: Trenne folgende Wörter nach Silben.
   Schuster, Fenster, Pfingsten, Küste, hasten, Kasten, Nester, rosten, Priester, Pfosten, Liste, Distel, Kiste, lustig, durstig, dunstig, Westen, Schwester, Wüste, Geschwister, Nester, günstig.

   Aufgepasst! Wenn **st** zu einem Wortteil gehört, wird es nicht getrennt. Rastplatz – Rast-platz, Festtag – Fest-tag, ...

   Aufgabe: Trenne folgende Wörter nach Silben.
   Festplatz, Mastschwein, Rastplatz, Nestform, Festtag, Restmüll, Westküste, Dunstschleier, Kunststoff.

4. **Die Buchstabengruppen tz, ng, nk, pf, sp, dt werden getrennt:**
   Kat-ze, rin-gen, trin-ken, stop-fen, Kas-per, Städ-te.

   Aufgabe! Ordne folgende Wörter nach den oben genannten Buchstabengruppen und trenne sie nach Silben: Tropfen, Raspel, Schnupfen, schrumpfen, Karpfen, Rispe, Gipfel, Wespe, Apfel, Stängel, Engel, Henkel, trinken, Ritze, Klingel, Hetze, Schlinge, Spritze, Verwandte, sitzen, Schenkel, Enkel, Kasper, Städte, knuspern, Pfütze, Mütze, Krämpfe.

Zusammengesetzte Wörter werden nach ihren Bestandteilen getrennt:
Haus-tür, Tisch-tuch, berg-ab, Ob-acht, selb-stän-dig (auch selbst-stän-dig), ver-rut-schen, be-ob-ach-ten.

Aufgabe: Trenne die Wörter nach ihren Bestandteilen. Das Hausdach, das Ofenrohr, die Bettdecke, das Autorennen, der Tischtennisschläger, der Tennisball, die Schattenseite, die Teetasse.

Wie kann ein Wort getrennt werden?

Achte besonders auf folgende Regeln!

1. Treffen drei Mitlaute zusammen, so kommt der dritte Mitlaut auf die nächste Zeile. Brennnessel, Brenn-nessel, Fetttopf, Fett-topf

   aber: dennoch, den-noch, Mittag, Mit-tag.

   Aufgabe: Trenne auch folgende zusammengesetzte Wörter.

   Fetttopf, Stalllaterne, Wettturnen, Betttuch, Schwimmmeister, Kennnummer, Gewinnnummer, Schnellläufer, Stofffetzen, Krepppapier, Schifffahrt, Brennnessel, Kunststofffaden, Stofffarbe, Kammmacher.

2. Folgt auf drei gleiche Mitlaute ein anderer Mitlaut, so muss bei einer Trennung der dritte gleichlautende Mitlaut auf die nächste Zeile geschrieben werden. Sauerstoffflasche, Sauerstoff-flasche, ...

   Aufgabe: Trenne die folgenden zusammengesetzten Wörter in Silben.

   Schreibe so: Sauerstoffflasche, Sau-er-stoff-fla-sche, ...
   Sauerstoffflasche, Fetttropfen, Pappplatte, stickstofffrei, Stofffliege, Betttruhe, Stoffflicken.

3. **Wörter wie:**
   herum, darum, hinauf und andere kann man auf zweierlei Art trennen:
   Einmal so: da-rum, he-rum, hi-nauf, wo-ran und
   einmal so: dar-um, her-um, hin-auf, wor-an.

   Aufgabe: Schreibe die Wörter mit einer Vorsilbe auf zwei Arten:
   warum, worum, woran, vorüber, daran, darauf, daraus, darin, darunter, hierauf, heraus, herauf, herum, herüber, herunter, herein, voran.

Anredefürwörter

Wenn man zu Hause oder anderswo jemanden anspricht, den man gut kennt, sagt man **du** zu ihm.
Anders ist es, wenn man eine fremde Person oder eine weniger vertraute Person anspricht, dann sagt man **Sie** zu ihr.

Es gibt also zweierlei Anredefürwörter:

1. Anredefürwörter für vertraute Personen (Familie, Freunde, Nachbarn) sind: du, dir, dich, dein, deines, deinem, deinen, ihr, euer, euch, eures, eurem, euren.
2. Anredefürwörter für weniger vertraute Personen lauten: Sie, Ihrer, Ihnen, Ihre, Ihres, Ihrem, Ihren.

Merke: Die Anredefürwörter für vertraute Personen werden immer kleingeschrieben.
Die Anredefürwörter für weniger vertraute Personen werden großgeschrieben.

Aufgabe:

1. Schreibe einen Brief an deine Eltern (einen Freund, eine Mitschülerin).

   Liebe Laura,

   endlich komme ich dazu dir aus unserem Ferienort einen Brief zu schreiben. Wie du dir denken kannst, habe ich hier schon viel erlebt. Übrigens, deine Reitstiefel passen mir ausgezeichnet. Neulich – du glaubst es nicht – haben wir einen weiten Ausritt ins Gelände gemacht. Da ...

   Schreibe diesen Brief zu Ende und denke dir einen Schluss aus.

2. Schreibe einen Brief an deine Lehrerin.

   Liebe Frau Lättgen,

   endlich komme ich dazu Ihnen aus unserem Ferienort einen Brief zu schreiben. Wie Sie sich denken können, habe ich hier schon viel erlebt. Neulich – Sie werden es nicht glauben – haben wir einen weiten Ausritt ins Gelände gemacht. Da ...

   Schreibe auch diesen Brief zu Ende und denke dir einen Schluss aus.

Redezeichen – Aussagesatz, Fragesatz, Rufsatz

Merke: Die Redezeichen schließen die wörtliche Rede ein. Das, was einer wirklich sagt, steht in Anführungszeichen. Der Aussagesatz endet mit einem Punkt, der Fragesatz mit einem Fragezeichen und der Rufsatz mit einem Ausrufezeichen.

Sätze: „Ich komme morgen Mittag."
„Kommst du morgen Mittag?"
„Kommt alle morgen Mittag!"

1. Schreibe die Redesätze ab und trage die Satzzeichen mit den Redezeichen rot ein.
2. Denke dir weitere Aussagesätze aus.
3. Schreibe weitere Fragesätze.
4. Du kannst auch aus deinem Lesebuch zu jeder Satzgruppe passende Sätze abschreiben.

Der Begleitsatz steht vor der wörtlichen Rede

Merke: Wenn wir wissen wollen, wer bei der wörtlichen Rede spricht, schreiben wir einen Begleitsatz. Er kann vor der wörtlichen Rede stehen. Der Begleitsatz vor der wörtlichen Rede endet mit einem Doppelpunkt. Hinter dem Doppelpunkt schreibt man groß.

Sätze: Laura sagt: „Ich komme morgen Mittag."
Mutter fragt: „Kommst du morgen Mittag?"
Vater ruft: „Kommt alle morgen Mittag!"

1. Schreibe alle Sätze ab.
2. Unterstreiche die Redesätze mit einer geraden Linie.
3. Unterstreiche die Begleitsätze mit einer Wellenlinie.
4. Schreibe die Texte in den folgenden Sprechblasen als wörtliche Rede und schreibe vor die wörtliche Rede einen Begleitsatz.

Schreibe so: Laura sagt: „Heute gehen wir schwimmen."

Merke: Hier ist die wörtliche Rede ein Aussagesatz.

5. Schreibe die Texte in den Sprechblasen als wörtliche Rede und schreibe vor die wörtliche Rede einen Begleitsatz.

Schreibe so: Anja fragt: „Wann fährt dein Zug ab?“

Merke: Hier ist die wörtliche Rede ein Fragesatz.

6. Schreibe die Texte in den folgenden Sprechblasen als wörtliche Rede und schreibe vor die wörtliche Rede einen Begleitsatz.

Schreibe so: Vater ruft: „Ruhe, hört endlich mit dem Zanken auf!“

Merke: Hier ist die wörtliche Rede ein Rufsatz.

Der Begleitsatz steht hinter der wörtlichen Rede

Merke: Der Begleitsatz kann auch hinter der wörtlichen Rede stehen. Dann steht vor dem Begleitsatz ein Komma. Hinter dem Komma wird kleingeschrieben. Der Begleitsatz endet mit einem Punkt.

Sätze: „Ich komme morgen zum Mittagessen nach Hause“, sagt Vater.
„Kommst du morgen zum Mittagessen nach Hause?“, fragt Mutter.
„Komm morgen bitte zum Mittagessen nach Hause!“, ruft Mutter.

1. Schreibe die Sätze ab.
2. Unterstreiche die Redesätze mit einer geraden Linie.
3. Unterstreiche die Begleitsätze mit einer Wellenlinie.
4. Schreibe die Texte in den folgenden Sprechblasen als wörtliche Rede und schreibe einen Begleitsatz hinter die wörtliche Rede.

Schreibe so: „Laura kann gut schwimmen“, meint Lorenz.

Merke: Hier ist die wörtliche Rede ein Aussagesatz.

5. Schreibe den Text in den folgenden Sprechblasen als wörtliche Rede und schreibe einen Begleitsatz hinter die wörtliche Rede.

Schreibe so: „Kannst du Rad fahren?“, fragt Hannes.

Merke: Hier ist die wörtliche Rede ein Fragesatz.

6. Schreibe die Texte in den folgenden Sprechblasen als wörtliche Rede und schreibe einen Begleitsatz hinter die wörtliche Rede.

Schreibe so: „Komm uns bitte bald mal wieder besuchen!“, bittet Mutter.

Merke: Hier ist die wörtliche Rede ein Ausrufesatz.

Aufgepasst!

Beim Aussagesatz fällt in der wörtlichen Rede das Satzzeichen weg (Punkt), wenn der Begleitsatz hinter der Rede steht. Das Fragezeichen beim Fragesatz und das Rufzeichen beim Ausrufesatz bleiben dagegen erhalten.

Zeichensetzung

Der Begleitsatz steht vor oder hinter der wörtlichen Rede

Merke: Der Begleitsatz kann vor oder hinter der wörtlichen Rede stehen.

Sätze: Ute sagt: „Ich hätte nie gedacht, dass Lorenz so mutig ist."

„Ich hätte nie gedacht, dass Lorenz so mutig ist", sagt Ute.

1. Schreibe die Texte in den folgenden Sprechblasen als wörtliche Rede und schreibe den Begleitsatz einmal vor die wörtliche Rede und einmal hinter die wörtliche Rede.
2. Unterstreiche die Redesätze mit einer geraden Linie und die Begleitsätze mit einer Wellenlinie.
3. Beachte die Satzschlusszeichen bei der wörtlichen Rede.
   Schreibe die Satzzeichen und die Redezeichen rot.

Schreibe so: Mutter ruft: „Komm heute Abend nicht so spät nach Hause!"

„Komm heute Abend nicht so spät nach Hause!", ruft Mutter.

Aufgepasst! Achte auf das Komma vor dem Begleitsatz, wenn er hinter der wörtlichen Rede steht.

Der Begleitsatz steht zwischen der wörtlichen Rede

Merke: Ein eingeschobener Satz wird in Kommas eingeschlossen. Der eingeschobene Satz ist der Begleitsatz. Also steht vor dem Begleitsatz und hinter dem Begleitsatz ein Komma. Nach dem Komma wird klein weitergeschrieben. Anführungszeichen (Redezeichen) stehen vor und hinter jedem Teil des Redesatzes.

„______“, ~~~~~~, „______.“

Sätze: „Ich komme heute“, sagt der Vater, „zum Mittagessen nach Hause.“

„Kommst du heute“, fragt die Mutter, „zum Mittagessen nach Hause?“

„Prima“, ruft Hans, „Vater kommt heute zum Mittagessen nach Hause!“

1. Schreibe die Sätze ab.
2. Unterstreiche die Redesätze mit einer geraden Linie.
3. Unterstreiche die Begleitsätze mit einer Wellenlinie.
4. Schreibe die Texte in den folgenden Sprechblasen als wörtliche Rede. Schreibe den Begleitsatz **zwischen** die wörtliche Rede. Unterstreiche die Redesätze mit einer geraden Linie und Begleitsätze mit einer Wellenlinie.

Schreibe so: „Heute möchte ich“, sagt Laura, „mit meinen Freundinnen ins Kino gehen.“

Merke: Hier ist die wörtliche Rede ein Aussagesatz.
Nach einem Aussagesatz steht ein Punkt.

Zeichensetzung

5. Schreibe die Texte in den Sprechblasen als wörtliche Rede.
   Schreibe den Begleitsatz **zwischen** die wörtliche Rede.
   Unterstreiche die Redesätze mit einer geraden Linie und die Begleitsätze mit einer Wellenlinie.

Schreibe so: „Hast du vergessen“, fragt Laura, „was du mir gestern versprochen hast?“

Merke: Hier ist die wörtliche Rede ein Fragesatz.
Nach einem Fragesatz steht ein Fragezeichen.

6. Schreibe die Texte in den Sprechblasen als wörtliche Rede.
   Schreibe den Begleitsatz **zwischen** die wörtliche Rede.
   Unterstreiche die Redesätze mit einer geraden Linie und die Begleitsätze mit einer Wellenlinie.

Schreibe so: „Hört endlich mit dem Heulen auf“, ruft Laura ärgerlich, „weil ich mein Buch in Ruhe lesen will!“

Merke: Hier ist die wörtliche Rede ein Rufsatz.
Nach einem Rufsatz steht ein Ausrufezeichen.

Wir sind Kinder Europas

Wir leben in Deutschland. Deutschland ist ein Land in Europa. England und Frankreich sind auch Länder, die zu Europa gehören. Dort sprechen die Menschen eine andere Sprache.

Auch werden die Wörter anders gesprochen als sie geschrieben werden. Eure Lehrerin oder euer Lehrer können diese Wörter richtig lesen und verstehen. Sie helfen euch, so dass ihr schon bald kleine Sätze in Englisch und Französisch sprechen könnt.

Auf den folgenden Seiten findet ihr Übungen, die euch helfen, Englisch und Französisch kennen zu lernen. Viele Wörter gleichen den Wörtern in unserer Sprache.

Unsere Familie	**our family**
eine Tante	an aunt
ein Junge	a boy
ein Bruder	a brother
eine Tochter	a daughter
ein Mädchen	a girl
ein Vater	a father
eine Mutter	a mother
eine Großmutter	a grandmother
ein Großvater	a grandfather
eine Schwester	a sister
ein Sohn	a son
ein Onkel	an uncle

Ich habe einen ________.	I have an ________.
Ich habe eine ________.	I have a ________.

Unser Körper

our body

mein Nacken
my neck

meine Schulter
my shoulder

mein Rücken
my back

mein Ellbogen
my elbow

meine Hand
my hand

mein Arm
my arm

mein Knie
my knee

mein Bein
my leg

mein Fuß
my foot

mein Haar
my hair

mein Kopf
my head

mein Gesicht
my face

mein Auge
my eye

mein Ohr
my ear

meine Nase
my nose

mein Mund
my mouth

mein Finger
my finger

Das ist mein ________.

Das ist meine ________.

This is my ________.

Deutsch – Englisch

Tiere **animals**

ein Schmetterling
a butterfly

eine Katze
a cat

ein Hahn
a cock

eine Ente
a duck

ein Hund
a dog

ein Fisch
a fish

eine Kuh
a cow

ein Frosch
a frog

ein Igel
a hedgehog

ein Elefant
an elephant

ein Schwein
a pig

eine Maus
a mouse

ein Huhn
a hen

ein Löwe
a lion

ein Vogel
a bird

Ich sehe einen ________.	I see a ________.
Ich sehe ein ________.	I see an ________.
Ich sehe eine ________.	

Unsere Kleidung **our clothing**

das Kleid
the dress

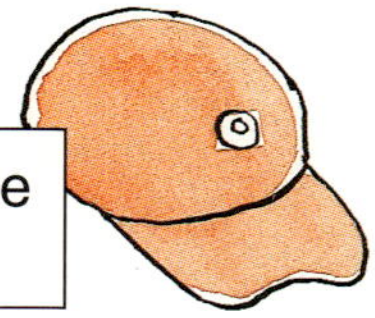

die Mütze
the cap

die Schuhe
the shoes

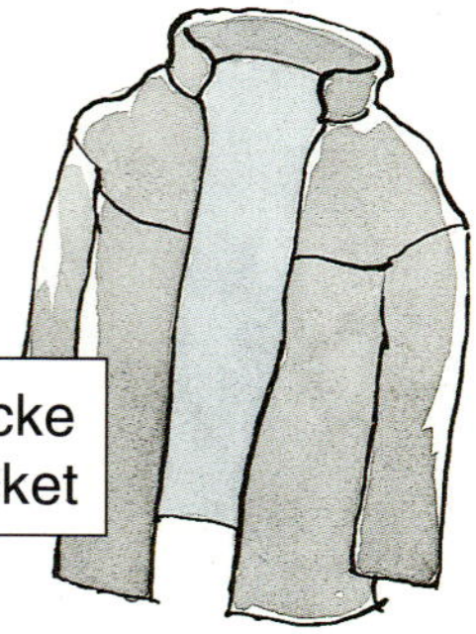

die Jacke
the jacket

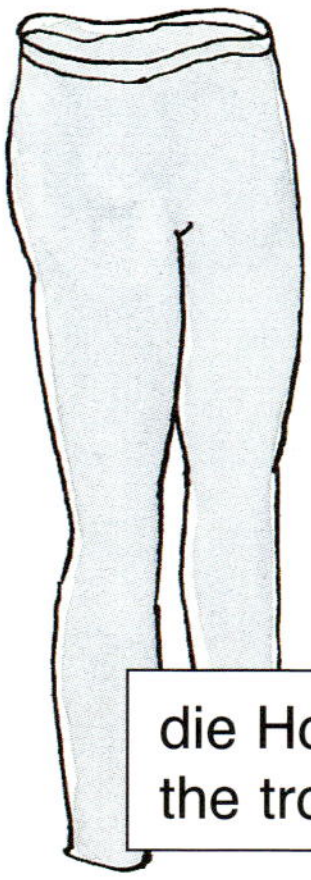

die Hose
the trousers

die Sandalen
the sandals

die Jeans-
hose
the jeans

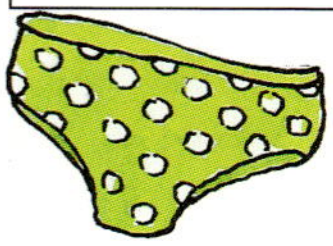

der Schlüpfer
the panties

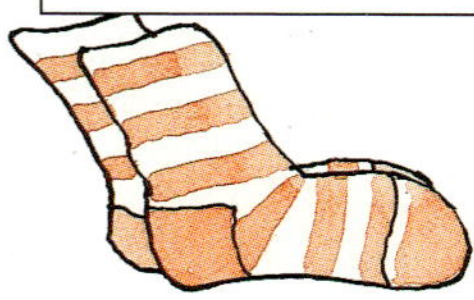

die Socken
the socks

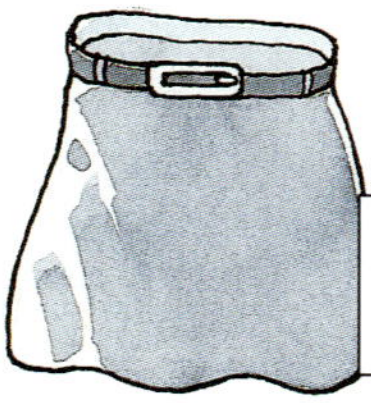

der Rock
the skirt

das T-Shirt
the T-shirt

die kurze Hose
the shorts

das Hemd
the shirt

Ich trage gern ________. I like wearing ________.

Spielsachen **toys**

meine Puppe
my doll

meine Schlittschuhe
my skates

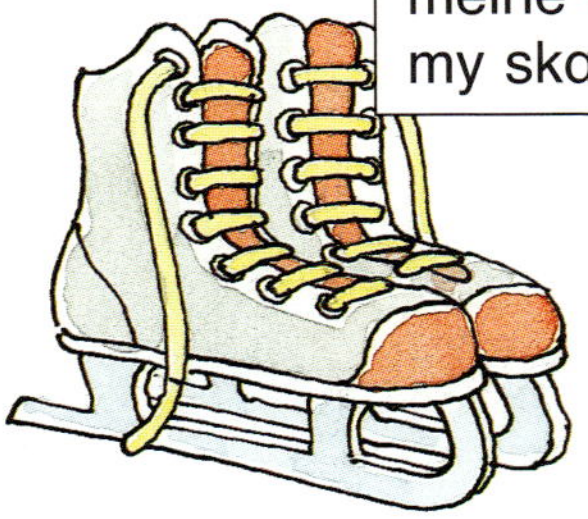

mein Malkasten
my paintbox

meine Inliner
my inline skates

mein Fußball
my football

mein Computer-Spiel
my computer game

Ich mag mein ________. I like my ________.

Ich mag meine ________.

Ich mag meinen ________.

Fahrzeuge **vehicles**

Fahrrad
bike

Bus
bus

Auto
car

Flugzeug
plane

Schiff
ship

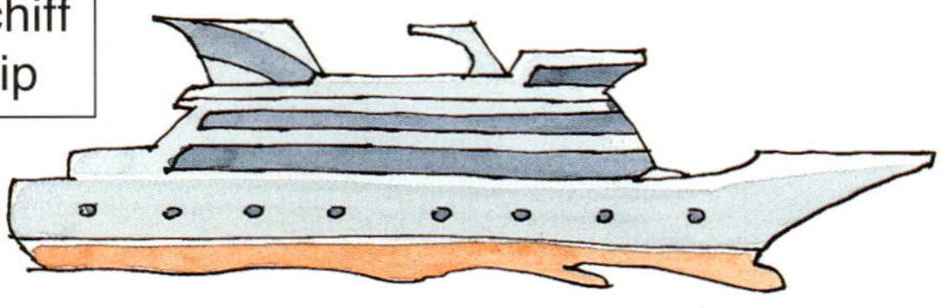

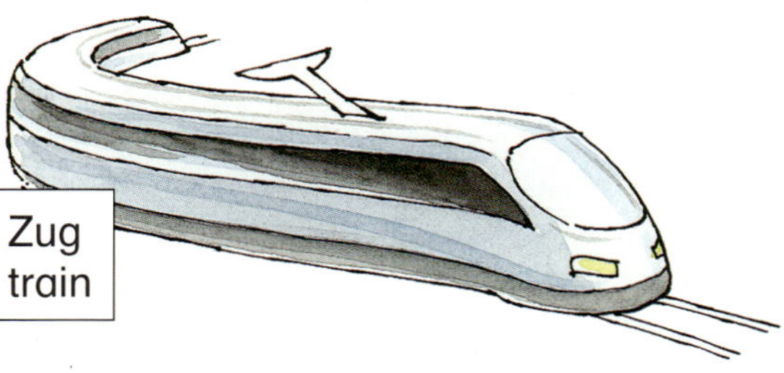

Zug
train

Straßenbahn
tram

Ich will mit ________ fahren.

I want to go by ________.

Deutsch – Englisch

Sprechen Sie deutsch?

Do you speak English?

Gehst du mit uns?	Are you going with us?
Tschüss	bye-bye
Guten Morgen	good morning
Guten Tag	good afternoon
Guten Abend	good evening
Gute Nacht	good night
Bis bald!	see you later
Auf Wiedersehen!	good-bye
danke	thank you
bitte	please
Herr	Mr., sir
Frau	Mrs., madam
Fräulein	Miss
Glückwunsch zum Geburtstag!	happy birthday!
Alles Gute zum neuen Jahr!	happy new year!

Malkasten **paintbox**

schwarz	black
blau	blue
braun	brown
grün	green
grau	grey
orange	orange
rosa	pink
rot	red
weiß	white
gelb	yellow

Mein Ball ist ________. My ball is ________.

Deutsch – Englisch

Monate und Jahreszeiten **months and seasons**

Januar	January
Februar	February
März	March
April	April
Mai	May
Juni	June
Juli	July
August	August
September	September
Oktober	October
November	November
Dezember	December
Monat	month
Jahr	year
Jahreszeit	season
Frühling	spring
Sommer	summer
Herbst	autumn
Winter	winter

Ich habe im ________ Geburtstag. My birthday is in ________.

Getränke **drinks**

Deutsch	Englisch
Getränk	drink
Apfelsaft	apple juice
Bananensaft	banana juice
Kakao	cocoa
Kaffee	coffee
Tee	tea
Mineralwasser	mineral water
Limonade	lemonade
Milch	milk
Orangensaft	orange juice
Wasser	water

Ich möchte bitte ________. I would like ________ please.

Deutsch – Englisch

Zahlen **numbers**

Ich habe ________ Bälle. I have ________ balls.

Wochentage
weekdays

Wetterbericht
meteorological report

Montag windig		Monday windy
Dienstag regnerisch	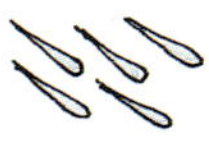	Tuesday rainy
Mittwoch frostig		Wednesday frosty
Donnerstag bewölkt		Thursday cloudy
Freitag nebelig		Friday foggy
Samstag schneit es		Saturday snowing
Sonntag sonnig		Sunday sunny
Tag		day
Woche		week
Wochenende		weekend
Wetter		weather

Am Montag ist es ________. Monday it is ________.

Deutsch – Englisch

Kinder essen gern:
Children like to eat:

ein Hamburger
a hamburger

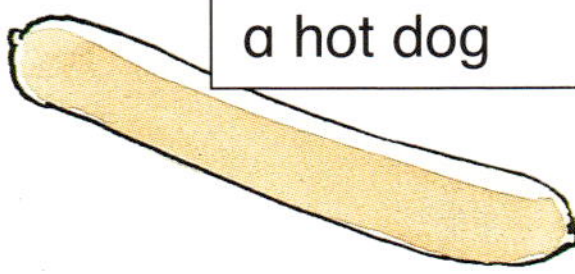

ein heißes Würstchen
a hot dog

Pommes
chips

Eis
ice-cream

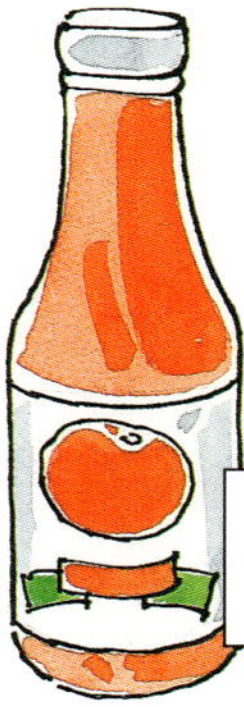

Ketschup
ketchup

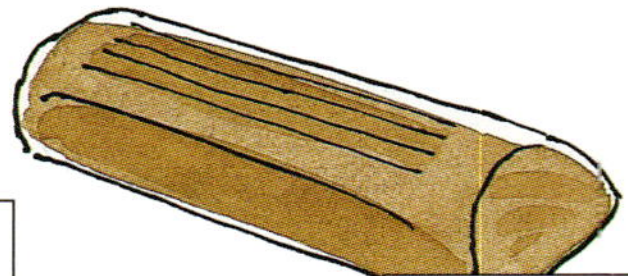

Schokolade
chocolate

ein Hähnchen
a cock

Nudeln
macaroni

eine Scheibe Brot
a slice of bread

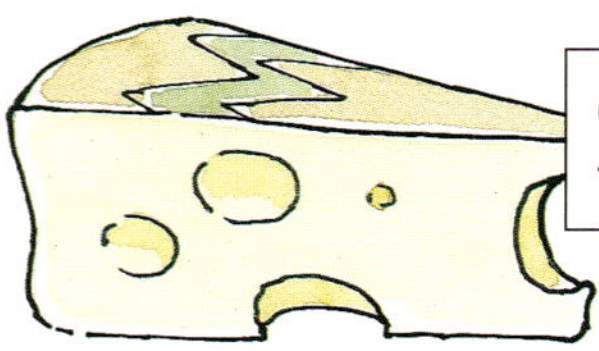

der Käse
the cheese

Pudding
pudding

Gib mir bitte ________. Please, give me ________.

Mein Hobby **my hobby**

Rad fahren
riding a bike

reiten
riding a horse

schwimmen
swimming

Fußball spielen
playing football

malen
drawing a picture

Susan
Ann
Edward
Marc
Ben
Charles

Gitarre spielen
playing guitar

Mein Hobby ist ________.	My hobby is ________.
Susannas Hobby ist ________.	Susan's hobby is ________.

unsere Familie	**notre famille**
eine Tante	une tante
ein Junge	un garçon
ein Bruder	un frère
eine Tochter	une fille
ein Mädchen	une fille
ein Vater	un père
eine Mutter	une mère
eine Großmutter	une grand-mère
ein Großvater	un grand-père
eine Schwester	une sœur
ein Sohn	un fils
ein Onkel	un oncle

Ich habe einen ________.	J'ai un ________.
Ich habe eine ________.	J'ai une ________.

unser Körper

notre corps

mein Nacken
ma nuque

meine Schulter
mon épaule

mein Rücken
mon dos

mein Ellbogen
mon coude

meine Hand
ma main

mein Arm
mon bras

mein Knie
mon genou

mein Bein
ma jambe

mein Fuß
mon pied

meine Haare
mes cheveux

mein Kopf
ma tête

mein Gesicht
mon visage

mein Auge
mon œil

mein Ohr
mon oreille

meine Nase
mon nez

mein Mund
ma bouche

mein Finger
mon doigt

Das ist mein ________.

Das ist meine ________ .

Das sind meine ________.

C'est mon ________.

C'est ma ________.

Ce sont mes ________.

Deutsch – Französisch

die Tiere **les animaux**

ein Schmetterling
un papillon

eine Katze
un chat

ein Hahn
un coq

eine Ente
un canard

ein Hund
un chien

ein Fisch
un poisson

eine Kuh
une vache

ein Frosch
une grenouille

ein Igel
un hérisson

ein Elefant
un éléphant

ein Löwe
un lion

ein Schwein
un cochon

eine Maus
une souris

ein Huhn
une poule

ein Vogel
un oiseau

Ich sehe einen ________. Je vois un ________.

Ich sehe ein ________. Je vois une ________.

Ich sehe eine ________.

unsere Kleidung **nos vêtements**

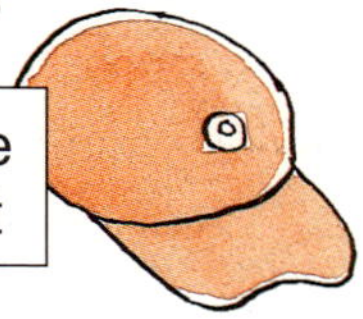

die Mütze
le bonnet

das Kleid
la robe

die Schuhe
les chaussures

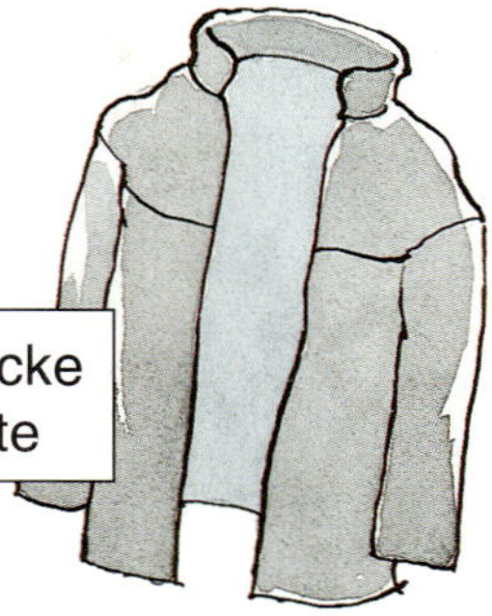

die Jacke
la veste

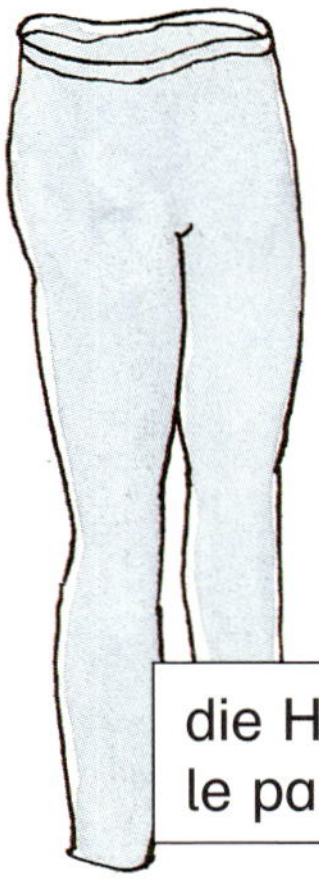

die Hose
le pantalon

die Sandalen
les sandales

die Jeans-
hose
le jean

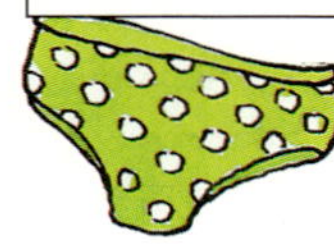

der Schlüpfer
le slip

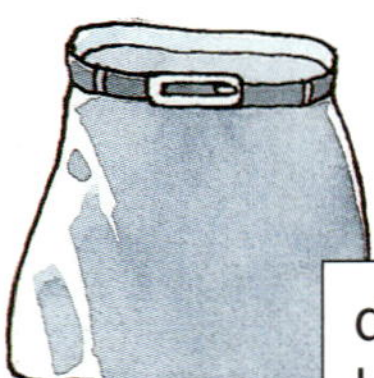

der Rock
la jupe

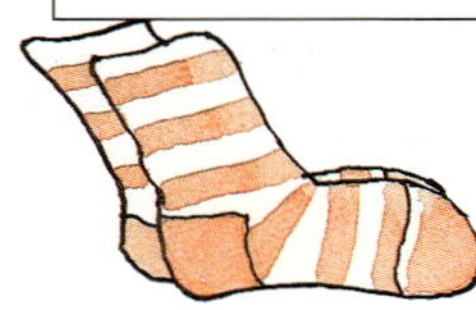

die Socken
les chaussettes

das T-Shirt
le tee-shirt

die kurze Hose
le short

das Hemd
la chemise

Ich trage gern _______. J'aime porter _______.

Deutsch – Französisch

die Spielsachen **les jouets**

meine Schlittschuhe
mes patins

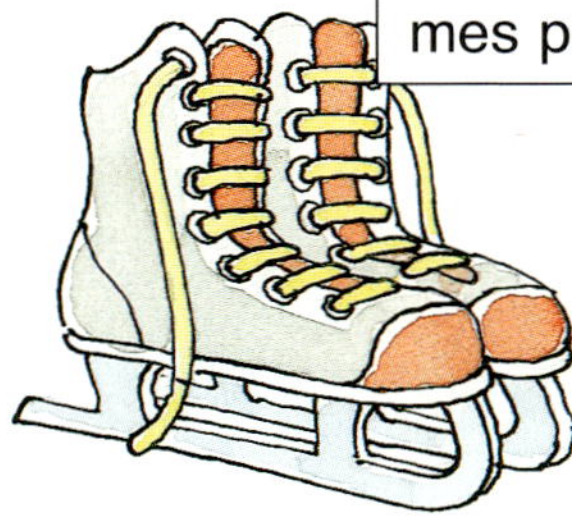

meine Puppe
ma poupée

mein Malkasten
ma boîte de couleurs

meine Inliner
mes patins à roulettes

mein Fußball
mon ballon de football

mein Computer-Spiel
mon jeu vidéo

Ich mag meine Puppe.	J'aime ma _______.
Ich mag meine Schlittschuhe.	J'aime mes _______.
Ich mag meinen Fußball.	J'aime mon _______.

die Fahrzeuge **les véhicules**

Fahrrad
bicyclette

Bus
bus

Auto
voiture

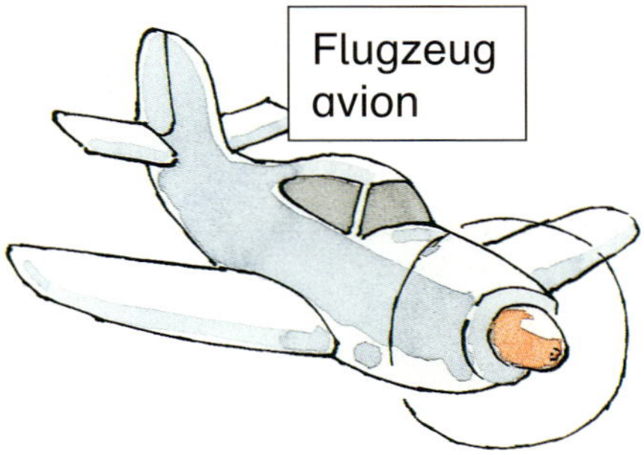

Flugzeug
avion

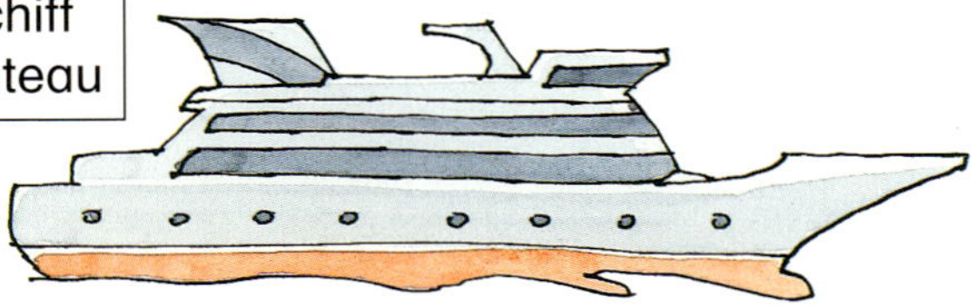

Schiff
bateau

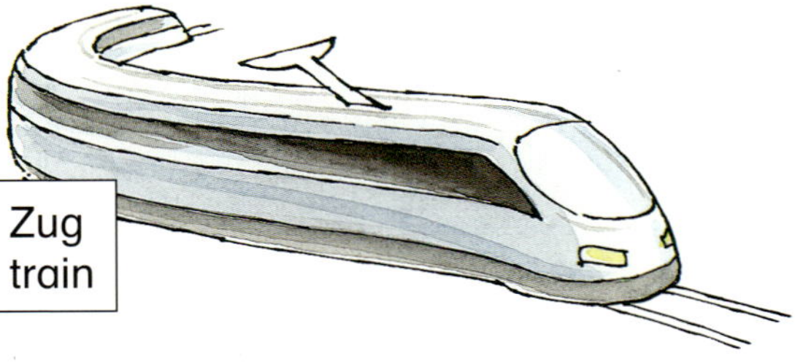

Zug
train

Straßenbahn
tram

Ich will mit ________ fahren.

Je veux aller en ________.

Deutsch – Französisch

Sprechen Sie deutsch?

Parlez – vous français?

Gehst du mit uns?	Viens – tu avec nous?
Tschüss	salut
Guten Morgen	bonjour
Guten Tag	bonjour
Guten Abend	bonsoir
Gute Nacht	bonne nuit
Bis bald!	à bientôt
Auf Wiedersehen!	au revoir
danke	merci
bitte	s'il vous plaît
Herr	Monsieur
Frau	Madame
Fräulein	Mademoiselle
Glückwunsch zum Geburtstag!	bon anniversaire!
Alles Gute zum neuen Jahr!	bonne année!

der Malkasten **la boîte de couleurs**

schwarz	noir
blau	bleu
braun	marron
grün	vert
grau	gris
orange	orange
rosa	rose
rot	rouge
weiß	blanc
gelb	jaune

Mein Ball ist ________. Mon ballon est ________.

Deutsch – Französisch

die Monate und die Jahreszeiten **les mois et les saisons**

Januar	en janvier
Februar	en février
März	en mars
April	en avril
Mai	en mai
Juni	en juin
Juli	en juillet
August	en août
September	en septembre
Oktober	en octobre
November	en novembre
Dezember	en décembre
Frühling	au printemps
Sommer	en été
Herbst	en automne
Winter	en hiver
der Monat	le mois
das Jahr	l'année
die Jahreszeit	la saison

Mein Geburtstag ist im ________. Mon anniversaire est en ________.

die Getränke **les boissons**

Getränke	des boissons
Apfelsaft	du jus de pomme
Bananensaft	du jus de banane
Kakao	du cacao
Kaffee	du café
Tee	du thé
Mineralwasser	de l'eau minérale
Limonade	de la limonade
Milch	du lait
Orangensaft	du jus d'orange
Wasser	de l'eau

Ich möchte bitte _______. Je voudrais _______, s'il vous plaît.

Deutsch – Französisch

die Zahlen **les nombres**

Ich habe einen Ball.	J'ai un ballon.
aber	
Ich habe ________ Bälle.	J'ai ________ ballons.

die Wochentage
les jours de semaine

der Wetterbericht
le bulletin météorologique

Montag windig		lundi il y a du vent
Dienstag regnerisch	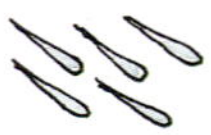	mardi il pleut
Mittwoch frostig		mercredi il gèle
Donnerstag bewölkt		jeudi est couvert
Freitag nebelig		vendredi il y a du brouillard
Samstag schneit es		samedi il neige
Sonntag sonnig		dimanche il y a du soleil
der Tag		le jour
die Woche		la semaine
das Wochenende		le week-end
das Wetter		le temps

Am Montag ist es ________. Lundi, il ________.

Deutsch – Französisch

Die Kinder essen gern:
Les enfants aiment manger:

ein Hamburger
un hamburger

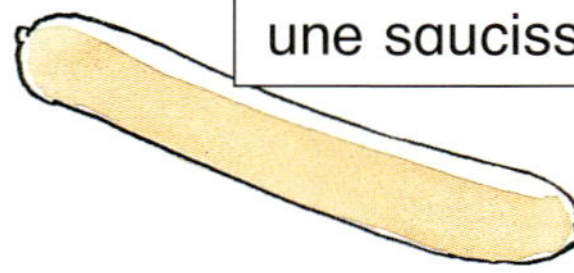

eine Bratwurst
une saucisse

Pommes
des frites

ein Eis
une glace

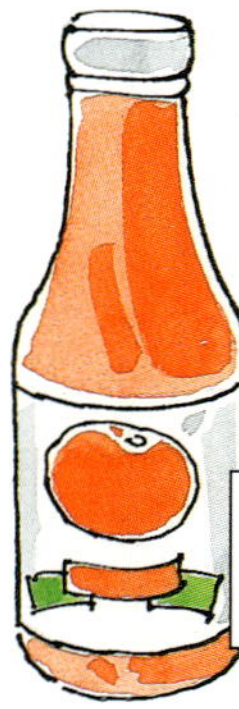

Ketschup
du ketchup

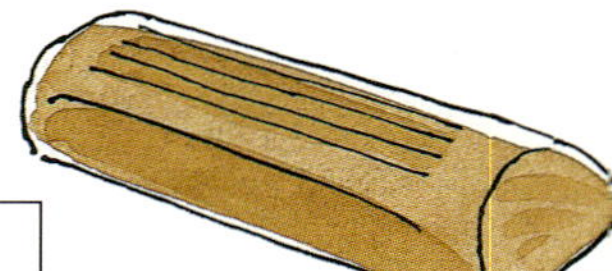

Schokolade
du chocolat

Hähnchen
du poulet

Nudeln
des pâtes

eine Scheibe Brot
une tranche de pain

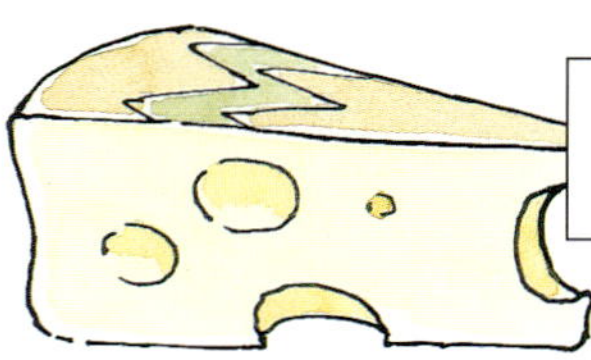

Käse
du fromage

Pudding
du flan

Gib mir bitte ________.   Donne – moi ________, s'il te plaît.

Mein liebstes Hobby **Mon passe-temps favori**

reiten
faire du cheval

Rad fahren
faire de la bicyclette

schwimmen
nager

Fußball spielen
jouer au football

malen
dessiner

Brigitte
René
Philipp
Jean
Henri
Françoise

Gitarre spielen
jouer de la guitare

Mein liebstes Hobby ist _______.

Mon passe-temps favori c'est _______.

Brigittes liebstes Hobby ist _______.

Le passe-temps favori de Brigitte c'est _______.

Das Euro-Geld für Deutschland

Die Abkürzung für Euro ist €.
Die Abkürzung für Cent ist ct.

100 ct = 1 €

Die Münzen sind ca. 20% verkleinert und die Scheine sind ca. 50% verkleinert abgebildet.

Das Euro-Geld für Deutschland

Grundformen und Bewegungsabläufe der Druckschrift

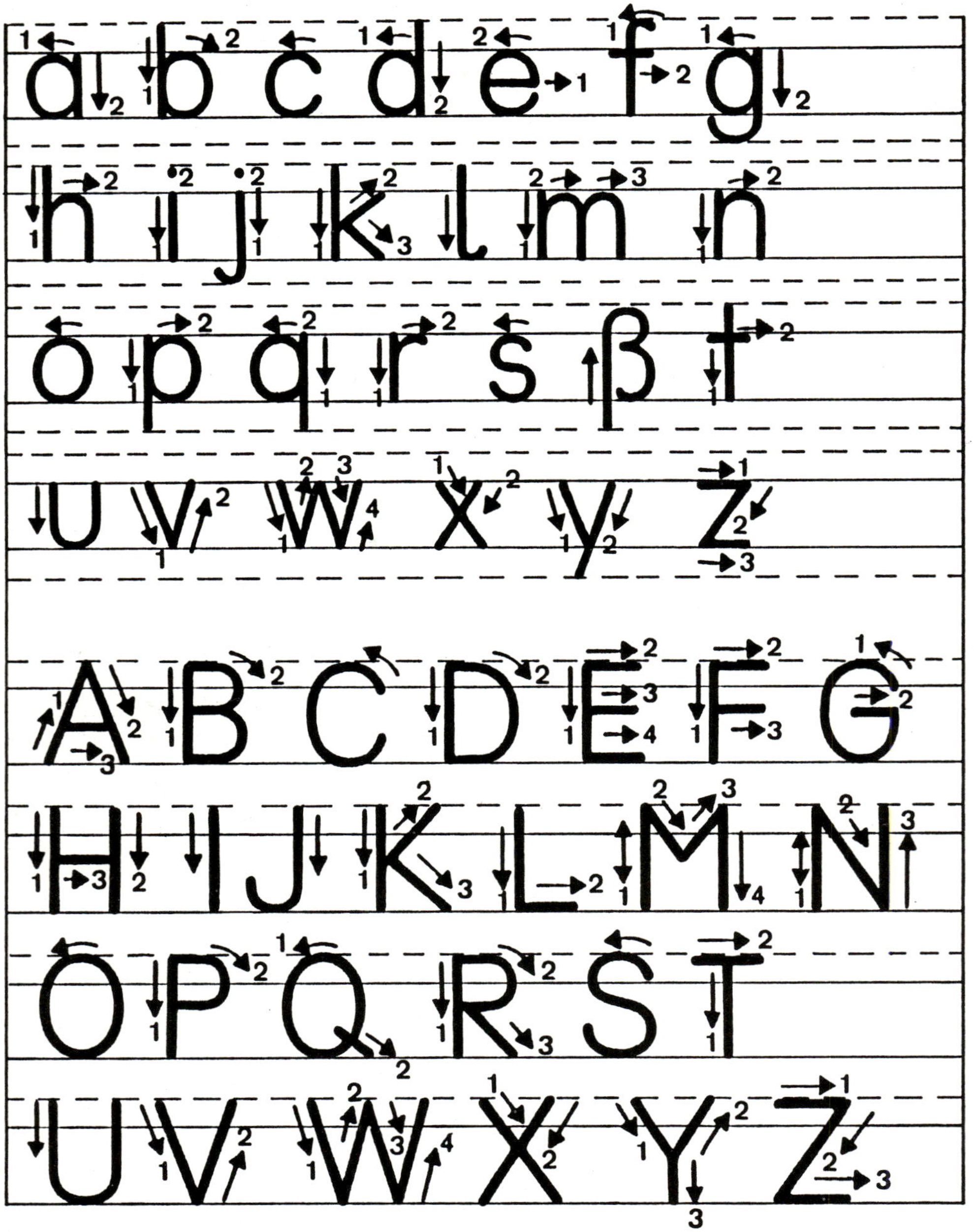

Lateinische Ausgangsschrift

a b c d e f g h i j

k l m n o p qu r s

ß t u v w x y z

ä ö ü (. , ; : „ " – ! ?)

A B C D E F G H I J

K L M N O P Qu R

S T U V W X Y Z

Ä Ö Ü

1 2 3 4 5 6 7 8 9 0

Vereinfachte Ausgangsschrift

a b c d e f g h i j

k l m n o p qu r s s

ß t u v w x y z

ä ö ü (. , ; „ " - ! ?)

A B C D E F G H I J

K L M N O P Qu R

S T U V W X Y Z

Ä Ö Ü

Schulausgangsschrift

a b c d e f g h i j

k l m n o p q r s

ß t u v w x y z

ä ö ü (. , ; : „ " – ! ?)

A B C D E F G H I J

K L M N O P Q R

S T U V W X Y Z

Ä Ö Ü

1 2 3 4 5 6 7 8 9 0

Wörter, die ich mir merken will

Wörter, die ich mir merken will

Bestell-Nr. 1400-80. ISBN 3-619-14800-7

Auflage Druck 6 5 4 3
Jahr 2006 2005 2004 2003

Internet: www.mildenberger-verlag.de
E-Mail: info@mildenberger-verlag.de

Grafische Gestaltung: Klaus Hermann, 59427 Unna
Satz: EH-Druck, 77716 Haslach i. K.
Druck: B&K Offsetdruck GmbH, 77833 Ottersweier